Heidelberger Abhandlungen zur Mittleren und Neueren Geschichte

Begründet von Erich Marcks und Dietrich Schäfer
Fortgeführt von Karl Hampe und Willy Andreas

Neue Folge
Herausgegeben von Hermann Jakobs, Detlef Junker, Jürgen Miethke,
Volker Sellin, Hartmut Soell und Eike Wolgast

———————————————— Band 2 ————————

DOROTHEE MUSSGNUG

Die vertriebenen Heidelberger Dozenten

Zur Geschichte der Ruprecht-Karls-Universität nach 1933

HEIDELBERG 1988

CARL WINTER · UNIVERSITÄTSVERLAG

Gedruckt mit Unterstützung der Ruprecht-Karls-Universität, Heidelberg

CIP-Titelaufnahme der Deutschen Bibliothek

Mußgnug, Dorothee:
Die vertriebenen Heidelberger Dozenten / Dorothee Mußgnug. – Heidelberg: Winter, 1988
   (Heidelberger Abhandlungen zur mittleren und neueren Geschichte; N.F., Bd. 2)
   ISBN 3-533-04073-9 kart.
   ISBN 3-533-04074-7 Gewebe
NE: GT

ISBN 3-533-04073-9 kart.
ISBN 3-533-04074-7 Ln.

Alle Rechte vorbehalten.
© 1988. Carl Winter Universitätsverlag, gegr. 1822, GmbH., Heidelberg
Photomechanische Wiedergabe nur mit ausdrücklicher Genehmigung durch den Verlag
Imprimé en Allemagne. Printed in Germany
Reproduktion und Druck: Carl Winter Universitätsverlag, Abteilung Druckerei, Heidelberg

OTTO VON SIMSON

Geleitwort

Die Geschichte der deutschen Universitäten im Dritten Reich ist in letzter Zeit vermehrt Gegenstand der Forschung geworden; auch die Exil- und Emigrationsforschung hat beträchtlichen Aufschwung genommen. Gleichwohl fehlt es auf beiden Gebieten noch vielfach an fundierten Einzeluntersuchungen. Frau Dr. Dorothee Mußgnug hat es im vorliegenden Buch unternommen, den Schicksalen der nach 1933 von der Universität Heidelberg vertriebenen Dozenten nachzugehen. Dabei hat sie, und darin liegt ein besonderer Vorzug ihrer Arbeit, nicht nur den Verlauf der Säuberungen selbst, sondern auch den Lebensweg der Verjagten bis 1945 und darüber hinaus untersucht.

Eindringlich und konkret wird am Beispiel Heidelberg aufgezeigt, wie verwüstend die Verwirklichung der nationalsozialistischen Ideologie auf die Wissenschaft in Deutschland gewirkt hat. Wenig sagen die Akten aus über das Leid der Betroffenen, die ohne jede Vorbereitung plötzlich die Erfahrung machen mußten, daß der Staat, bisher als Rechtsstaat respektiert und verstanden, willkürlich ein gesichertes Dasein als Beamter oder eine hoffnungsvolle akademische Karriere vernichtete. Vielfältig zeigen die Biographien die Mühsal des Neuanfangs im Exil - die rassisch verfolgten Heidelberger Dozenten zerstreuten sich in alle Welt, von Australien bis zu den Vereinigten Staaten; Freitod und Tod im Konzentrationslager spiegeln die aussichtslose Lage derer, die im Lande blieben. Nach 1945 war es nicht selten der Großherzigkeit der Vertriebenen zu danken, wenn trotz des ihnen Widerfahrenen, das sich ja unter Stillschweigen der Kollegen und der akademischen Korporation vollzogen hatte, die Verbindung mit Heidelberg neu zustande kam, zumal Verdrängung der Vergangenheit und bürokratischer Fiskalismus ihnen den Weg zurück häufig nicht gerade leicht machte.

Die Verbindung von Zeitgeschichte mit Prosopographie hat dank der minutiösen Recherchen der Verfasserin ein Werk entstehen lassen, das zur Vertiefung unserer Kenntnisse vom dunkelsten Kapitel deutscher Universitätsgeschichte ebenso einen gewichtigen Beitrag leistet, wie es die Emigrationsforschung bereichert. Das in diesem Buch vorbildlich bearbeitete Heidelberger Beispiel besitzt weit über die Ruprecht-Karls-Universität hinaus Bedeutung.

Eike Wolgast

DIE VERTRIEBENEN DOZENTEN DER UNIVERSITÄT HEIDELBERG

Einleitung (15)

A. Die Entlassung aus dem Universitätsdienst (19)

I. Die Emeritierungsgesuche März/April 1933 (19)
Anschütz (19), Weber (20)

II. Das Gesetz zur Wiederherstellung des Berufsbeamtentums vom 7.April 1933 (21)
1. Dozenten im Ruhestand, Lehrbeauftragte (22)
Neumann (22) Altmann (23) Goldschmidt (23), Baum (23)
2. Zurruhesetzungen und Entlassungen aus rassischen Gründen (24)
    a. Ordinarien und planmäßige außerordentliche Professoren (24)
    v. Baeyer (24), Alewyn (25), Olschki (26)
    b. Honorarprofessoren (28)
    Perels (28), Fraenkel (29), Loewe (29), Lenel (30), v.Waldberg (31)
    c. außerordentliche Professoren (33)
    György (33), Neu (34), Schreiber (35), Werner (35), Ehrenberg (36), Salz (37)
    d. Privatdozenten (38)
    Laser (38), Pagel (39), Stern (39), Witebsky (39), Klibansky (40), Marschak (43), Lemberg (44)
    e. Habilitanden (46)
    Quincke (46), Pächt (47)

3. Entlassungen aus politischen Gründen (47)
   Radbruch (47), Blessing (50), Wilmanns (51), v.Eckardt (52)
4. Täublers Emeritierungsgesuch (54)

III. Die Auswirkungen der "Nürnberger Gesetze" von 1935 (57)
   1. Emeritierungen und Zurruhesetzungen (61)
      Jellinek (61), Levy (61), Bettmann (62), Sachs (64), Hatzfeld (65), Hoffmann (66), Liebmann (70), Rosenthal (70), Salomon-Calvi (73)
   2. Entzug der Lehrbefugnis und Entlassung (75)
      a. Emeriti (75)
         Bettmann (75), Rosenthal (75), Salomon-Calvi (75), Weidenreich (75)
      b. Honorarprofessoren (76)
         Brandt (76), v.Waldberg (77), Meyerhof (77)
      c. außerordentliche Professoren (79)
         Klopstock (79), Mayer-Groß (80), Steiner (81), Zade (82), Bergstraesser (82), Merton (85), v.Ubisch (85)
      d. Privatdozenten (86)
         Darmstädter (86), Strauss (87), Sultan (88)
   3. Wegberufung ins Ausland (89)
      Gutzwiller (89), Sölch (94)

IV. Die Auswirkungen des Deutschen Beamtengesetzes von 1937 (95)
   1. Zurruhesetzungen (96)
      Moro (96), Grisebach (96), Jaspers (98), Ranke (100), Regenbogen (102)

2. Entlassungen (104)
   a. Honorarprofessoren (104)
      Geiler (104), v. Künssberg (106)
   b. außerordentliche Professoren (107)
      Hoepke (107), Zimmer (108)

B. Der Weg der Vertriebenen bis 1945 (113)

I. In Deutschland gebliebene Hochschullehrer (114)
  1. Einkommen, Kontakte zur Universität (114)
  2. Arbeitsmöglichkeiten der Entlassenen (119)
    a. Täublers Plan (119)
    b. Möglichkeiten wissenschaftlicher Arbeit (122)
    c. Publikationsmöglichkeiten (128)
    d. Auslandskontakte (131)
    e. Freiberufliche Tätigkeit (135)

II. Die Emigranten (139)
  1. Emigranten der Jahre 1933/34 (139)
    a. Ordinarien und planmäßige außerordentliche Professoren (140)
      Alewyn (140), Olschki (141), Salomon-Calvi (143)
    b. Honorarprofessoren und außerordentliche Professoren (144)
      Loewe (144), György (145), Klopstock (145), Werner (146), Salz (146)
    c. Privatdozenten und Habilitanden (147)
      Laser (147), Pagel (147), Stern (147), Witebsky (147), Klibansky (148), Marschak (140), Lemberg (149), Quincke (149), Pächt (150)

2. Emigranten der Jahre 1935-1938 (150)
   a. Ordinarien und planmäßige außerordentliche Professoren (150)
      Gutzwiller (151), Levy (151), Bettmann (152), Sachs (153), Hatzfeld (154), Rosenthal (155)
   b. Honorarprofessoren und außerordentliche Professoren (156)
      Meyerhof (156), Klopstock (158), Mayer-Groß (158), Steiner (154), Zade (159), Bergstraesser (160), Merton (161), v.Ubisch (161)
   c. Privatdozenten (162)
      Darmstädter (162), Strauss (163), Sultan (164)
3. Emigration kurz vor und nach Ausbruch des Weltkrieges (165)
   a. Emeriti (165)
      Weidenreich (165), Täubler (166)
   b. außerordentliche Professoren (168)
      Ehrenberg (168), Zimmer (168)
4. Probleme der Emigranten im Ausland (171)
   a. Suche nach Exilländern (171)
   b. Staatsangehörigkeitsprobleme (177)
   c. Arbeitsmöglichkeiten der Heidelberger Emigranten (178)
   d. Verhältnis der Emigranten zu Deutschland (184)

C. Der Lebensweg der vertriebenen Dozenten nach 1945 und ihre Beziehungen zur Universität Heidelberg (187)

I. Die Universität Heidelberg 1945 (187)
 1. Die Lage unmittelbar nach Kriegsende (187)
 2. Wiedergutmachungsgesetzgebung (195)

II. Rückkehr der Entlassenen (198)
 1. In Heidelberg anwesende Dozenten (199)
  a. Juristische Fakultät (203)
   Anschütz (203), Jellinek (203), Radbruch (203), Geiler (204)
  b. Medizinische Fakultät (205)
   Hoepke (205)
  c. Philosophische Fakultät (206)
   Hoffmann (206), Jaspers (207), Regenbogen (211), Weber (212), Baum (212)
 2. Rückkehr aus deutschen Gebieten (213)
  a. Medizinische Fakultät (213)
   Wilmanns (213)
  b. Philosophische Fakultät (214)
   Grisebach (214), Ranke (217), v.Eckardt (219)
 3. Remigranten (222)
  a. Juristische Fakultät (222)
   Perels (222), Darmstädter (225)
  b. Philosophische Fakultät (229)
   Alewyn (229), Bergstraesser (231), Ehrenberg (236) Sultan (237)
  c. Naturwissenschaftlich-Mathematische Fakultät (239)
   v.Ubisch (239)

III. Im Ausland gebliebene Dozenten (244)
 1. Beziehungen der Emigranten zur Universität (244)
    a. Juristische Fakultät (247)
       Gutzwiller (247), Levy (248)
    b. Medizinische Fakultät (252)
       Weidenreich (252), Loewe (252), Meyerhof (255)
       György (256), Klopstock (257), Mayer-Groß (258),
       Steiner (259), Laser (260), Pagel (261), Stern (262),
       Strauss (262), Witebsky (263), Quincke (263)
    c. Philosophische Fakultät (265)
       Olschki (265), Täubler (267), Hatzfeld (267),
       Salz (269), Klibansky (271), Marschak (271), Pächt (272)
    d. Naturwissenschaftlich-Mathematische Fakultät (274)
       Rosenthal (274), Lemberg (276)
 2. Die Beziehungen der vertriebenen Dozenten zur Heidelberger Akademie der Wissenschaften (277)
 3. Zusammenfassung (281)

Quellen- und Literaturverzeichnis (285)

Namensregister (297)

Dem Schicksal der Dozenten nachzugehen, die nach 1933 die Universität Heidelberg verließen oder verlassen mußten, ist ein schwieriges Unterfangen[1]. Zum einen liegt auf vielen Aktenbeständen eine Sperrfrist, die insbesondere bei Personalakten erst 30 oder mehr Jahre nach dem Tod des Betreffenden endet. Zum andern sind Kenntnisse über Details und Zufälligkeiten, die die Wege der Entlassenen entscheidend bestimmten, selten zu ermitteln. Sie schlugen sich kaum in den Akten nieder. Doch nicht nur deshalb geben die Archive keine lückenlose Auskunft. Nach 1945 haben einige Dozenten von ihrem Recht Gebrauch gemacht, Aktenstücke aus ihren Personalakten herauszunehmen. Auch die gedruckten Personalverzeichnisse der Jahre nach 1933 machen keine zuverlässigen Angaben darüber, wen die Universität in den Zeiten des "Umbruchs" noch zu den Mitgliedern des Lehrkörpers zählte[2]. Im Personalverzeichnis des Wintersemesters 1935/36 sind viele Dozenten noch genannt, allerdings werden darin ohne Ausnahme lediglich die Namen aufgeführt und nicht ihre Stellung mit Zusätzen wie "liest nicht" (bei Emeriti üblich) oder "beurlaubt" genauer umschrieben. Um den Lebensweg der vertriebenen Dozenten nachzuzeichnen, wurden neben den Beständen des Heidelberger Universitätsarchivs und des Generallandesarchivs, Karlsruhe die Akten der Wiedergutmachungsbehörden und die vom Institut für Zeitgeschichte, München an die Emigranten versandten Fragebögen eingesehen.

---

1) Das Schicksal der entlassenen Assistenten aufzuklären, ist nahezu ausgeschlossen, da für sie, solange sie sich nicht habilitiert hatten, keine Akten geführt wurden.

2) Benutzt sind hier die im UAH liegenden von der Universitätskasse geführten Vorlesungsverzeichnisse, die mit handschriftlichen Zusätzen auf den neusten Stand gebracht wurden.

Auch die in der Universitätsbibliothek Heidelberg und im Deutschen Literaturarchiv Marbach verwahrte Korrespondenz wurde mit herangezogen. Die Materialfülle zu den Viten der Dozenten blieb jedoch sehr unterschiedlich. Manche Wege der Vertriebenen sind relativ leicht aufzufinden, andere verlieren sich. Viele Biographien bleiben lückenhaft und bedürfen der Ergänzung.

Es mag angesichts der Quellenlage fast noch zu früh sein, über diesen Abschnitt der "Universitätsgeschichte", die weitgehend außerhalb ihrer Mauern ihre Fortsetzung fand, zu schreiben. Doch trotz der schwierigen Quellenlage genügt es nicht, lediglich die relativ leicht ausfindig zu machende administrative Seite der Entlassungen darzulegen. Das soll im ersten Teil geschehen. In einem zweiten Teil ist zu zeigen, welche Probleme sich den Entlassenen in Deutschland und im Ausland stellten, unter welchen Bedingungen sie leben und arbeiten mußten. Der dritte Teil der Arbeit beschreibt die Beziehungen der vertriebenen Dozenten zur Universität Heidelberg nach 1945. Die Dozenten werden nach der in den Personalverzeichnissen üblichen Reihenfolge: Emeriti, beamtete Ordinarien und planmäßige außerordentliche Professoren, Honorarprofessoren, nichtbeamtete außerordentliche Professoren und Privatdozenten, jeweils in der Reihe der Fakultäten, genannt. Bei den Honorarprofessoren ist nicht zwischen "ordentlichen Honorarprofessoren" und "Honorarprofessoren", bei den außerordentlichen Professoren nicht zwischen "außerordentlichen" und "außerplanmäßigen" Professoren (beides Privatdozenten mit Professorentitel) unterschieden.

Die Geschichte der Universität Heidelberg in der Zeit des Nationalsozialismus hat Eike Wolgast ausführlich dargestellt[3] und darin alle vertriebenen Dozenten erfaßt. Auch Weckbecker

---

3) Die Universität Heidelberg in der Zeit des Nationalsozialismus, 359 ff.

versucht einen solchen Überblick. Seine Tabellen sind jedoch wegen ihrer großen Ungenauigkeit wenig aussagekräftig[4]. Die Biographien der vertriebenen Dozenten sind zu vielschichtig, als daß sie sich in solchen vermeintlich kommentierenden Rubriken erfassen ließen.

Eine große Bibliothek füllen die bereits publizierten Arbeiten über grundsätzliche Probleme der Emigration und der Emigranten. Darunter ist besonders wichtig das vom Münchner Institut für Zeitgeschichte und der Research Foundation for Jewish Immigration, New York bearbeitete International Biographical Dictionary of Central European Emigrés (1983ff)[5]. Darstellungen der Nachkriegsgeschichte der Universität Heidelberg beschäftigen sich nur am Rande oder überhaupt nicht mit dem Verhältnis der Universität zu ihren vertriebenen Dozenten.

Die Anregung zu dieser Arbeit verdanke ich Prof. Dr. Eike Wolgast. Er hat mich dabei immer wieder beraten und vielfach unterstützt. Prof. Dr. Raymond Klibansky, der selbst 1933 aus Heidelberg vertrieben wurde, informierte mich über viele Begebenheiten. Ihm und Prof. Dr. Otto von Simson, der im Exil viele der betroffenen Dozenten traf, danke ich für die Durchsicht des Manuskripts. Durch klärende Gespräche halfen mir auch die Professoren K. Baldinger, M. Becke-Goehring, M. Bopp, W. Doerr, K. Engisch, A. Henkel, H. Hoepke, R. Kattermann, R. Serick, H. Seifert, H. Schneider, W. Schmitthenner, F. Weber.

---

4) Gleichschaltung der Universität?, 283 ff. Etliche Angaben sind falsch (z.B. schon auf der ersten Seite der Tabelle: Anschütz kehrte nach 1945 nicht an die Universität Heidelberg "zurück", er galt immer als Emeritus, ebenso A. Weber; Radbruchs Entlassung nach §4 GWBBt war mehr als nur ein "Entzug der Lehrbefugnis", ebenso v.Eckardt), andere Einteilungen sind zu unspezifisch (z. B. die zu einfache Trennung zwischen "Professoren" und "Privatdozenten", S. 289).

5) In seinem Vorwort bezieht sich Möller ausdrücklich auch auf Heidelberg, geht dabei aber von den Angaben Gumbels im Jahre 1938 aus, die, wie sich jetzt zeigen läßt, kein zutreffendes Bild abgeben.

Von vielen Familienmitgliedern und Bekannten der Vertriebenen wurde mir bereitwillig Auskunft erteilt.

Bei der Arbeit in den Archiven, vor allem im Universitätsarchiv Heidelberg, habe ich all die vielen praktischen Hilfen dankbar angenommen.

Zu danken habe ich den Herausgebern, die der Aufnahme in ihre Reihe zustimmten, insbesondere aber auch der Universität Heidelberg, die die Druckkosten dieser Arbeit übernahm.

Ohne die Unterstützung meines Mannes hätte ich die Untersuchung nicht beenden können.

A. Die Entlassung aus dem Universitätsdienst

Die Ernennung Hitlers zum Reichskanzler feierten die Nationalsozialisten im Januar 1933 als Machtübernahme, an deren revolutionärem Charakter sie keinen Zweifel ließen. Die Rassenideologie ihres Parteiprogramms war zwar verschwommen, aber sie waren fest dazu entschlossen, ihre antisemitischen Parolen möglichst rasch in die Tat umzusetzen. Kein Bereich des öffentlichen Dienstes blieb davon ausgenommen, auch nicht die Universitäten.

I. Die Emeritierungsgesuche März/April 1933

Noch bevor die neuen Machthaber sich im April 1933 die gesetzlichen Grundlagen zu ihrer Personalpolitik verschafften, stellten die Heidelberger Professoren Gerhard Anschütz und Alfred Weber ihre Emeritierungsanträge.

Der Ordinarius für öffentliches Recht GERHARD ANSCHÜTZ (geb. 10. Januar 1867 in Halle/S., gest. 14. April 1948 in Heidelberg) stand schon vor der Machtergreifung im Schußfeld der nationalsozialistischen Publizistik. Sein -bereits 1930 erstelltes- Gutachten "Das Beamtentum und die revolutionären Parteien" nahm die örtliche NS-Zeitung "Die Volksgemeinschaft" im

Juni 1932 zum Anlaß, ihn mit hämischen Artikeln zu bedenken. Im März 1933 wurde seine Verfassungsinterpretation (Anschütz hatte den maßgebenden Kommentar zur Weimarer Reichsverfassung geschrieben) im Reichstag als obsolet abgetan und die gelungene Revolution als Maßstab künftigen Rechts gefeiert. Am 31. März 1933 reichte Anschütz mit 67 Jahren sein Emeritierungsgesuch ein. Die Bedeutung dieses Entschlusses und die Zäsur, die darin zum Ausdruck kam, spiegelt sich in dem Brief, mit dem der Rektor ihm am 1. April 1933 antwortete. Willy Andreas[1] schrieb: "Mit tiefer Bewegung nimmt der Engere Senat davon Kenntnis, daß Sie sich entschlossen haben, von dem Ihnen zustehenden Recht (der Emeritierung) Gebrauch zu machen. Als aufrechte und bekenntnisfreudige Persönlichkeit haben Sie erklärt, daß Sie die Überzeugungen, die Sie ein Leben lang in Wort und Schrift vertreten haben, nicht aufgeben können... Der Engere Senat muß die Größe Ihres freien Entschlusses und die Gewichtigkeit Ihrer Gründe anerkennen. Zugleich drängt es uns, Ihnen... zu sagen, wie schweren Herzens die Universität die bevorstehende Enthebung von Ihren Amtspflichten aufnimmt..."[2].

Gegen den Soziologen CARL DAVID ALFRED WEBER (geb. 30. Juli 1868 in Erfurt, gest. 2. Mai 1958 in Heidelberg) führte die "Volksgemeinschaft" ebenso heftige Angriffe, nachdem er zusammen mit Hans v.Eckardt (ao Professor für Publizistik) im März 1933 bereits aufgezogene nationalsozialistische Parteifahnen

---

1) Willy Andreas (geb. 30.10.1884 in Karlsruhe, gest. 10.7.1967 in Litzelstätten) Ordinarius für Neuere Geschichte in Heidelberg seit 1923, 1932/33 Rektor in Heidelberg; Drüll, 4; vgl. insbes. Wolgast, W. Andreas in: Badische Biographien NF Bd.2 (1987)4.

2) UAH A 219/Anschütz, dazu auch seine autobiographischen Notizen: Aus der Juristischen Fakultät. Zu Anschütz: Böckenförde/Forsthoff, Semper Apertus 3 (1985) 167 ff; vgl. auch D.Mußgnug, Die Universität Heidelberg zu Beginn der nationalsozialistischen Herrschaft, 471.

von seinem Institut wieder entfernen ließ[3]. Seinem Ansuchen entsprechend, wurde Alfred Weber noch Ende April 1933 für das Sommersemester beurlaubt, zum 1. August 1933 emeritiert.
Dem Drängen des Studentenführers Gustav Adolf Scheel, die Emeritierung von Anschütz und Weber in eine Entlassung umzuwandeln, gab der Kultusminister jedoch nicht nach[4]. Gerhard Anschütz und Alfred Weber waren die einzigen unter den angefeindeten und vertriebenen Ordinarien, die bis 1945 in allen Personalverzeichnissen als "inaktive ordentliche Professoren" geführt wurden.

II. Das Gesetz zur Wiederherstellung des Berufsbeamtentums vom 7. April 1933

Nach dem 7. April 1933 waren die neuen Machthaber nicht mehr auf freiwillige Rücktritte angewiesen, um auch Beamtenstellen in ihrem Sinne zu besetzen.
Zur "Wiederherstellung eines nationalen Berufsbeamtentums" und "Vereinfachung der Verwaltung" oder "im Interesse des Dienstes" konnten nach dem neuen Reichsgesetz vom 7. April 1933, dem Gesetz zur Wiederherstellung des Berufsbeamtentums (GWBBt)[5], Beamte aus dem Dienst entfernt werden. Davon waren insbesondere alle "nicht-arischen" Beamten betroffen. Sofern sie nicht seit dem 1.8.1914 Beamte waren oder sich als Frontkämpfer im Weltkrieg hervorgetan, Väter oder Söhne bei

---
3) Ausführliche Schilderung bei Demm, Zivilcourage im Jahre 1933, 69 f. Zu von Eckardt s.u.S.52.
4) GLA Karlsruhe 235/1734 in einem Brief an Scheel vom 22.3.1934.
5) RGBl I 1933, 175.

den Kriegshandlungen verloren hatten, sollten sie in den Ruhestand versetzt werden (§ 3). Den Beamten, "die nach ihrer bisherigen politischen Betätigung nicht die Gewähr dafür bieten, daß sie jederzeit rückhaltlos für den nationalen Staat eintreten", drohte die Entlassung (§ 4). Damit hob die nationalsozialistische Regierung neun Wochen nach ihrem Amtsantritt hergebrachte Grundsätze des Beamtenrechts auf. Die Unklarheit des Begriffs "nicht-arisch", die Formulierung des Reichsgesetzes als "kann"-Vorschrift und die aufgeführten Ausnahmebestimmungen veranlaßten das Rektorat der Universität Heidelberg unter Willy Andreas in einem Verzeichnis zunächst einmal all die Gründe aufzuführen, die für einen Verbleib der Betroffenen in ihrem Rang oder Amt sprachen[6].

1. Dozenten im Ruhestand, Lehrbeauftragte

Dem bereits seit 1929 emeritierten CARL NEUMANN (geb. 1. Juli 1860 in Mannheim, seit 1911 Ordinarius für Kunstgeschichte in Heidelberg, gest. 9. Oktober 1934 in Frankfurt/Main)[7] wurde in der vom Rektorat aufgestellten Liste bescheinigt, er gelte "nach jahrzehntelangem streitbaren und bekenntnisfreudigen Eintreten" als der "hervorragendste... Vorkämpfer der germanistischen und nordischen Kunst, deutscher Kunstauffassung - und Kunstgeschichte in unserem Vaterlande". Daraufhin ließ das Ministerium wissen[8], Maßnahmen gegen den seit 1914 beamteten nunmehr emeritierten Ordinarius kämen

---

6) UAH B 3026/4. Vgl. Wolgast, Zeit des Nationalsozialismus, 371.
7) Drüll, 191.
8) Mitteilung vom 20.7.1933; GLA 235/2343.

nicht in Betracht. Gegen seine Vorlesungstätigkeit sei nichts einzuwenden.

In gleicher Weise betroffen war der Honorarprofessor für Nationalökonomie SALOMON ALTMANN (geb. 27. Juni 1878 in Berlin, gest. 7. Oktober 1933 in Illenau)[9], der seit 1929/30 wegen Krankheit aus dem Lehrbetrieb ausgeschieden war, der Honorarprofessor für Mineralogie VICTOR MORDECHAI GOLDSCHMIDT (geb. 10. Februar 1853 in Mainz, gest. 8. Mai 1933 in Salzburg)[10] und der klassische Philologe SAMUEL BRANDT[11].

Die Vergabe von Lehraufträgen an den Universitäten zu regeln, war für das Ministerium ganz einfach. Da die Lehraufträge meist nur von Semster zu Semester erteilt wurden, brauchte lediglich der fällige Vertrag nicht mehr abgeschlossen zu werden. MARIE BAUM (geb. 23. März 1874 in Danzig, gest. 8. August 1964 in Heidelberg) hatte auf Antrag der Philosophischen Fakultät seit 1927 regelmäßig einen Lehrauftrag für Soziale Wohlfahrtspflege übernommen. Im Sommersemester 1933 kündigte sie zusammen mit dem Mediziner Ernst Fraenkel ein Seminar an. Das Ministerium entzog ihr den Lehrauftrag im Juli 1933, da sie als "Nichtarierin" eingestuft worden war. Der Einwand, bereits ihre Großmutter sei getauft worden, zählte nicht. In Karlsruhe entschied das Ministerium: "Die Großmutter mütterlicherseits Rebecka Mendelssohn-Bartholdy ist der Rasse nach nicht arisch, die christliche Konfession ist hierbei bedeutungslos"[12].

---

9) Drüll, 2.
10) Zu ihm W. Berdesinski, Semper Apertus, Bd. 2, 506 f; Drüll, 87 und E.Hesse, Goldschmidt, 43 f. Zur Bedeutung der von Herrn und Frau Goldschmidt initiierten Portheim-Stiftung: Hans Anschütz, Portheim Stiftung, 63 f.
11) Zu ihm unten S.76.
12) UAH B 3026/4.

Doch nicht nur die emeritierten, auch die meisten der durch das Gesetz zur Wiederherstellung des Berufsbeamtentums betroffenen amtierenden Ordinarien hatten im Weltkrieg gedient oder waren bereits 1914 Beamte gewesen, so daß sie unter die eine oder andere Ausnahmebestimmung des Gesetzes fielen. Zunächst "bis auf weiteres" ausgesprochene Beurlaubungen wurden deshalb zugleich "einstweilen ausgesetzt"[13] und der Entzug der Lehrbefugnis zurückgenommen[14].

2. Zurruhesetzungen und Entlassungen aus rassischen Gründen

a. Ordinarien und planmäßige ao Professoren

HANS RITTER VON BAEYER (geb. 28. Februar 1875 in Straßburg, gest. 21. Januar 1941 in Düsseldorf) war 1918 aus Würzburg als etatmäßiger ao Professor für Orthopädie nach Heidelberg berufen worden. Das Kultusministerium beauftragte ihn im Juni 1918 mit dem Aufbau der Stiftung "Orthopädische Klinik". Im März 1919 wurden ihm akademische Rechte und Amtsbezeichnung eines ordentlichen Professors verliehen (Vereidigung im Dezember 1919). Nachdem 1933 der verlangte Abstammungsnachweis eingereicht worden war, kam aus Karlsruhe die Aufforderung, "die Geburtsurkunde der Großmutter väterlicherseits umgehend vorzulegen". Die Tatsache, daß der Vater 1905 den Nobelpreis erhalten und ihm wie anderen Verwandten der Orden "Pour le mérite für Wissenschaft" verliehen worden war, verbürgte offenbar keine "nationale Zuverlässigkeit". Auch

---
[13] UAH B 3026/4 am 28.4.1933 gegenüber Bettmann, Hatzfeld, Jellinek, Levy, Olschki, Rosenthal, Sachs, Salomon-Calvi.
[14] Mitte Juli/August 1933; aaO.

der Hinweis, er selbst habe einige Wochen in der Etappe gekämpft und Sanitätsdienst geleistet, genügte nicht. Der badische Reichsstatthalter versetzte ihn zum 1. März 1934 in den Ruhestand. Vorlesungstätigkeit und Klinikleitung wurden ihm sofort untersagt. Zugleich waren ihm Unregelmäßigkeiten bei der Kassenführung der Klinik vorgeworfen worden. Ein Untersuchungsausschuß prüfte die Vorgänge und stellte bereits am 6. Mai 1933 in einem Abschlußbericht fest, Kassen- und Wirtschaftsbetrieb seien in Ordnung. Obgleich sogar die neu im Amt befindliche nationalsozialistische Führungsspitze der Universität verlauten ließ: "Universität und Regierung geben nichts auf haltlose Gerüchte. Wir sind uns der Leistung des Herrn v.Baeyer bewußt", er sei lediglich auf Grund des § 3 des Gesetzes zur Wiederherstellung des Berufsbeamtentums beurlaubt worden, verstummten die Anschuldigungen keineswegs[15]. Um die Entlassung von Baeyers kam es zu heftigen Auseinandersetzungen zwischen dem neuen Rektor Wilhelm Groh (seit 1927 planm. ao Professor für Arbeitsrecht, seit 1928 Ordinarius) und seinem juristischen Kollegen Mitteis[16]. Doch entgegen allen Protesten hielten sich Rektor und Kultusministerium an die bereits im August 1933 vorliegende Mitteilung des Sachverständigen für Rasseforschung beim Reichsinnenministerium, nach der von Baeyer entlassen werden mußte.

RICHARD ALEWYN (geb. 24. Februar 1902 in Frankfurt/Main, gest. 14. August 1979 in Prien/Chiemsee)[17] hatte 1925 bei

---

15) Angaben aus den Personalakten UAH A 219/v.Baeyer und H III 399/v.Baeyer; Drüll, 9.

16) Vgl. D. Mußgnug, aaO, 484 f.; bestürzt auch die Reaktion des Kunsthistorikers Wölfflin (Zürich) in einem Brief an Grisebach 16.11.1933, UBH Heid.Hs 3717, 17.

17) Autobiographische Notizen zur Schul- und Studienzeit sind abgedruckt unter dem Titel "Ad me ipsum" im Ausstellungsführer der Universitätsbibliothek der FU, 31 f; dazu auch UAH A 219/Alewyn; Drüll, 196.

v. Waldberg in Heidelberg promoviert. Nach der Habilitation in Berlin (1931) wurde er im Jahr darauf als Gundolfs Nachfolger zum planmäßigen ao Professor für neuere deutsche Literatur in Heidelberg ernannt. Am 17. Januar 1933 hielt er seine öffentliche Antrittsvorlesung. Alewyn wurde noch nicht einmal auf der Rektoratsliste als "Nicht-Arier" geführt. Sechs Monate nach der Antrittsvorlesung versetzte ihn das Ministerium in den Ruhestand. Neben den wenigen amtlichen Schreiben findet sich in seiner Personalakte im wesentlichen nur ein Brief seiner Frau, die im Auftrag ihres Mannes einen Institutsschlüssel zurückschickte.

Schwierig war die Lage für LEONARDO OLSCHKI (geb. 15. Juli 1885 in Verona, gest. 7. Dezember 1961 in Berkeley/Kalif.). Durch seinen Vater, den Antiquar Leo Olschki, war er schon von frühester Jugend im Umgang mit alten Handschriften französischen, deutschen, italienischen, lateinischen Manuskripten vertraut[18]. Um bei Karl Vossler ("mio grande maestro") arbeiten zu können, kam Leonardo Olschki nach Deutschland. Er promovierte (1908) und habilitierte sich in Heidelberg (1913). Zunächst versah er ein Lektorat. 1918 legte er -er hatte die deutsche Staatsangehörigkeit angenommen- den Beamteneid als planmäßiger ao Professor ab. 1924 wurden ihm die akademischen Rechte und die Amtsbezeichnung eines ordentlichen Professors verliehen. Auf seinen Antrag war er im Wintersemester 1932/33 zu Vorlesungen an der königlichen Universität Rom beurlaubt. Anfang April bat er um Verlängerung seines Urlaubs. Das Ministerium bewilligte das Gesuch und teilte ihm nahezu gleichzeitig mit, er sei "bis auf weiteres" beurlaubt. Im übrigen sollte er innerhalb von drei Tagen zur Beurlaubung Stellung

---

18) Über die Bedeutung seines Vaters und die Casa Olschki: Arthur R. Evans, Leonardo Olschki, 18 f.

nehmen. Olschki schrieb aus Rom (11. Juli 1933), in der deutschen Botschaft seien die einschlägigen Durchführungsverordnungen gar nicht bekannt, und bat um weitere Informationen. Obgleich zunächst seine Beurlaubung ausgesetzt worden war, versetzte ihn der Reichsstatthalter zum 1. Dezember 1933 in den Ruhestand[19]. Ein an seine Heidelberger Adresse gerichteter Brief war nach Karlsruhe zurückgekommen, worauf der Hochschulreferent entschied: "Da dem Professor Dr. Olschki bei genauer Angabe seines derzeitigen Aufenthaltes der Erlaß im Monat August hätte zugestellt werden können, tritt seine Zurruhesetzung gemäß § 41 Bad.Beamtengesetzes mit Ablauf des Monats November 1933 in Kraft". Das Rektorat konnte keine Ausnahmebestimmung für ihn geltend machen, schon gar nicht ohne seine Mitarbeit, die in der gesetzten Frist von drei Tagen nicht zu erlangen war: Der sogenannte "Frontkämpfer-Paragraph"[20], ließ sich nicht für ihn heranziehen, denn Olschki war wegen einer chronischen Kniebehinderung von jeglichem Kriegsdienst befreit gewesen[21]. Die Beschäftigung seit 1914 als Angestellter im öffentlichen Dienst schloß die einschlägige Verordnung ausdrücklich als ungenügend aus. Die Rektoratsliste verwies deshalb ganz allgemein auf Erläuterungen, die demnächst noch vorgelegt würden.

---

19) UAH A 219/Olschki.
20) Die Ausführungsbestimmungen der Verordnung vom 6.5.1933 zu § 3 des GWBBt lautete: "Ein Beamter, der im Weltkrieg an der Front für das deutsche Reich oder für seine Verbündeten gekämpft hat, hat dadurch jedenfalls damals seine nationale Zuverlässigkeit durch die Tat bewiesen...", RGBl. I 1933, 247.
21) Evans, Olschki, 26.

b. Honorarprofessoren

Nach der Durchführungsverordnung vom 6. Mai 1933 sollte das Gesetz zur Wiederherstellung des Berufsbeamtentums nicht nur für emeritierte sowie amtierende ordentliche und planmäßige ao Professoren gelten. Zu "Beamten i.S. dieses Gesetzes" rechneten gemäß Ziff. 2 auch Honorarprofessoren, nichtbeamtete ao Professoren und Privatdozenten.

LEOPOLD EMIL ERWIN PERELS (geb. 7. März 1875 in Kiel, gest. 25. März 1954 in Périgueux/Frankreich) war auf das Einkommen als Honorarprofessor angewiesen. Sein Jurastudium hatte er in Berlin mit Promotion (1898) und Assessorenexamen abgeschlossen. Seit 1903 arbeitete er in Heidelberg am Wörterbuch der älteren deutschen Rechtssprache, das die Berliner Akademie der Wissenschaften herausgab[22]. 1905 habilitierte er sich in Heidelberg, 1912 erfolgte die Ernennung zum ao Professor, 1928 zum ordentlichen Honorarprofessor. Ein planmäßiges Extraordinariat konnte die Fakultät beim Ministerium für ihn nicht erreichen. Als seine Entlassung aus dem Universitätsdienst ausgesprochen wurde, verwiesen die Fakultät und das Rektorat darauf, daß Perels hauptamtlich beim Wörterbuch beschäftigt sei. In der Fakultät lese er als einziger über "Badisches Staatsrecht". Die daraufhin im April zunächst ausgesetzte Beurlaubung[23] wurde im August durch den Entzug der Lehrbefugnis endgültig besiegelt. Der aus dem Urlaub zurückgekehrte Dekan der Juristischen Fakultät (und spätere Rektor) Wilhelm Groh sprach ihm gegenüber das "tiefste kollegiale Bedauern" der ganzen Fakultät aus. Er tröstete ihn damit, daß die Fakultät versu-

---

22) Zur Entstehungsgeschichte dieser Arbeitsstelle vgl. Dickel/Speer, Deutsches Rechtswörterbuch.
23) Zu den Angaben die Vorgänge in: UAH A 219/Perels; H II 381 und GLA 235/1559; Drüll, 202; vgl. auch unten S.122.

chen werde, ihn an den Instituten für Ausländisches Recht und für Geschichtliche Rechtswissenschaft zu beschäftigen, was tatsächlich gelang.

Auch ALBERT FRAENKEL (geb. 3. Juni 1864 in Mußbach, gest. 22. Dezember 1938 in Heidelberg) war auf Antrag der Medizinischen Fakultät 1928 zum ordentlichen Honorarprofessor ernannt und ihm, als dem Gründer des Tuberkulosekrankenhauses Rohrbach, ein Lehrauftrag für Tuberkulose erteilt worden. Eine Woche, nachdem das Gesetz zur Wiederherstellung des Berufsbeamtentums ergangen war und der Oberbürgermeister der Stadt Heidelberg sich vergeblich für ihn eingesetzt hatte, bat Fraenkel, ihn von der Abhaltung seiner angekündigten Vorlesung zu entbinden, und verzichtete auf den Lehrauftrag[24]. Das Ministerium entsprach dem Antrag. Zwei Tage später meldete der Standartenführer dem Hochschulreferenten "zur Kenntnisnahme", er habe die Hausdurchsuchung bei Fraenkel durchgeführt[25]. Der Entzug der Lehrbefugnis wurde ihm am 21. August 1933 mitgeteilt.

Der Pharmakologe SIEGFRIED LOEWE (geb. 19. August 1884 in Fürth, gest. 24. August 1963 in Salt Lake City) hatte sich nach der Promotion in Straßburg (1908) in Göttingen habilitiert (1913)[26]. 1921 übernahm er eine Professur in Dorpat/Estland und kam als Vorstand der Laboratorien der Städtischen

---

24) Alle Angaben aus dem UAH A 219/Fraenkel; H III 399/Fraenkel; GLA 235/1974 und Drüll, 71. Fraenkels Tochter war mit dem Sohn von Gerhard Anschütz verheiratet, der am 31.3.1933 um seine Emeritierung gebeten hatte. Einen Eindruck seiner vielfältigen Korrespondenz gerade auch nach seiner Entlassung vermittelt die 1963 veröffentlichte Gedenkausgabe: Albert Fraenkel, Arzt und Forscher.

25) Ebenso betroffen waren die Professoren Dibelius, Radbruch und v.Eckardt, GLA 235/1974.

26) Angaben nach Dict.Emigrés II, 2, 741; UAH A 219/Loewe und GLA 235/1524; Drüll, 166. Für weitere Hinweise danke ich R. Kattermann, Mannheim, Institut für Klinische Chemie.

Krankenanstalten 1928 nach Mannheim. Das Kultusministerium in Karlsruhe ernannte ihn 1929 zum ordentlichen Honorarprofessor, nicht allein um seine wissenschaftlichen Verdienste zu betonen, sondern auch nachbarlich wissenschaftliche Beziehungen zu Mannheim zu pflegen. Als ihm im April 1933 seine Beurlaubung mitgeteilt wurde, unternahm er den vergeblichen Versuch, darauf hinzuweisen, daß er, wenn er nun als Beamter i.S. der Durchführungsverordnung eingestuft werde, in eben diesem Sinne seit 1914 Beamter -nämlich als Privatdozent- sei und deshalb seinen Rang als ordentlicher Honorarprofessor nicht verlieren könne. Das Hauptgewicht seiner Tätigkeit und seines Einkommens lag jedoch nicht an der Universität Heidelberg, sondern bei seinen in Mannheim durchgeführten Hormonforschungen und in den Möglichkeiten, die sich ihm in der Zusammenarbeit mit der Industrie boten. Nachdem am 22. März 1933 alle "undeutschen Elemente" aus den Mannheimer Städtischen Krankenanstalten entfernt worden waren, wurde tags darauf auch die Schließung des "hormonischen Forschungslabors" gemeldet. Dadurch könne, wie in der Presse verlautete, jährlich eine Summe von 40.000 Reichsmark eingespart werden. Loewe verließ Deutschland noch im Frühjahr 1933. Als ihm der Entzug der Lehrbefugnis am 13. Oktober 1933 mitgeteilt wurde, befand er sich bereits in der Schweiz[27]. Im New Yorker Exil ließ sich Loewe Visitenkarten drucken mit dem rot hervorgehobenen Zusatz "s.v.l. = sine venia legendi"[28].

WALTER LENEL (geb. 3. August 1868 in Mannheim, gest. 28. April 1937 in Heidelberg) entstammte einer bedeutenden Mannheimer Industriellen-Familie. Nach Studium und Promotion

---

27) Festgehalten in den Klibansky betreffenden Personalakten GLA 235/2182; vgl. I. Loewe und H. E. Voss, Walter S. Loewe, 44 f.

28) Gezeigt in der ständigen Ausstellung des Instituts für Klinische Chemie, Mannheim.

in Straßburg (1893) konnte er als Privatgelehrter, der sich besonders der italienischen Geschichte widmete, in Heidelberg leben. 1932 beantragte die Philosophische Fakultät, ihn "zum Zweck der Abhaltung von historischen Übungen" zum Honorarprofessor zu ernennen. Dabei betonte sie in ihrem Antrag gegenüber dem Ministerium, Lenel werde begabte Studenten zu produktiver Forschung anleiten. Er erwarte keine Honorierung dafür, er sei vielmehr sogar bereit, eine Verzichtserklärung zu unterschreiben. Als das Ministerium seine Beurlaubung aussprach (20. April 1933), setzte sich die Universitätsverwaltung nachdrücklich für ihn ein: Er habe sich "im vorgerückten Lebensalter in uneigennütziger Weise für den Lehrbetrieb auf unseren Wunsch zur Verfügung gestellt, als dessen Aufrechterhaltung durch Herrn Geheimrat Hampes schwere Erkrankung gefährdet erschien... Wir befürworten die Aussetzung der Beurlaubung"[29]. Noch bevor das Karlsruher Ministerium ihm am 18. August 1933 die Lehrbefugnis endgültig entzog, verzichtete Lenel selbst auf seine ordentliche Honorarprofessur und die Ausübung der Lehrtätigkeit. Während sein Sohn noch im September 1933 in die USA auswanderte, blieb Lenel bis zu seinem Tod in Heidelberg[30].

MAX FREIHERR VON WALDBERG (geb. 1. Januar 1858 in Jassy (heute Jasi/Rumänien), gest. 6. November 1938 in Heidelberg) hatte, vorbereitet durch Hauslehrer, am deutsch-österreichischen Gymnasium in Czernowitz (heute Czernowicy/Ukraine) die

---

29) UAH B 3026/4. Das Rektorat wies zudem darauf hin, daß der Nachwuchs in der mittelalterlichen Geschichtswissenschaft sehr spärlich sei. "Die Übungen Lenels finden im kleinsten Kreis (privat) im Hause statt"; Drüll, 160. Zur Familie Lenel: Max von der Kall, Richard Lenel, 7 f. Richard Lenel war der jüngere Bruder von Walter Lenel.
30) UAH A 219/Lenel; GLA 235/2203. Im UAH befindet sich eine Anfrage bezüglich eigener Auswanderungspläne, doch nach Mitteilung seines Sohnes dachte er nicht ernsthaft daran (Mitteilung vom 24.8.1987).

Schule beendet und nach einem Studium in Wien 1881 an der Philosophischen Fakultät Czernowitz promoviert. Nach einem Studienaufenthalt in Berlin habilitierte er sich und wurde 1888 zum ao Professor für deutsche Sprache und Literatur ernannt. Im Jahr darauf ließ er sich nach Heidelberg umhabilitieren. Wiederum erhielt er den Rang eines ao Professors. Seit 1893 nahm er einen Lehrauftrag für deutsche Literaturgeschichte wahr. Auf Vorschlag der Fakultät ernannte ihn das Ministerium 1908 zum ordentlichen Honorarprofessor. Seine Lehrtätigkeit wurde mit einem Privatdozenten-Stipendium vergütet[31]. Am 12. April 1933 teilte von Waldberg dem Dekan von Salis mit: Er hege bereits seit längerem den Wunsch, seine Lehrtätigkeit einzustellen, "um Platz für einen jüngeren Kollegen" zu machen. Auf besonderen Wunsch von Friedrich Panzer habe er bislang davon abgesehen, möchte jedoch nun zum Sommersemester seine Lehrtätigkeit beenden und aus dem "Deutschen Seminar" ausscheiden[32]. Das Gesuch war versehentlich nicht weitergeleitet worden. Als ihm nun die Entlassung drohte, setzten sich der Dekan von Salis, der Rektor und der Staatsrat der neuen badischen Regierung, der Heidelberger Professor Schmitthenner, beim Hochschulreferenten für den 75-jährigen ein. Es müsse eine "hochanständige Lösung" gefunden werden[33]. Das Rektorat hatte darauf aufmerksam gemacht, daß von Waldberg seine überaus bedeutende Bibliothek testamentarisch der Universität

---

31) Panzer sprach sich 1921 für eine bessere Besoldung aus: Seine Einnahmen aus Österreich hätten nach dem Krieg stark gelitten. Waldbergs Lehraufgaben seien "neben der in ihrer Weise höchst schätzenswerten Tätigkeit von Prof. Gundolf (für die Universität) doch unentbehrlich", UBH Heid. Hs 3824 C 1. 190. Vgl. Sauder, Positivismus und Empfindsamkeit, 368 ff; Drüll, 283.

32) UAH A 219/v.Waldberg. Weitere Belege: GLA 235/2632.

33) So Schmitthenner in einem Brief am 27.7.1933 in GLA 235/2577 (Akte Täubler).

vermacht habe[34]. In "entgegenkommender Weise" -so der Hochschulreferent- wurde der Verzicht angenommen, von Waldberg wurde aus der Dozentenliste gestrichen, ihm aber das Privatdozentenstipendium belassen. Im September 1933 kündigte die Polizeidirektion an, Freiherrn von Waldberg nach dem Reichsgesetz vom 14. Juli 1933[35] auszubürgern. Der Rektor widersprach. Er verwies darauf, daß seinerzeit deutsche Stellen ihn aufgefordert hatten, aus Czernowitz nach Heidelberg zu kommen. Im übrigen könne an der nationalen Gesinnung eines Professors, bei dem auch Goebbels promoviert habe, wohl kaum ein Zweifel bestehen. Sein freiwilliger Verzicht auf die ordentliche Honorarprofessur wurde 1935 in eine Beurlaubung umgewandelt. 1938 starb er nach einer Operation[36].

c. außerordentliche Professoren

Vier ao Professoren der Medizinischen Fakultät waren vom Gesetz zur Wiederherstellung des Berufsbeamtentums betroffen: PAUL GYÖRGY (geb. 7. April 1893 in Großwardein/Siebenbürgen, gest. 29. Februar 1976 in Mendham, N.J.) beendete sein Medizinstudium in Budapest, legte in Heidelberg ein zweites Staatsexamen ab und arbeitete als Assistenzarzt in der Kinderklinik. 1923 habilitierte er sich für Kinderkrankheiten, 1927 wurde er zum ao Professor ernannt. Als ihm Anfang April 1933 der Abstammungsfragebogen zugestellt wurde, war

---

34) Nach seinem Tod wurde 1939 ihr Wert vom Ministerium auf 50.000 Reichsmark geschätzt. Sie bildet auch heute noch mit mehr als 4500 Bänden einen gesonderten Bestand der Universitätsbibliothek Heidelberg, vgl. Gebhardt, Spezialbestände, 243.
35) Alle Einbürgerungen zwischen dem 9.11.1918 und 30.1.1933 waren nach dem Reichsgesetz zu überprüfen (RGBl. I 1933, 480 und 538 f).
36) Seine Frau beging am 10.4.1942 Selbstmord; WG/EK 6837/A.

György nicht in Heidelberg[37]. Seine Frau teilte dem Rektorat mit, ihr Mann werde nicht an die Klinik zurückkommen, eine Beantwortung der Fragen erübrige sich deshalb. György bestätigte dies und schrieb selbst (27.4.1933): "Infolge der veränderten politischen Verhältnisse ist mir jede Möglichkeit eines ferneren wissenschaftlichen Fortkommens in Deutschland genommen. Ich erkläre hiermit meinen Austritt aus dem Verbande der Universität". Einen Monat später bat György, seinen Antrag auf Entlassung in einen Antrag auf Urlaub umzuwandeln. Er war zu Vorträgen in die Vereinigten Staaten eingeladen worden und wollte dieser Aufforderung gerne als Mitglied des Heidelberger Lehrkörpers nachkommen. Er verwies darauf, daß er ohnehin als Frontkämpfer unter die Ausnahmeregelung falle. Der Rektor Willy Andreas ging darauf ein und schlug dem Ministerium vor, die bereits ausgesprochene Entlassung erst zum 1.4.1934 wirksam werden zu lassen. Der Hochschulreferent Fehrle wollte nun genau wissen, weshalb György ausgeschieden sei. Der Rektor riet dem Kollegen, lediglich den Fragebogen zum Gesetz zur Wiederherstellung des Berufsbeamtentums auszufüllen und nach Karlsruhe zu schicken. Mitte Juni lehnte György "unter den obwaltenden Umständen" die Beantwortung des Fragebogens ab und zog sein Gesuch zurück. Er versicherte dem Rektor: Hätte er gewußt, daß er damit "auch Ew. Magnifizenz kostbare Zeit und aufopfernde Mithilfe, für die ich nicht genug danken kann", in Anspruch nehmen müsse, so hätte er den Antrag gar nicht gestellt. Noch im selben Jahr verließ György Deutschland.

MAXIMILIAN NEU (geb. 5. April 1877 in Freinsheim, gest. 22. Oktober 1940 in Heidelberg) hatte sich 1908 in Heidelberg im Fach Geburtshilfe und Frauenheilkunde habilitiert. 1914 er-

---

[37] Angaben in Dict.Emigrés II 2, 443. UAH A 219/György; GLA 235/2046; Drüll, 97.

teilte ihm das Ministerium eine ao Professur. Die Vorlesungstätigkeit an der Universität war für ihn lediglich "Nebenbeschäftigung"[38]. Hauptberuflich leitete er eine private Fachklinik, die er sich in Heidelberg aufgebaut hatte. Als das Ministerium ihn von seiner ao Professur beurlaubte, legte er ein Gutachten vor, das Geheimrat von Krehl für ihn erstattet hatte. Dennoch wurde ihm die Lehrbefugnis im September 1933 entzogen.

Auch der Ophtalmologe LUDWIG SCHREIBER (geb. 24. Februar 1874 in Schrimm/Posen, gest. 4. Oktober 1940 in Heidelberg) übte die Vorlesungstätigkeit neben seiner Privatpraxis aus. Er hatte sich 1906 in Heidelberg habilitiert und war seit 1912 ao Professor. Seine Einnahmen als Dozent betrugen 1932 noch nicht einmal 300 Reichsmark. Im August 1933 wurde ihm vom Ministerium die Lehrbefugnis abgesprochen[39].

RICHARD VICTOR WERNER (geb. 22. Juli 1875 in Freiwaldau/Österr. Schlesien, gest. KZ Theresienstadt um 1943)[40] war nach Medizinstudium und Promotion (1899 in Wien) und Kliniktätigkeit (in Brünn 1903) zur Heidelberger Chirurgie gekommen, 1905 zum Institut für Experimentelle Krebsforschung. 1906 habilitierte er sich für das Fach Chirurgie und wurde 1912 zum ao Professor ernannt. Nach Ableistung seines Militärdienstes in Österreich übernahm er 1916 die Leitung des Samariterhauses (heute Czernyklinik), seit 1920 dessen medizinische Abteilung. Am 20. April 1933 erhielt auch er seine Beurlaubung zugestellt. Sogar der Physiker Lenard, sonst ein Verfechter der "Deutschen Wissenschaft", plädierte dafür, ihn

---

[38] Schon 1923 bezog er lediglich Unterrichtsgelder von der Universität, UAH A 219/Neu; GLA 235/2341; WG/EK 10213; Drüll, 190.

[39] UAH A 219/Schreiber; WG/EK 11301/A; Drüll, 245.

[40] Vgl. Josef Becker, Zum 50-jährigen Bestehen des Czerny-Krankenhauses, 111; UAH A 219/Werner; H III 399/Werner; Drüll, 296.

"vorläufig" in seinem Amt zu belassen, denn er wisse, daß Czerny ihn sehr geschätzt habe[41]. Doch Werner selbst teilte dem Engeren Senat mit: Er "klebe" keineswegs an seiner Stellung, sondern habe die Leitung der Klinik bisher nur aus sachlichen Gründen beibehalten. Auf die Venia verzichtete er.

Unter den 1933 entlassenen ao Professoren stand HANS PHILIPP EHRENBERG (geb. 4. Juni 1883 in Hamburg-Altona, gest. 31. März 1958 in Heidelberg) der Universität am fernsten. Nach einem Studium der Rechtswissenschaft, der Nationalökonomie (Promotion 1906 in München) und der Philosophie (Promotion 1909, Habilitation 1910 in Heidelberg) war er 1918 zum ao Professor für Philosophie in Heidelberg ernannt worden. Er engagierte sich 1919 für sozialistische Ideen, entwarf -Zeitungsberichten zufolge- ein Programm zu einer "kommunistisch-proletarischen Zukunftskirche". 1922 nahm er in Münster sein Theologiestudium auf. Von den Heidelberger Verpflichtungen ließ er sich wiederholt beurlauben. Auch für das Jahr 1933 hatte er aus Bochum eine Beurlaubung eingereicht: Im Rahmen seines Pfarrberufs und seiner wissenschaftlichen Arbeiten, müsse er alle "Nebenarbeiten" "beseitigen"[42]. Als ihm vom Rektorat der Abstammungsfragebogen zugestellt wurde, schrieb er: "Es ist mir nicht möglich, fortan zu dem Lehrkörper der Universität zu gehören, wenn gleichzeitig meinem Sohn das Recht zum Studieren .... verweigert würde"[43] und brach damit seine Beziehungen zur Universität Heidelberg endgültig ab.

---

41) GLA 235/2694.
42) GLA 235/1918. Vgl. auch Bauks, Die evangelischen Pfarrer in Westfalen,Nr.1441, 113. Ehrenberg war ein Vetter des Religionsphilosophen Franz Rosenzweig; Drüll, 56.
43) Brief vom 15.4.1933 in UAH A 219/Ehrenberg unterzeichnet mit "ao Prof. und evangelischer Pfarrer".

ARTHUR SALZ (geb. 31. Dezember 1881 in Staab/Böhmen, gest. 10. August 1963 in Worthington, Ohio) hatte 1909 in Heidelberg die Venia legendi für Nationalökonomie erlangt, 1918 wurde ihm der Titel ao Professor verliehen. Er war Mitherausgeber der "Heidelberger Studien aus dem Institut für Sozial- und Wirtschaftswissenschaften" und nahm an der Handelshochschule Mannheim eine Dozentur wahr. Nach seiner "Beurlaubung bis auf weiteres" kündigte das Kultusministerium im September 1933 an, man werde beim Reichsstatthalter die Entziehung der Lehrbefugnis beantragen, da der "nichtarische ao Professor" bisher noch nicht den "Nachweis über die Teilnahme am Weltkrieg bei der fechtenden Truppe" erbracht habe[44]. Der Rektor versuchte zu vermitteln und erklärte: Professor Salz habe Anfang September persönlich in Wien bei den verschiedenen Behörden wegen seiner Militärpapiere nachgeforscht. Dort konnte er nur in Erfahrung bringen, daß seine Papiere 1920 an die tschechoslowakische Militärbehörde ausgeliefert worden seien. Er habe nun in Wien darum gebeten, wenigstens eine Dienstzeitbescheinigung zu erhalten. Zur selben Zeit teilte Arthur Salz dem Rektor mit, er werde die Einladung zu einem Aufenthalt für mehrere Monate ins Ausland annehmen. Er betrachte dies lediglich als Provisorium und zähle sich "bis zu meiner endgültigen Entlassung als Mitglied des Lehrkörpers". Er bat den Rektor, "gestützt auf das Wohlwollen, das Euer Magnifizenz mir stets erwiesen", die Philosophische Fakultät davon "in der Ihnen geeignet erscheinenden Form" zu verständigen. Aus dem Provisorium wurde ein lebenslängliches Exil.

---

44) UAH A 219/Salz; GLA 466/15043; Dict. Emigrés II 2, 1015; Drüll, 231.

d. Privatdozenten

Weder die außerordentlichen Professoren noch die Privatdozenten konnten als "Nicht-Beamte" nach ihrer Beurlaubung oder dem Entzug der Lehrbefugnis Unterhaltsansprüche an das Land stellen. Doch während einige der älteren ao Professoren sich im Laufe der Jahre eine Existenz außerhalb der Universität aufgebaut hatten, war das Privatdozenten nicht möglich gewesen. Sie besaßen in aller Regel eine von vornherein befristete Assistentenstelle, aus der sie durch einfache Kündigung sofort entlassen werden konnten.

In der Medizinischen Fakultät trafen die Maßnahmen nach dem Gesetz zur Wiederherstellung des Berufsbeamtentums vier Privatdozenten.

HANS WILLY LASER (geb. 12. März 1899 in Königsberg, gest. 20. Januar 1980 in Cambridge) arbeitete nach seinem Medizinstudium und der Promotion in Königsberg (1923) seit 1926 als Assistent am Kaiser-Wilhelm-Institut für Biologie (Berlin). 1930 kam er aus Berlin zu Otto Meyerhof nach Heidelberg an das neugegründete Kaiser-Wilhelm-Institut für medizinische Forschung und reichte sofort seine fertige Arbeit zur Erlangung der Venia für Experimentelle Pathologie ein. Da er im Kaiser-Wilhelm-Institut eine etatmäßig gesicherte volle Assistentenstelle innehatte, war für sein finanzielles Auskommen gesorgt. "Er hat die Absicht" -so Meyerhof gegenüber dem Dekan- "sich der wissenschaftlichen Laufbahn zu widmen". Die Venia erhielt er im selben Semester zugesprochen. Im April 1933 konnte er keine Ausnahmebestimmung für sich geltend machen. Das Ministerium beurlaubte ihn sofort und entzog ihm im August die Lehrbefugnis[45].

---

45) UAH A 219/Laser; H III 399; Dict.Emigrés II, 2, 695.

TRAUGOTT ULRICH WALTER PAGEL (geb. 12. November 1898 in Berlin, gest. 23. März 1983 in England) hatte in Berlin studiert, in Tübingen am Pathologischen Institut gearbeitet und war nach kurzer Assistentenzeit in Berlin und Leipzig seinem Lehrer Schmincke nach Heidelberg gefolgt. Im Sommersemester 1930 legte Pagel seine Habilitationsschrift zur Erlangung der Venia für Pathologische Anatomie und Geschichte der Medizin vor. Zu Beginn des Wintersemesters hielt er die Antrittsvorlesung, damit ihm -wie sein Lehrer fürsorglich meinte- das Semester für die spätere Verleihung des Titels ao Professor angerechnet werden könne. Wirtschaftlich sei für Pagel gesorgt, da er eine bezahlte volle Assistentenstelle innehabe. Nachdem seine Beurlaubung im April 1933 ausgesprochen worden war, meldete er sich im Juni bei der Heidelberger Polizei ab, um "auf Reisen" zu gehen[46].

FRITZ STERN (geb. 6. April 1902 in Trier) war seit 1930 Oberarzt in Heidelberg, seit dem 4. November 1931 Privatdozent für Dermatologie. Er verließ Deutschland, als ihm im August 1933 die Lehrbefugnis entzogen worden war und wanderte nach Palästina (Tel-Aviv) aus[47].

ERNST WITEBSKY (geb. 3. September 1901 in Frankfurt/Main, gest. 7. Dezember 1969 in Buffalo, N.Y.) erwarb 1929 in Heidelberg die Venia für Immunitätslehre und Virologie. Seit 1927 war er Assistent am Institut für Krebsforschung. Sein Vertrag sollte bis zum 1. April 1934 laufen[48]. Im April 1933 wurde auch er beurlaubt. Der Institutsleiter Hans Sachs verwandte sich für seinen Schüler und bat das Ministerium, ihn als seinen einzigen

---

46) UAH H III/399; GLA 235/2364. W. Doerr stellte mir freundlicherweise den Lebenslauf zur Verfügung, den Pagel selbst anläßlich seiner Ehrenpromotion in Heidelberg erstellt hatte.
47) Die wenigen Angaben in UAH A 219/Stern und Who's Who in the State of Israel, 1948.
48) UAH A 219/Witebsky und A 219/Klopstock; Dict. Emigrés II 2, 1252; Who was Who in America? vol.5 (1973) 792.

Assistenten wenigstens vorläufig im Dienst zu lassen. Doch Witebsky sah sich -wie er der Universität am 10.6.1933 mitteilte- genötigt, in die Schweiz zu reisen, um eine neue Arbeitsstätte zu suchen. Seine Eltern blieben in Heidelberg zurück.

Zur Philosophischen Fakultät gehörte RAYMOND KLIBANSKY (geb. 15. Oktober 1905 in Paris, lebt in Oxford und Montreal). Seit 1927 beschäftigte sich Klibansky[49] mit Cusanus-Forschungen und stand darüber im engen Kontakt zu Ernst Cassirer[50]. Klibansky entwarf den Plan zu einer neuen Cusanus-Werkausgabe, den Ernst Hoffmann, Heinrich Rickert und Hans von Schubert[51] der Heidelberger Akademie vorlegten und zur Betreuung empfahlen. Für die Arbeit an der textkritischen Cusanus-Ausgabe bezog Klibansky ein Forschungsstipendium der Akademie. 1929 schloß er seine Promotion ab, zum Ende des Sommersemesters 1932 erteilte ihm die Philosophische Fakultät Heidelberg die Venia legendi für Philosophie[52]. Über der Arbeit an Cusanus erkannte Klibansky die Notwendigkeit, auch die lateinischen Schriften von Meister Eckart neu herauszugeben, ein Unternehmen, das nach dem Erscheinen von Rosenbergs "Mythus des 20. Jahrhunderts" zunehmend politisches Gewicht gewann. Nicht nur der Präsident des Historischen Instituts der Dominikaner in Rom war bereit, in Zusammenarbeit mit Klibansky eine Edition

---

49) Zum folgenden persönliche Auskünfte von Prof. Klibansky am 4.9.1986 und 11.8.1988.

50) Ernst Cassirer (geb. 28.7.1874 in Breslau, gest. 13.4.1945 in New York/N.Y.), 1919-1933 Ordinarius für Philosophie in Hamburg, 1933 ging Cassirer in die Emigration.

51) Zu Ernst Hoffmann, s.u.S.66, Heinrich Rickert (geb. 25.5.1863 in Danzig, gest. 25.7.1936 in Heidelberg) seit 1916 Ordinarius für Philosophie in Heidelberg, Hans von Schubert (geb. 12.12.1859 in Dresden, gest. 6.5.1931 in Heidelberg) seit 1906 Ordinarius für Kirchengeschichte in Heidelberg; Drüll 218 und 247.

52) Klibansky gehörte zum Kreis um Gundolf und war mit Marianne Weber befreundet. In ihrem Haus hatte er zusammen mit Heinrich Zimmer und Golo Mann seine Habilitation gefeiert; Golo Mann, Erinnerungen, 359.

vorzubereiten, auch der politisch ambitionierte Protestant E. Seeberg[53]) wollte sich daran beteiligen. Während Klibansky in Rom arbeitete (April 1933), beschlossen die deutschen Eckart-Forscher um Seeberg selbst eine Ausgabe herauszubringen, wozu sie reichlich mit Geldern ausgestattet wurden. Unter den politisierten Auspizien kam eine Edition für die Heidelberger Akademie, die zuvor grundsätzlich ihre Bereitschaft zu einer Eckart-Ausgabe erklärt hatte, nach Klibanskys Ansicht nicht mehr in Frage. Klibansky setzte sich mit dem Meiner-Verlag in Verbindung. Zur selben Zeit wurde Klibansky aufgefordert, die Bedingungen zu nennen, unter denen er auf eine Edition verzichten würde. Er lehnte einen solchen "Kuhhandel" ab, zumal er sich bereits an den Verlag gebunden fühlte. Seit diesem Zeitpunkt verschlechterte sich Klibanskys Lage in Deutschland: Er durfte sein Heidelberger Dienstzimmer nicht mehr betreten, konnte allerdings zunächst mit der Billigung des Direktors Sillib in der Handschriftenabteilung der Universitätsbibliothek arbeiten. Als das Rektorat den Abstammungsfragebogen im April 1933 versandte, befand Klibansky sich in der Bibliotheca Vaticana. Den Fragebogen sandte er mit der Bemerkung zurück: "Mit den Forderungen des wissenschaftlichen Denkens, denen Ausdruck zu geben ich als Dozent ... verpflichtet bin, scheint es mir nicht vereinbar, die Frage nach der Abstammung aufgrund der Kenntnis der Konfession von nur zwei vorangehenden Generationen klären zu wollen. Ich muß deshalb auf die Feststellung Wert legen, daß meine <u>sämtlichen</u> Vorfahren ... soweit sie sich zurückverfolgen lassen, die jüdische Religion bekannten". Der Heidelberger Studentenführer Scheel drängte darauf, Klibansky rasch zu entlassen, da er sich "mißliebig" gemacht habe. Doch

---

53) Seit 1927 in Berlin Ordinarius für Kirchengeschichte. Zum ganzen auch unten S.128 f.

die Zuständigkeiten der badischen Regierung waren noch ungeklärt. Deshalb hielt der Hochschulreferent Fehrle in den Akten fest (13. Mai 1933): Klibansky sei als Privatdozent beurlaubt, die Entlassung könne erst erfolgen, wenn der Fragebogen vorliege und "feststeht, wer in Baden die Entlassungen ausspricht". Der Jurist Heinrich Mitteis und Hoffmann setzten sich nachdrücklich für Klibansky ein[54]: Er arbeite lediglich für die Akademie und ausschließlich in deren Räumen. Mit Studenten komme er gar nicht in Berührung. Da er die wesentlichen Vorarbeiten zur Cusanus-Edition geleistet habe, hänge der Fortgang des Unternehmens entscheidend von seiner Mitarbeit ab. Klibansky war verschiedentlich vor Anschlägen gegen seine Person gewarnt worden. Als er durch fingierte Telefonate und Flugblätter bedroht wurde und "Steckbriefe" mit unter falschen Angaben aufgenommenen Fotos zirkulierten, wandte er sich wieder an Fritz Saxl, den Leiter der Warburg-Bibliothek in Hamburg[55]. Mit ihm verbanden ihn gemeinsame Forschungsvorhaben. Nachdem Klibansky in Heidelberg beobachtet hatte, wie rigide Boykott-Aufrufe der NSDAP unter der Überwachung der SA befolgt wurden, war für ihn offenbar, daß unter der nationalsozialistischen Regierung eine freie Forschung nicht mehr möglich war[56]. Für ihn galt es, der gefährdeten Wissenschaft einen "festen Boden" zu suchen. Nach Rücksprache mit Saxl verfaßte er für Max Warburg ein Memorandum, in dem er seine Befürchtungen darlegte. Warburg ließ sich überzeugen und es wurde beschlossen, mit dem gesamten Warburg-Institut

---

54) GLA 235/2182 und UAH A 219/Klibansky. Zu seinen Fürsprechern gehörte auch der Dirigent W. Furtwängler (Auskunft R. Klibansky 11.8.1988).

55) Zum Warburg Institut: Fritz Saxl, The History of Warburg's Library, 336 f. und Gertrud Bing, Fritz Saxl, 22 f.

56) Schon Gundolf hatte sich ihm gegenüber vielfach besorgt über die Aufmärsche und Umzüge der Partei und der SA-Verbände geäußert.

Deutschland zu verlassen. Saxl erreichte dazu nicht nur das Einverständnis aller Mitarbeiter ohne Ansehen der "Rasse" und die Zustimmung des deutschen Zweigs der Warburg Familie[57], sondern vor allem auch die des finanzkräftigen amerikanischen Warburg-Familienzweigs. Ein Angebot, auf dem Kontinent (Leiden) unterzukommen, ließ sich aus finanziellen Gründen nicht verwirklichen. Die beste Möglichkeit bot sich für das Warburg-Institut und Bibliothek in London. Klibansky -ohnehin, wie Saxl formulierte, "a young and active friend of the Institut"- verband sein Schicksal mit dem des Instituts und emigrierte noch im Sommer 1933 mit nach London[58]. Die Instituts-Bibliothek und die dazugehörigen Einrichtungen wurden in zwei Schiffe verladen und im Dezember 1933 nach London abgesandt, ein Exodus und Auszug der Wissenschaften aus Deutschland, wie er nicht sinnfälliger hätte vonstatten gehen können.

Als zweiter Privatdozent wurde JAKOB MARSCHAK (geb. 23. Juli 1898 in Kiew, gest. 22. Juli 1977 in Los Angeles)[59] aus der Philosophischen Fakultät ausgeschlossen. Er war wegen antizaristischer politischer Aktivitäten in Rußland verhaftet, 1919 durch die Revolution befreit worden. In der kurzlebigen Terek Republik am nördlichen Kaukasus hatte er sich der Regierung als Arbeitsminister zur Verfügung gestellt. Er tat dies ungeachtet der Warnung eines Erfahreneren[60]. Bei der Machtübernahme durch die Bolschewiki mußte Marschak als Mitglied der Menschewiki fliehen und emigrierte nach Deutschland. Hier

---

57) Nur der Bankier Max Warburg blieb bis 1938 in Deutschland. Dazu Sherman, A Jewish Bank, 167 f.
58) Den Todestag Gundolfs 12.7.(1931) wollte er noch unbedingt in Heidelberg verbringen.
59) Angaben nach UAH A 219/Marschak; GLA 235/2296; IfZ MA 1500/39.
60) Koopmans, Marschak X, gibt sie in Marschaks Worten wieder: "When the corn has grown high enough to conceal a man on horseback, the government will fall- that is what happened".

studierte er Nationalökonomie. Während seines Heidelberger Studiums schloß er sich sozialistischen Studentengruppen an. Marschak arbeitete in Berlin (an der Forschungsstelle für Wirtschaftspolitik) und Kiel (am Institut für Weltwirtschaft und Seeverkehr) unter anderem für den Außenhandelsausschuß des Reichstags. Im Februar 1930 erwarb er an der Philosophischen Fakultät Heidelberg die Venia legendi für Nationalökonomie. Er erhielt zum 1. April 1930 eine "ao" Assistentenstelle beim Sozial- und Staatswissenschaftlichen Institut, die zum 1. Januar 1933 in eine "ordentliche" Assistentenstelle umgewandelt wurde. Für das Sommersemester 1933 bekam er -in der Nachfolge von Julius Gumbel- einen vierstündigen Lehrauftrag für Statistik. Den Abstammungsfragebogen vom April 1933 füllte er nicht aus, sondern ging sofort nach Wien. Die Heidelberger Assistentenstelle wurde ihm gekündigt und der Lehrauftrag entzogen. Seine junge Familie folgte ihm einen Monat später ins Exil. Marschak sah sich mit 35 Jahren zum zweiten Mal zur Emigration gezwungen.

In der Naturwissenschaftlich-Mathematischen Fakultät war der Privatdozent MAX RUDOLF LEMBERG (geb. 19. Oktober 1896 in Breslau, gest. 10. April 1975 in Sidney)[61] von den nationalsozialistischen Maßnahmen betroffen. Er hatte nach freiwillig abgeleistetem Kriegsdienst in Breslau, München und Heidelberg Chemie studiert. Einige Zeit arbeitete er in der Industrie, kehrte dann an die Universität zurück und habilitierte sich 1930 in Heidelberg bei dem Chemiker Karl Freudenberg. Im selben Jahr bekam er ein Stipendium, das ihm länger als ein Jahr erlaubte, in Cambridge zu arbeiten. 1932 kehrte er nach Heidelberg zurück und übernahm am Chemischen Institut bei Karl Freudenberg eine Assistentenstelle. Im April 1933 wurde er

---

61) Poggendorff VII a 3 (1959) 66; Dict. Emigrés II 2, 707.

"in seiner Eigenschaft als Privatdozent" beurlaubt und ihm die Assistentenstelle gekündigt[62]. Freudenbergs Intervention, sein Assistent sei doch "Kriegsfreiwilliger" gewesen, deshalb müsse ihm die Stelle belassen werden, lehnte der Hochschulreferent ab: Beurlaubungen und Kündigungen dürften nicht ausgesetzt werden. Damit er seine Forschungsarbeiten im Laboratorium weiterführen konnte, schrieb ihm Freudenberg als Institutsleiter: Ich verantworte es, "wenn Sie die laufenden Versuche in Ihrem Arbeitszimmer so zum Abschluß bringen, daß von den wertvollen Materialien nichts verlorengeht und alle Präparate transportfähig gemacht werden"[63]. Anfang Mai verabschiedete sich Lemberg: Seine Kündigung sei zum 1. Juli ausgesprochen worden. Damit fehle ihm die wirtschaftliche Existenzgrundlage und die Möglichkeit zur wissenschaftlichen Arbeit in Deutschland. Er nehme deshalb eine auf ein Jahr befristete Tätigkeit in Cambridge an und verabschiedete sich vom Rektor Andreas mit den Worten: "Es ist mir ein persönliches Bedürfnis, Ihnen nicht nur zu versichern, daß ich mich im Ausland stets loyal gegen Deutschland verhalten werde, was sich wohl von selbst versteht, sondern daß ich mein Land und meine Landsleute trotz alledem noch mit derselben Liebe liebe, mit der ich für Deutschland im Krieg gefochten, in der deutschen Jugendbewegung und ebenso

---

62) Der Engere Senat teilte ihm mit: Der Ministerialerlaß bestimme, "daß die Assistenten nicht arischer Abstammung zu beurlauben sind und daß das Dienstverhältnis der Genannten gegen Bescheinigung zu kündigen" sei. Seine Zugehörigkeit zu den Quäkern wurde in diesem Zusammenhang nicht erwähnt. UAH 20.4.1933, Naturwissenschaftlich-Mathematische Fakultät, Verhandlungen 1932/33.

63) Freudenberg betonte in diesem offiziell auch dem Rektorat mitgeteilten Schreiben: "Bei der besonderen Kostbarkeit der ... von der Notgemeinschaft sowie der Rockefeller-Foundation zur Verfügung gestellten Materialien halte ich mich (dazu) gegenüber diesen Stellen verpflichtet..., auch wenn, wie das nicht anders sein kann ..., Wochen darüber hingehen". UAH A 219/Lemberg, GLA 235/2231. Über Lemberg auch Karl J. Freudenberg, Lebenserinnerungen, Heidelberger Jahrbücher (1988).

später als religiöser Sozialist gedacht und gestrebt und als Forscher und Lehrer an der Heidelberger Universität gewirkt habe". Im Juni 1933 verließ er Deutschland. Freudenberg teilte dem Ministerium mit, Lemberg hoffe, daß sich aus dem Stipendium etwas "dauerndes" entwickeln werde. Im Augenblick bitte Lemberg darum, als "ein nach dem Ausland beurlaubter Privatdozent" angesehen zu werden. Vier Wochen später empfahl der Heidelberger Studentenführer Scheel dem Kultusministerium, Lemberg zu entlassen und die badische Landeskriminalpolizei teilte in einem Gutachten mit, Lemberg sei eine zeitlang Vorsitzender der Jungsozialisten gewesen.

e. Habilitanden

Zwei Assistenten wurde durch die nationalsozialistische Gesetzgebung der Beginn ihrer Hochschullaufbahn sehr erschwert oder gar unmöglich gemacht: Hermann Quincke und Otto Pächt. HERMANN QUINCKE (geb. 4. November 1901 in Leverkusen, gest. 7. Februar 1982 in Freiburg/Brsg.) kam gar nicht bis zum Habilitationsverfahren. Seit 1927 arbeitete er als Assistenzarzt an der Heidelberger Klinik für Innere Medizin. Mit seinem unmittelbaren Fachkollegen, dem späteren Kanzler der Universität und führenden Nationalsozialisten, Johannes Stein war er eng befreundet. 1933 begann eine Hetze gegen ihn als einen Nichtarier, die vom Nachfolger seines Großvaters auf dem Lehrstuhl für Physik, Philipp Lenard veranlaßt worden war[64]. Ludolf von Krehl mochte sich deshalb in seinen Bemühungen, Quincke zu helfen, nicht an Lenard wenden[65]. Johannes Stein zog sich abrupt zurück. Obgleich sich auch der Leiter der Klinik Richard

---

64) Angaben nach UAH H III 399/Quincke.
65) Auskunft Frau Maren Quincke, 25.5.1988.

Siebeck für Quincke einsetzte, mußte Quincke die Klinik verlassen.

OTTO PÄCHT (geb. 7. September 1902 in Kitschera/Bukowina, gest. 14. April 1988 in Wien) hatte im Dezember 1932 vor der Philosophischen Fakultät seine Probevorlesung für das Fach Kunstgeschichte gehalten. Seine Habilitationsschrift war bereits angenommen. Es fehlte ihm nur noch die öffentliche Antrittsvorlesung und die förmliche Erteilung der Venia, um sein Habilitationsverfahren endgültig zum Abschluß zu bringen. In den Semesterferien teilte ihm sein Lehrer Grisebach mit, angesichts der nationalsozialistischen Politik werde er seine Dozententätigkeit nicht ausüben können. Otto Pächt brach das Verfahren ab und zog einige Monate später nach Wien in das Haus seiner Eltern[66].

3. Entlassungen aus politischen Gründen

Das Kultusministerium verabschiedete nicht nur Angehörige der Universität, die gemäß § 3 des Gesetzes zur Wiederherstellung des Berufsbeamtentums als "Nichtarier" disqualifiziert wurden. Wer als "politisch unzuverlässig" galt, mußte nach § 4 mit einer Entlassung aus dem öffentlichen Dienst rechnen.

GUSTAV LAMBERT RADBRUCH (geb. 21. November 1878 in Lübeck, gest. 23. November 1949 in Heidelberg) erschien den Nationalsozialisten als prominenter Sozialdemokrat politisch nicht tragbar. Radbruch hatte 1902 in Berlin promoviert, 1903 in Heidelberg die Venia für Strafrecht, Strafprozeßrecht und

---

66) UAH B 3182; GLA 235/2362; IfZ MA 1500/45. Obgleich es wahrscheinlich noch mehr derartig abgeschnittene Berufswege gab, sind -soweit ich sehen kann- dies die einzigen, die sich aus der Aktenlage rekonstruieren lassen.

Rechtsphilosophie erworben. Nach dreijährigem Kriegsdienst übernahm er 1919 eine ao Professur in Kiel. Vier Jahre lang war er als SPD Abgeordneter im Reichstag, 1921/22 und 1923 gehörte er dem Reichskabinett unter den Reichskanzlern Wirth und Stresemann als Justizminister an. 1926 übernahm Radbruch das Heidelberger Ordinariat für Strafrecht. Als Pflichtverteidiger des den nationalsozialistischen Studenten so verhaßten Julius Gumbel war er schon früh ihren Angriffen ausgesetzt. Am 24. März 1933, als im Reichstag das Ermächtigungsgesetz verabschiedet wurde, wandte Radbruch sich an den Rektor: Zum Sommersemester habe er eine Vorlesung für einen größeren Zuhörerkreis mit dem Titel: "Die Staatsform der Demokratie" angekündigt. Nun habe er in einem Gespräch mit dem Dekan Levy den Eindruck gewonnen, "daß diese Vorlesung unter den gegenwärtigen Verhältnissen vielleicht nicht angebracht ist". Er bat deshalb den Rektor, ihn von dieser Vorlesung zu entbinden[67]. Sein Vorlesungsprogramm sah im übrigen für das Sommersemester vor: Einführung in die Rechtswissenschaft (3stündig), Strafrecht (5stündig), Übung (2stündig), Seminar (2stündig). Anfang April meldete Radbruchs Sekretär, bei Radbruch sei eine Hausdurchsuchung durchgeführt worden. Wenig später stand im Ministerium fest, daß Radbruch als SPD-Mitglied aus dem Staatsdienst entlassen werde. Dies wurde ihm am 8. Mai offiziell mitgeteilt. Auf Betreiben der Fakultät setzte sich der neue Dekan Groh für Radbruch beim Ministerium ein und fragte, ob es denn überhaupt möglich sei, einen Entlassungsbeschluß rückwirkend ergehen zu lassen. Vier Wochen später meinte der Hochschulreferent, "da die Stellungnahme des Dekan nicht unbedingt als rechtsirrig bezeichnet werden könne", werde

---

67) Brief in UAH A 219/Radbruch. Zu Radbruch vgl. Laufs, Radbruch, 148 f; Drüll, 212.

er nochmals mit dem Reichsstatthalter darüber sprechen[68], doch die Entlassung wurde nicht rückgängig gemacht. Der Rektor Andreas verabschiedete sich in einem Brief von Radbruch "anläßlich Ihres Ausscheidens aus dem Lehramt" und versicherte ihm, daß "in den letzten beiden Monaten auch nationalsozialistische Studenten mir und anderen gegenüber in Ausdrücken der Hochachtung und Verehrung von Ihrer menschlichen Persönlichkeit gesprochen haben"[69]. Die Schlußformel: "In ausgezeichneter Hochachtung" verbesserte Andreas in: "ausgezeichnete Hochschätzung". Einer der bedeutendsten Kollegen unter den Strafrechtlern, Eduard Kohlrausch, der gerade als Rektor der Berliner Universität zurückgetreten war, versicherte Radbruch, wie nahe ihm sein Schicksal gehe[70]. "Ich bitte, mir zu glauben..., daß ich an Ihrer deutschen Gesinnung niemals gezweifelt habe. Es war ... Ihr Bedürfnis nach Gerechtigkeit, Ihr Bedürfnis, Leute in Schutz zu nehmen, denen Sie den guten Glauben an Ihre Sache zubilligten,... seien Sie bitte versichert..., daß Sie zu

---

68) Belege GLA 235/40980. Im Dezember 1933 wurde in Radbruchs Karlsruher Akte noch ein Brief eingefügt, der sich in den Handakten des mittlerweile ebenfalls nach § 4 GWBBt entlassenen Ministerialrat Thoma befunden hatte. Radbruch hatte am 13.5.1931 geschrieben: "Die geplante (Hitler-) Kundgebung fällt auf den Tag nach der Einweihungsfeier der Neuen Universität und würde schon an diesem Festtage zweifellos zu einer namentlich für die ausländischen Gäste wenig erfreulichen Entstellung des Straßenbildes durch SA Uniformen, wenn nicht zu Schlimmerem führen".

69) Der Entwurf zum Brief des Rektors in UAH A 219/Radbruch.

70) Er schrieb noch voller Entschlossenheit: "Ich sehe Möglichkeiten, mitzuarbeiten, ohne mir untreu zu werden... Ich sehe das Vertrauen der Studentenschaft verloren, da sie meinen Widerstand gegen ihre unritterliche Kampfweise für einen Widerstand gegen ihre Zeit sieht... Ich werde in meiner bescheidenen Stellung als "Professor" - solange es mir gestattet werden wird - dafür kämpfen, das Vertrauen..., ohne das ich nicht leben und wirken kann, wieder zu gewinnen, indem ich für ihre deutschen Ziele, aber auch für eine deutsche - d.h. für eine anständige und ritterliche - Kampfweise eintrete". Brief vom 8.5.1933 UBH Heid. Hs 3716 III F. Vgl. Radbruchs Geburtstagsbrief zu Kohlrauschs 70. Geburtstag (30.1.1944) in: Radbruch-Briefe Nr. 204, 185. Zu Kohlrausch: Gallas, Kohlrausch, 1 f.

den Menschen gehören, vor denen ich stets die größte Hochachtung hatte... Sie erleben jetzt das Schmerzliche an Ihrer Person. Wie lange noch, und ich werde folgen!". Im Juli 1933 wurde die Entlassung Radbruchs endgültig beschlossen.

Ähnlich wie der Orthopäde v.Baeyer wurde auch der Zahnmediziner GEORG JOSEPH BLESSING (geb. 24. Dezember 1882 in Freiburg, gest. 10.Dezember 1941 in München) finanzieller Unregelmäßigkeiten in der Klinikverwaltung beschuldigt. Nach seinem Studium in Freiburg, Straßburg und München, seiner an verschiedenen Kliniken abgeleisteten Assistentenzeit erhielt er nach dem Krieg u.a. einen Ruf als ao Professor nach Rostock, 1920 als planmäßiger ao Professor und Direktor der zahnärztlichen Klinik nach Heidelberg. 1924 ernannte ihn das Ministerium zum persönlichen Ordinarius und ordentlichen Professor. 1930 wurde seine Stelle in ein Ordinariat umgewandelt. Aus seiner Zugehörigkeit zum Zentrum hatte Blessing offenbar nie einen Hehl gemacht. Die Heidelberger NS-Zeitung "Die Volksgemeinschaft" polemisierte gegen den "Zentrumsmann". Als er am 3. Mai 1933 morgens wegen "Gebührenerhebung" in Schutzhaft genommen wurde[71], waren lautstarke Studenten über die geplante Verhaftung des "Schwarzen Professors" offenbar gut informiert. Auch die Presse konnte bereits in der Nachmittagsausgabe darüber berichten. Am 4. Mai 1933 wurde Blessing aufgrund dieser Beschuldigungen mit sofortiger Wirkung beurlaubt. Da die "Erhebungen keinen strafbaren Tatbestand ergaben", stellte die Staatsanwaltschaft am 20. September 1933 das Ver-

---

71) UAH A 219/Blessing, GLA 235/1798 und 466/5561. Die Anschuldigungen brachten eine Oberin und ein Student vor, der sich, so seine Begründung, nach dem Tag von Potsdam dazu ermutigt fühlte, Erklärungen abzugeben, im übrigen aber anonym bleiben wollte. Blessing war in der zweiten Hälfte des April 1933 nicht beständig in Heidelberg gewesen, sondern hatte seine kranke Mutter besucht. Zu Blessing Angaben auch bei Drüll, 22.

fahren ein. Im Juni 1934 bat Blessing durch seinen resoluten Anwalt Leonhard, ihn von seinen Amtspflichten zu entheben, da "in Folge der letztjährigen Ereignisse" seine Gesundheit "in erheblichem Maße gebrochen" sei. Der Rektor meinte gegenüber dem Ministerium, grundsätzlich sei eine Emeritierung möglich; sollte das Ministerium Blessing wieder einstellen, so empfahl er -drei Monate nach dem Einstellungsbeschluß der Staatsanwaltschaft- die gegen Blessing vorgebrachten Beschuldigungen in einem Disziplinarverfahren zu überprüfen. Zum 1. Dezember 1934 wurde die Emeritierung ausgesprochen. Der Rechtsanwalt drängte darauf, daß der Rektor eine Ehrenerklärung für seinen Mandanten, der 14 Jahre lang dem Lehrkörper der Universität angehört habe, abgebe. Groh mußte gegenüber dem Ministerium einräumen, er habe dies voreilig zugesagt. Nun bedaure er sein Zugeständnis, denn in seinem "Führerstab" sei er damit auf scharfe Ablehnung gestoßen. Groh wollte als Kompromiß durch die Pressestelle der Universität veröffentlichen lassen: "...Die Beschuldigungen (öffentliche Gelder unterschlagen zu haben), haben sich als unbegründet erwiesen". Das Ministerium lehnte zunächst ab, Groh meinte jedoch, als Führer der Universität müsse er "mit dem Ehrenschutz eines emeritierten Universitätsangehörigen auch den Ehrenschutz der Universität selbst" übernehmen. Im übrigen bleibe diese Formulierung weit hinter dem Antrag des Rechtsanwalts zurück. Das Rektorat teilte der Presse schließlich mit: Die Vorwürfe gegen Blessing seien unbegründet gewesen, das Verfahren deshalb eingestellt worden. Blessing habe auf sein eigenes Ansuchen aus Gesundheitsrücksichten um Emeritierung gebeten.

FRANZ KARL HEINRICH WILMANNS (geb. 26. Juli 1873 in Durango/Mexiko, gest. 23. August 1945 in Wiesbaden)[72] begann

---

72) UAH A 219/Wilmanns und Angaben nach Drüll, 299. Vgl. Wolgast, Natio-

sein Medizinstudium in Bonn, Göttingen und Berlin. Seit 1901 war er zunächst als Assistent, dann als Oberarzt in der Heidelberger Psychiatrischen Klinik tätig. 1906 habilitierte er sich hier für forensische Psychiatrie. 1912 wurde er zum ao Professor ernannt, und nach kurzem Aufenthalt in Konstanz übernahm er 1918 die ordentliche Professur und Leitung der Psychiatrischen und Neurologischen Klinik in Heidelberg. Wilmanns hatte sich kurz vor der Machtübernahme im Kolleg höchst despektierlich über Hitler und Göring geäußert[73]. Am 3. Mai 1933 wurde er durch SA-Verbände in Schutzhaft genommen, tags darauf von seinem Amt suspendiert. Die am 30. Juni 1933 beschlossene Entlassung aus dem Staatsdienst eröffnete man ihm vier Tage später. Er erhielt noch -wie üblich- drei Monate lang seine aktiven Dienstbezüge, danach bekam er lediglich ein Ruhegehalt ausgezahlt.

In der Philosophischen Fakultät wurde HANS FELIX VON ECKARDT (geb. 22. Dezember 1890 in Riga, gest. 24. Dezember 1957 in Heidelberg)[74] aus politischen Gründen entlassen. Er hatte sein Studium in Moskau begonnen, in Heidelberg 1919 mit der Promotion abgeschlossen. Als Referent für Osteuropafragen trat er ins Weltwirtschaftsarchiv Hamburg ein. Nach seiner Hamburger Habilitation erhielt er 1926 in Heidelberg eine "staatswissenschaftliche-historische ao Professur für Publizistik" und übernahm die Direktion des weitgehend von Verlegern unterhaltenen Instituts für Zeitungswesen. Seit Juli 1932 hatten die nationalsozialistischen Studenten mit F.A.Six, dem Schriftleiter der von ihnen herausgegebenen Zeitung "Der Heidelberger

---

nalsozialismus, 366.

73) "Hitler habe im Anschluß an seine im Felde erlittene Verschüttung eine hysterische Reaktion gehabt"; in der Straßenbahn soll Wilmanns laut geäußert haben: Göring sei ein chronischer Morphinist WG/EK 14257/A.

74) UAH A 219/v.Eckardt; Drüll, 55; Pöschl, v.Eckardt, 160.

Student", einen politisch sehr aktiven Fachschaftsleiter. Auseinandersetzungen mit ihm waren geradezu vorprogrammiert. Als die versammelte Fachschaft Hitlers erste Kanzlerrede im Rundfunk abhörte, empfahl v.eckardt: "Stellen Sie lieber ab, es könnte sonst die Autorität der Reichsregierung gefährdet werden". Die Auseinandersetzungen mehrten sich, insbesondere nach dem Streit um die Beflaggung des Instituts[75]. Mehrstündige Haus- und Institutsdurchsuchungen durch Kriminalbeamte "unter Assistenz von Studenten" -so v.Eckardt in seinem Bericht vom 10. April an den Rektor- waren die Folge. V.Eckardt erhielt einen Sichtvermerk im Paß, so daß er seine geplante Reise nach Italien nicht antreten konnte. Am 11. April enthob ihn der Staatskommissar in Karlsruhe "mit sofortiger Wirkung" von den Dienstgeschäften. Dem Verein Deutscher Zeitungsverleger, der beim Rektorat wegen der Vorkommnisse nachfragte, empfahl der Rektor Andreas beschwichtigend "größte Zurückhaltung". Obgleich die Durchführungsbestimmungen zum Gesetz zur Wiederherstellung des Berufsbeamtentums noch gar nicht ergangen waren, wollte der Hochschulreferent Fehrle von Eckardt "fürsorglich" am 1. Mai 1933 nur 50 % der gesamten Bezüge auszahlen lassen. Von Eckardt erhielt noch drei Monatsgehälter, dann wurden sämtliche Zahlungen eingestellt. "Die Gewährung eines Übergangsgeldes", so der Rektor Groh 1934, könne "sachlich nach wie vor nicht begründet werden. Sie würde nur den Charakter eines Gnadenaktes haben können". Von Eckardt verließ Heidelberg.

Am Ende des Jahres 1933 hatten zwei Ordinarien (Anschütz, Weber) um ihre vorzeitige Emeritierung gebeten, zwei Ordinarien (von Baeyer, Olschki) und ein planmäßiger ao Professor

---

[75] Vgl. Demm, Zivilcourage, 69 f.

(Alewyn) waren zur Ruhe gesetzt worden. Vier Honorarprofessoren (Fraenkel, Loewe, Lenel, v.Waldberg), drei ao Professoren (György, Werner, Ehrenberg) verzichteten auf ihr Amt, bevor ihnen die Lehrbefugnis förmlich entzogen wurde. Das Ministerium hatte nach § 3 des Gesetzes zur Wiederherstellung des Berufsbeamtentums als Nichtarier entlassen: Einen Honorarprofessor (Perels), drei ao Professoren (Neu, Salz, Schreiber), sieben Privatdozenten (Klibansky, Laser, Lemberg, Marschak, Pagel, Stern, Witebsky) und eine Lehrbeauftragte (Baum). Otto Pächt konnte seine Habilitation 1933 nicht mehr förmlich abschließen. Als politisch unzuverlässig (§ 4 des Gesetzes zur Wiederherstellung des Berufsbeamtentums) waren zwei Ordinarien (Radbruch, Wilmanns, zeitweise Blessing) und ein planmäßiger ao Professor (v.Eckardt) aus dem Dienst entfernt worden. Alle anderen von der Rassegesetzgebung betroffenen Universitätsdozenten konnten sich noch auf die Ausnahmebestimmungen des Gesetzes zur Wiederherstellung des Berufsbeamtentums beziehen.

4. Täublers Emeritierungsgesuch

EUGEN TÄUBLER (geb. 10. Oktober 1879 in Gostyn/Posen, gest. 13. August 1953 in Cincinnati/Ohio)[76] formulierte für seine Person besonders deutlich, wie verletzend eine solche "Vergünstigung" war. Schon in seinen ersten wissenschaftlichen Arbeiten pflegte und erforschte er die Geschichte und Tradition

---

76) Belege im UAH A 219/Täubler; GLA 235/2577; Stern-Täubler, Eugen Täubler, 40 ff; Dict. Emigrés II 2, 1151 und Drüll, 266. Biographische Angaben bereits im Jüdischen Lexikon IV 2 (1930) 875, worin seine "große Zahl von Einzeluntersuchungen zur Geschichte der Juden in Deutschland, in denen er für die Erforschung der Juden teilweise ganz neue Wege wies", hervorgehoben wird.

des jüdischen Volkes. Sein Studium in Berlin -geprägt durch Dilthey, Mommsen und Norden- schloß er 1904 mit der Promotion ab. 1906 begründete und leitete er das "Gesamtarchiv der deutschen Juden" und übernahm als Dozent seit 1910 die Vorlesungen zur jüdischen Geschichte an der Akademie (Hochschule) für die Wissenschaft des Judentums. Nach abgeleistetem Kriegsdienst habilitierte er sich 1918 in Berlin, arbeitete als Leiter der Forschungsabteilung wieder an der Akademie. 1922 nahm Täubler einen Ruf auf eine ao Professur in Zürich an. Zum Sommersemester 1925 kam er als Ordinarius für Alte Geschichte an die Philosophische Fakultät Heidelberg. 1928 setzte er beim Ministerium durch, daß ein aus dem Archäologischen Institut ausgegliedertes eigenes "Seminar für Alte Geschichte" errichtet wurde. Als ihm 1933 die Beurlaubung drohte, beantragte der Rektor, die Beurlaubung auszusetzen, da Täubler im Landsturm an der Ostfront gedient habe[77]. Der Hochschulreferent Fehrle (ao Professor für Klassische Philologie in Heidelberg) entsprach dem Antrag (17. Mai 1933). Täubler wollte davon aber keinen Gebrauch machen. Er bat vielmehr, ihm zum Wintersemester das Freisemester zu gewähren, das ihm bei seinen Berufungsverhandlungen zugesagt worden war. Auf diesen Antrag glaubte das Ministerium erst nach "abschließenden Feststellungen", eingehen zu können. Voraussichtlich komme eine Bewilligung nicht in Frage. Täubler legte seine Beweggründe schriftlich dar: Die Vergünstigungen, die ihm das Verbleiben im Staatsdienst ermöglichten, wolle er nicht in Anspruch nehmen. Er wolle sich während des Freisemesters darum bemühen, eine andere Tätigkeit zu finden. Erst als feststand, daß er nicht entlassen werden solle, sondern freiwillig ausscheiden könne, habe

---

77) UAH B 3026/4. Er war 1916 schwer verwundet worden und zu 25% Invalide.

er um Urlaub gebeten. Dies stolze Gesuch ging in dieser Form nicht ab, sondern der Rektor Andreas brachte selbst Täublers Begründung im Ministerium mündlich vor: Täubler habe seine Professur in Zürich, die ihm auch eine Altersversorgung garantiert hätte, aufgegeben, um auf Wunsch der Heidelberger Universität ein deutsches Ordinariat zu übernehmen. Die deutschen Behörden könnten ihm nun keine Entscheidung aufzwingen. Nach der Besprechung in Karlsruhe notierte sich der Rektor: Der Begriff "fechtende Truppe" finde offenbar auch auf Täublers Kriegsdienst Anwendung. Vor allem aber seien seine Pläne bezüglich der Judenfrage von grundsätzlicher Bedeutung für die Regierung. Andreas empfahl, Täubler einen "ehrenvollen Abgang" zu sichern. Nach solchen Vorgesprächen begründete Täubler gegenüber dem Ministerium nochmals selbst seine Pläne (29. Juli 1933): auch wenn er als Kriegsteilnehmer im Amt bleiben dürfe, werde er bestimmt abgehen. "Es erschien mir nicht erträglich, als Geduldeter im Amt zu bleiben"[78]. Mit dem Ausscheiden aus dem Staatsdienst verzichte er auf seine Pension. Er beantrage seine Dienstentlassung nicht in demonstrativer Form. Damit, so in einem Brief an den Rektor, wolle er "die Haltung anderer nicht abträglich beurteilen, sondern diese Empfindung und Gesinnung mir selbst zur Norm machen, dem als Historiker das außerordentliche Schicksal seiner Blutsgemeinschaft immer als Problem im Sinn lag, und die Umgestaltung ihrer Daseinsform nun Lebensaufgabe werden soll"[79]. Im September stellte die Karlsruher Ministerialbürokratie fest: Da bislang keine Nachweise über den Fronteinsatz erbracht worden seien, werde die Versetzung in den Ruhestand ausgesprochen, gegebenenfalls der Antrag auf Entlassung entgegengenommen werden. Täubler

---

78) GLA 235/2577.
79) Dazu ausführlich unten S 119.

reichte einen solchen Antrag drei Tage später ein, nahm ihn jedoch im Oktober wieder zurück, nachdem er offenbar verschiedene Gespräche mit dem Hochschulreferenten Fehrle geführt hatte. Darin wollte er nicht "über die Grenze der Zurückhaltung hinausgehen". Fehrle sollte vielmehr "den Willen erkennen, der Heidelberger Universität in meinen Empfindungen die Treue zu bewahren". Am 22. Oktober 1933 erhielt Täubler seine Militärpapiere zur Vorlage beim Ministerium. Doch die in Karlsruhe gepflogenen Unterscheidungen zwischen "in Ruhestand versetzen" und "auf Ansuchen entlassen" waren ihm unklar. Er bat um Beurlaubung zum Semesterende[80]. Das Ministerium versetzte ihn zum 1. April 1934 in den Ruhestand. Im Personalverzeichnis für das Wintersemester 1933/34 war Täubler noch verzeichnet, in der Quästur wurde handschriftlich die bei Emeriti gängige Bezeichnung "liest nicht" hinzugefügt, jedoch mit dem Zusatz "beurlaubt". Im Vorlesungsverzeichnis für das Sommersemester 1934 wird er nicht mehr genannt.

III. Die Auswirkungen der Nürnberger Gesetze von 1935

Einigen Universitätsangehörigen war klar, daß das Gesetz zur Wiederherstellung des Berufsbeamtentums lediglich der Anfang des Terrors war. Sie selbst oder ihre Familienangehörigen waren so unter Druck geraten, daß sie es vorzogen, ins ungewisse Ausland zu gehen. Andere -und sie bildeten den größten Teil- hofften, die gesetzlich geregelten Ausnahmebestimmungen und die Unterstützung des Rektorats werde ihnen und ihren Familien

---

[80] 27.10.1933, in GLA 235/2577.

ein Leben unter der neuen Regierung ermöglichen. Der besorgte Walter Jellinek (ordentlicher Professor für öffentliches Recht) grüßte den Rektor Andreas "mit dem Ausdruck der ehrlichen Freude, daß Sie in diesen schwierigen Zeiten unser Rektor sind"[81]. Doch die Lage der "Nichtarier und Regimegegner" verschärfte sich rasch. Erlasse, Richtlinien, Verordnungen[82] beschränkten ihre Arbeits- und Ausbildungsmöglichkeiten. Die im öffentlichen Dienst stehenden Universitätsangehörigen waren dem Zugriff der nationalsozialistischen Reichs- und Landesregierung nahe. Ihre Eingriffe in die Universitätsverfassung[83] waren nicht nur Verwaltungsmaßnahmen, sondern bedeuteten vielfach zugleich eine Beschränkung der Wissenschafts- und Lehrfreiheit. Nachdem am 21. Januar 1935 das Reichsgesetz über die Entpflichtung und Versetzung von Hochschullehrern aus Anlaß des Neuaufbaus des deutschen Hochschulwesens ergangen war, informierte der Karlsruher Kultusminister am 4. Februar 1935 das Reichsministerium für Wissenschaft, Erziehung und Volksbildung (REM) in Berlin über seine Pläne zum Neuaufbau der Heidelberger Juristischen Fakultät. Die "nichtarischen", bzw. "nicht-arisch versippten" Ordinarien Jellinek, Levy und Gutzwiller sollten im Zuge dieser Umorganisation versetzt oder emeritiert werden. Der Kultusminister hielt sie "nicht für fähig, die ihnen im neuen Staat als Hochschullehrer zugewiesenen Aufgaben zu erfüllen, da sie der Weltanschauung dieses Staates fernstehen". Er empfahl die Versetzung an eine andere deutsche Hochschule, falls die entsprechenden Lehrstühle dann "in absehbarer Zeit" aufgehoben würden. Sollte das nicht möglich sein, bat er darum, sie von ihren amtlichen Verpflichtungen

---

81) Brief vom 30. März 1933 in UAH A 219/Jellinek.
82) Vgl. die Sammlung von Walk, Sonderrecht.
83) Dazu D. Mußgnug, aaO., 468 f.

zu entheben. Um die Voraussetzung dafür zu schaffen und doch dem Gesetz Genüge zu tun, war er "bereit, den formellen Fortfall der von ihnen gegenwärtig besetzten Lehrstühle" für ein Semester "vorzunehmen, um sodann mit der dortigen Zustimmung die genannten Lehrstühle wieder neu zu besetzen"[84].

Solche Winkelzüge waren bald nicht mehr notwendig. Mit der Teilung der Deutschen in zwei Klassen: Staatsangehörige und volle Reichsbürger, bot das Reichsbürgergesetz vom 15. September 1935 (RGBl. 1935 I 1146) genügend Ansatzpunkte, um das Leben der Betroffenen grundlegend zu erschweren. "Staatsangehörige" gehörten dem "Schutzverband des deutschen Reiches" an und waren ihm dafür besonders verpflichtet (§ 1). "Reichsbürger" sollte in Zukunft nur noch der Staatsangehörige "deutschen oder artverwandten Blutes" sein, "der durch sein Verhalten beweist, daß er gewillt oder geneigt ist, in Treue dem deutschen Volk und Reich zu dienen" (§ 2). Per Schnellbrief sandte der Reichs- und preußische Minister des Inneren 14 Tage später an alle Reichsstatthalter die Nachricht: "Bis zum Erlaß von Durchführungsverordnungen... sind die jüdischen Beamten, die von drei oder vier volljüdischen Großelternteilen abstammen, mit sofortiger Wirkung vom Dienst zu beurlauben... Von einer Veröffentlichung dieses Runderlasses in den Amtsblättern oder der Tagespresse ist abzusehen"[85]. Am 14. November 1935 wurde im Reichsgesetzblatt publiziert: "Ein Jude kann nicht Reichsbürger sein... Jüdische Beamte treten mit Ablauf des 31. Dezember in den Ruhestand". Kurz vor Jahresschluß umschrieb eine Verordnung den Kreis der Betroffenen genau: Nicht nur auf Beamte, auch auf Honorarprofessoren,

---

84) UAH A 219/Gutzwiller. Das REM stimmte im März diesen Plänen zu.
85) GLA 235/1578. Über die Umgehung des Reichsjustizministers bei der Verabschiedung des Gesetzes vgl. die Erinnerungen von Heintzeler, Der rote Faden, 53 f.

nichtbeamtete ao Professoren und Privatdozenten waren die Verordnungen anzuwenden. Da diese nicht in den Ruhestand versetzt werden konnten, sollte ihnen ebenso wie den beamteten Hochschullehrern und den bereits seit 1933 von ihren amtlichen Verpflichtungen entbundenen bzw. vorzeitig emeritierten Professoren die Lehrbefugnis entzogen werden[86].

Nicht nur diese auf "höherer Ebene" ersonnenen Maßnahmen machten das Wirken an der Universität unmöglich. Aktionen, die vom "Führer der Studentenschaft" Scheel oder von Fachschaften unternommen wurden, trafen die einzelnen Dozenten ganz persönlich im Hörsaal oder ihrem Institut. Im Mai/Juni 1935 riefen nationalsozialistische Fachschaften in Heidelberg zum Boykott von Lehrveranstaltungen auf. In der Juristischen Fakultät waren die Ordinarien Levy, Jellinek, Gutzwiller, in der Naturwissenschaftlichen Fakultät Rosenthal, Liebmann, von Ubisch und bei den Theologen aus nicht ganz durchsichtigen Gründen Hölscher[87] und der ao Professor der Philosophischen Fakultät Bergstraesser davon betroffen. Die Juristische Fakultät Heidelberg war, wie der Rektor Groh dem Dekan am 18. Mai 1935 mitteilte, vom Reichserziehungsministerium am 10. Mai 1935 "zur 4. Stoßtruppfakultät i.S. der Richtlinien für das rechtswissenschaftliche Studium" ausersehen. An einer solchen "Elite-Institution" war für Jellinek, Levy und Gutzwiller kein Platz. Sie wurden am 24. Mai zum 1. Juli beurlaubt. Die studentischen Funktionäre riefen zum Boykott ihrer Vorlesungen auf. Der Fachschaftsleiter gab per Anschlag den Entschluß der Fachschaftsversammlung bekannt: Die Studenten hätten die Maßnahmen des Reichserziehungsministeriums "zur personellen

---

86) 2.VO zum Reichsbürgergesetz vom 21.12.1935 (RGBl. 1935 I 1524). Mit der VO vom 14.2.1936 (Walk Nr. 123) wurde ihnen auch der Titel entzogen.
87) D. Mußgnug, aaO., 488.

Umgestaltung" begrüßt. "Dagegen mußten wir in den vergangenen Wochen feststellen, daß in einigen Vorlesungen... fortgesetzt gegen unsere Grundüberzeugung verstoßen wurde. Es ist daher selbstverständlich, wenn in der vergangenen Woche Kameraden, ... gegen die weitere Vorlesungstätigkeit der betreffenden Herren protestiert haben"[88].

1. Emeritierungen und Zurruhesetzungen

WALTER JELLINEK (geb. 12. Juli 1885 in Wien, gest. 9. Juni 1955 in Heidelberg)[89] studierte in Freiburg und Berlin, promovierte in Straßburg und erbrachte seine Habilitationsleistung 1912 in Leipzig. 1913 kam er als planmäßiger ao Professor nach Kiel, wurde nach dem Weltkrieg dort Ordinarius. Seit dem Wintersemester 1928/29 lehrte er als ordentlicher Professor für öffentliches Recht an der alten Fakultät seines Vaters in Heidelberg. Er fiel zunächst unter die Ausnahmebestimmungen des Gesetzes zur Wiederherstellung des Berufsbeamtentums, wurde aber im Mai 1935 zum Semesterende von seinem Lehramt beurlaubt. Seine Etatstelle sollte er beibehalten und die Direktion des Juristischen Seminars übernehmen. Zum Jahresende entzog ihm das Ministerium auch diese Funktionen, er wurde in den Ruhestand versetzt. Mit seiner großen Familie blieb er in Heidelberg.

Durch den Boykott unterbanden die nationalsozialistischen Studenten die Vorlesungen eines der bedeutendsten Lehrer der Romanistik: ERNST LEVY (geb. 23. Dezember 1881 in Berlin, gest. 14. September 1968 in Davis/Kalif.). Nach seinem Jurastu-

---

88) UAH H II 381/Jellinek. Der Aufruf schloß mit den Worten: "Jeder Versuch, einen Gegensatz zwischen der Haltung der nationalsozialistischen Rechtsstudenten und dem REM zu konstruieren, wird ... als eine Verleumdung... zurückgewiesen".
89) Alle Angaben nach UAH A 219/Jellinek und H II 381/Jellinek; Drüll, 127.

dium in Freiburg und Berlin legte er in Berlin sein Staatsexamen ab, promovierte und habilitierte sich dort für römisches und deutsches bürgerliches Recht. Im Weltkrieg leistete er Kriegsdienst, erhielt nach Kriegsende Rufe nach Frankfurt, Freiburg und 1928 auf das Heidelberger Ordinariat. 1931 setzte sich der damalige Dekan Groh bei der badischen Landesregierung dafür ein, daß alles getan werde, damit Levy nicht einen Bonner Ruf annehme, sondern "dieser hervorragende Gelehrte und ausgezeichnete Lehrer, dessen Wegzug... einen unersetzlichen Verlust bedeuten würde, der Ruperto-Carola erhalten bleibe"[90]. Nach den Ausnahmebestimmungen des Gesetzes zur Wiederherstellung des Berufsbeamtentums wurde 1933 Levys Beurlaubung ausgesetzt. Seine Kinder (23 und 22 Jahre alt) sahen für sich keine Möglichkeit, in Deutschland zu leben und wanderten im Juli und Oktober 1933 nach den USA aus, beide mit einem Empfehlungsschreiben des Rektors Andreas an den Vizekonsul des amerikanischen Generalkonsulats ausgestattet. Zugleich mit der Beurlaubung aus der "Stoßtruppfakultät" zum Ende des Sommersemesters 1935 erhielt Ernst Levy vom Reichserziehungsminister einen Forschungsauftrag für römische Rechtsgeschichte[91]. Seine bisherige Etatstelle und seine Bezüge sollte er zwar behalten, aber es standen ihm keinerlei akademische Rechte mehr zu. Drei Tage, nachdem der Rektor den Dekan von diesem ministeriellen Vorgehen unterrichtet hatte, wurden Levys Vorlesungen von den Studenten boykottiert und der Abbruch des Unterrichts erzwungen. Mittlerweile versuchte der Dekan Engisch, Levys Forschungsauftrag bei der Universitäts-Bibliothek in einem Brief an den Rektor vom 20. Juni 1935 genauer

---

90) Alle Angaben aus UAH A 219/Levy und H II 381/Levy; Drüll, 162.
91) Mitteilung des Dekan an die Mitglieder der Fakultät vom 29.5.1935, UAH H II 381/Levy.

zu umreißen: Keinerlei Bibliotheksdienste, sondern freie Verfügung über seine Zeit, inklusive Reisen. Die weitere Verwaltung und Benutzung des Romanistischen Instituts sei für die angestrebte Forschungstätigkeit von größter Wichtigkeit, da ihm das Institut viel mehr Forschungsmöglichkeiten biete, als die Universitäts-Bibliothek. Der Dekan bat auch darum, daß Levy "auf seinen Antrag jederzeit, evtl. unter Beibehaltung seines Forschungsauftrags und der Seminarverwaltung, von seinen amtlichen Verpflichtungen gänzlich entbunden werden kann". Diese "Anträge zur Regelung der Stellung, die Levy nun (!) einnimmt", wurden vom Rektor Groh "befürwortend" weitergeleitet. Das Reichserziehungsministerium hob jedoch den Forschungsauftrag am 25. Juli 1935 auf und übertrug Levy lediglich die Weiterverwaltung des Instituts für geschichtliche Rechtswissenschaft. In einer dem Hochschulreferenten zugestellten Abschrift dieses Schreibens setzte das Ministerium ausdrücklich hinzu: Ein Antrag auf Entpflichtung würde wohlwollend geprüft werden. Das Karlsruher Ministerium bat deshalb den Heidelberger Rektor darum, festzustellen, ob Levy bereit sei, einen solchen Antrag einzureichen. Mit dem Erlaß des Reichsbürgergesetzes änderte sich seine Lage völlig: Er wurde am 7. Oktober 1935 als "Betroffener" vom Dienst beurlaubt[92].

In der Medizinischen Fakultät litt SIEGFRIED BETTMANN (geb. 16. Juni 1869 in Bayreuth, gest. 19. Oktober 1939 in Zürich) schon 1933 unter persönlichen Angriffen der Nationalsozialisten. Seine Studienzeit hatte er in Berlin und Heidelberg verbracht. Hier legte er auch alle Prüfungen ab. 1908 wurde er (11 Jahre nach seiner Habilitation) als ao Professor Direktor der Heidelberger Hautklinik, seit 1919 mit einem persönlichen Ordinariat ausgestattet. Im März/April 1933 riefen Angehörige der NSDAP

---

92) UAH A 219/Levy. Die weiteren Diskussionen um seinen Status s. u. S.151.

zum Boykott seiner Praxis auf. Sein Sohn beging darüber Selbstmord[93]. Wenige Tage später mußte Bettmann den Abstammungsfragebogen ausfüllen. Seine Beurlaubung wurde zwar noch im April 1933 wieder ausgesetzt. Im Oktober 1934, nach der Vollendung seines 65. Lebensjahres, schrieb er: "Ich fühle mich innerlich verpflichtet, von der mir so gegebenen Möglichkeit Gebrauch zu machen" und bat um Emeritierung, die ihm im November 1934 zugestanden wurde. Diese Emeritierung wurde jedoch gemäß dem Reichsbürgergesetz und den dazu ergangenen Durchführungsverordnungen zum 1. Januar 1936 zurück-genommen und Bettmann statt dessen in den Ruhestand versetzt[94].

HANS SACHS (geb. 6. Juni 1877 in Kattowitz, gest. 23. März 1945 in Dublin) beendete sein Medizinstudium, nach Aufenthalten in Freiburg und Breslau, in Berlin. Er arbeitete als Assistent von Paul Ehrlich am Institut für Experimentelle Therapie in Frankfurt, bis er 1920 als Professor und Direktor der wissenschaftlichen Abteilung des Krebsinstituts nach Heidelberg berufen wurde. Da ihm in Berufungsverhandlungen eine lange Dienstzeit angerechnet worden war, galt er 1933 als seit 1914 beamtet. Die zunächst ausgesprochene Beurlaubung wurde wieder aufgehoben: Geheimrat von Krehl setzte sich für ihn ein, und Dekan Siebeck bezeichnete ihn als den "ersten Serologen Deutschlands", der leicht außerhalb Deutschlands eine Stellung finden könne. "Es wäre dann schwer und unmöglich, ihn zu ersetzen"[95]. Der Physiker Lenard äußerte sich zwar zugunsten von Richard Werner, dem unmittelbaren Kollegen von Hans Sachs[96]. Auch über Hans Sachs konnte er -außer der Feststel-

---

93) UAH A 219/Bettmann; Drüll, 20. Vgl. D. Mußgnug, aaO., 471.
94) S. unten S.75.
95) GLA 235/1578. Alle anderen Angaben UAH A 219/Sachs; nach Dict.Emigrés II 2, 1007 und Drüll, 229 Todesdatum 25.3.1945.
96) S. oben S.35.

lung, daß er Jude sei- nichts weiter vorbringen. Das gab ihm jedoch den Anlaß, über die "Fakultätsherren" zu schimpfen, die Sachs für "unabkömmlich" erklärten, "weil sie selber zu beschränkt sind, um einmal selber Serologie zu treiben oder von einem nichtjüdischen Mann unter ihrer Anleitung treiben zu lassen, was den Juden mit gutem Willen und etwas Geist schon entbehrlich machte. Beschränktheit und Bequemlichkeit sind dabei verknüpft"[97]. Gegen Auslandsreisen (Rom, London) hatte das Ministerium 1933 und 1935 nichts einzuwenden, der Rektor Andreas leitete die Genehmigung mit "besten Reisewünschen" weiter. Nach dem Erlaß des Reichsbürgergesetzes wurde Sachs jedoch mit "sofortiger Wirkung" am 7. Oktober 1935 vom Dienst beurlaubt und zum Ende desselben Jahres (laut Mitteilung aus Karlsruhe vom 15. Januar 1936) in den Ruhestand versetzt.

In der Philosophischen Fakultät waren zwei aktive Professoren von den Nürnberger Gesetzen betroffen: Helmut Hatzfeld und Ernst Hoffmann.

Der Romanist HELMUT ANTON HATZFELD (geb. 4. November 1892 in Bad Dürkheim, gest. 18. Mai 1979 in Washington/DC)[98] hatte sein Studium in München aufgenommen, dazu kamen Aufenthalte in Grenoble, Berlin und mit dem Beginn seines Anglistik-Studiums auch in Edinburgh. Mit einer Promotion schloß er sein Studium in München (bei Karl Vossler) 1915 ab. Nach seinem Kriegsdienst nahm er die wissenschaftliche Arbeit wieder auf und legte 1922 seine Habilitationsschrift in Frankfurt/Main vor. Für kurze Zeit blieb er in Königsberg, kehrte dann als ao Professor nach Frankfurt zurück. 1932 kam er zum Sommersemester als ao Professor nach Heidelberg und übernahm das zu-

---

97) Lenards Brief vom 10.7.1933 in GLA 235/2694.
98) Angaben nach Crisafulli, Hatzfeld, 23 ff. und UAH A 219/Hatzfeld; Drüll, 102.

vor von Olschki besetzte Extraordinariat. 1933 konnte Hatzfeld eine Militär-Dienstzeitbescheinigung vorlegen. Seine Beurlaubung wurde deshalb wieder ausgesetzt. Da Olschki bereits im Sommersemester 1933 in den Ruhestand versetzt worden war, vertrat Hatzfeld das gesamte Fach alleine. Als die Neubesetzung des Lehrstuhls in der Fakultät beraten wurde, plädierte der "Leiter der Fachschaft Kulturwissenschaft" 1934 dafür, lieber vorläufig Hatzfeld zu behalten, als einen völlig unbekannten Privatdozenten zu berufen, auch wenn grundsätzlich eine Neubesetzung (mit einem Arier) erwünscht sei. "Die Fähigkeit einer lebendigen Auseinandersetzung mit dem gegenwärtigen Geist Frankreichs, wie wir sie für nötig halten", sei bislang bei den Vorschlägen der Fakultät nicht genügend berücksichtigt worden[99]. Hatzfeld wandte sich jedoch selbst an den Rektor (18. November 1935) und bat darum, schon beim Eintreffen des neuen Ordinarius, Vorlesungen und Übungen einstellen zu dürfen. Auch der Dekan Güntert empfahl dies als den "in der Tat ... besten Anlaß", daß Hatzfeld in den Ruhestand trete[100]. Rektor Groh teilte ihm am 25. November 1935 seine Beurlaubung mit, die am selben Tage wirksam wurde[101]. Die Verhandlungen um das Ordinariat zogen sich bis 1938 hin[102].

ERNST HOFFMANN (geb. 13. Januar 1880 in Berlin, gest. 28. Januar 1952 in Heidelberg) kam nach hauptsächlich pädagogisch ausgerichteter Arbeit in Berlin 1922 als planmäßiger ao Professor der Philosophie und Pädagogik nach Heidelberg[103]. Fünf Jahre später wurde er vom Kultusminister zum Ordinarius

---

99) Brief vom 11.9.1934, UAH H IV 102/158.
100) UAH H IV 329/159.
101) UAH A 219/Hatzfeld.
102) GLA 235/29888.
103) Angaben nach UAH A 219/Hoffmann. In der Personalakte fehlen besonders zwischen 1930/1945 viele Aktenstücke; Drüll, 116.

ernannt und übernahm in der Heidelberger Akademie der Wissenschaften die Leitung der Cusanus-Kommission, die sich die Edition der Werke des Nikolaus von Kues zum Ziel gesetzt hatte. Diese Arbeit wurde wesentlich von Raymond Klibansky mitgetragen, der 1933 sofort als Privatdozent der Universität entlassen worden war[104]. Hoffmann hatte sich nachdrücklich für seinen Mitarbeiter eingesetzt. Dabei muß er sich den neuen Machthabern verdächtig gemacht haben. Die Polizei nahm im September 1933 die Untersuchung auf und stellte bei ihren "Erhebungen" fest[105], daß er "wohl nicht marxistisch, sondern mehr oder weniger demokratisch" eingestellt sei. Im Zuge der Ermittlungen wurde auch eine Hausdurchsuchung bei Geheimrat Friedrich Panzer (Ordinarius für Germanische Sprachwissenschaft und Sagenkunde, damals Präsident der Heidelberger Akademie der Wissenschaften) angestellt. "Herr Panzer", so hieß es in dem Polizeibericht vom 8. September 1933, "liegt an einem Herzleiden im Bett, die Angelegenheit ist ihm sehr peinlich, zumal es sich bei Hoffmann um einen langjährigen Kollegen handelt". Bei ihm fand die Polizei einen von Hoffmann unterm 31. März 1933 datierten Brief. Der Berichterstatter fuhr fort: "Ich habe das Gefühl, daß er (= Panzer) den Brief, wenn auch nur schweren Herzens auf Verlangen der Behörde herausgibt". Die nach Ansicht des Kriminaloberinspektors entscheidende Briefstelle lautete: "Übrigens liegen ja Schicksal und Aussichten von uns und unseren Unternehmungen so im Dunkeln, daß wir wohl auf alles gefaßt sein müssen. Ob wir einem feinfühligen Mann wie Klibansky noch zumuten können, im Dienst eines Staates zu arbeiten, der seine Glaubengenossen unter das Niveau von Heloten erniedrigt, weiß ich nicht". Im Auftrag des Hoch-

---

104) Siehe oben S.40.
105) GLA 466/20628.

schulreferenten Fehrle wurde die Polizei ersucht, weitere Ermittlungen vorzunehmen. Daß dabei von Arbeiten im Kaiser-Wilhelm-Institut (statt der Akademie) die Rede war, zeigt nur, mit welcher Unkenntnis die Ermittlungen betrieben wurden. Hoffmann wurde zur Vernehmung gerufen (14. September 1933). Er erklärte: In dem Brief werde seine Erregung spürbar. Er habe sich damals um den Fortgang und die Planung weiterer Editionen (Meister Eckart)[106] Sorgen gemacht. Dazu hätten "die Angehörigen von Klibansky, wie er mir selbst erzählte, ... anläßlich des Geschäftsboykotts ... derart Schlimmes erlebt, daß ich es für notwendig hielt, Klibansky ins Ausland zu schicken. Ich fürchtete, daß er durch die damaligen Geschehnisse zu deprimiert sei". Im Zuge dieses Disziplinarverfahrens wurde auch Panzer verhört. Ein Urteil in der Sache erging nicht. Im Februar 1934 forderte der Hochschulreferent vom Rektorat einen Bericht darüber an[107]. Fehrle bezog sich dabei auf seinen -in den Akten, soweit ersichtlich, nicht vorhandenen- Erlaß vom 17. Oktober 1933: "ob sich ... Hoffmann inzwischen politisch betätigt hat und ob noch Zweifel an seiner nationalen Zuverlässigkeit bestehen". Der Dekan Güntert meldete: Hoffmann habe sich ganz zurückgehalten, sei aber auch nicht in die vom Dekan eingerichteten "zwanglosen Zusammenkünfte" gekommen. "Leider vermag ich daher sonst nichts, namentlich nichts Positives, auszusagen". Im Mai 1935 erhielt Hoffmann eine Einladung zu einem Vortrag nach Zürich. Als er die dazu notwendige Ausreisegenehmigung einholte, ließ der Rektor Groh das Ministerium wissen: "Von Hoffmann als Nichtarier kann sicher keinerlei Förderung deutscher Belange im Ausland erwartet werden". Andererseits wäre ein Ausreiseverbot vielleicht "un-

---

106) S.o.S.41.
107) UAH A 219/Hoffmann.

zweckmäßig", da Frau Hoffmann Schweizerin sei. Die Reise wurde ihm gestattet (21.5.1935). Zwei Monate später stellte das Kultusministerium unter Bezug auf die Berliner Pläne zum Neuaufbau des deutschen Hochschulwesens anheim, "bezüglich der Entpflichtung des Professor ... Hoffmann ... ein Gesuch desselben ... vorzulegen", das dann "befürwortend" nach Berlin weitergeleitet werde. Auf Vorschlag des Rektors sollte Hoffmanns Ordinariat im Zuge des "Neuaufbaus" in ein Extraordinariat für Kunstgeschichte umgewandelt werden. Der Rektor schrieb an den auswärts weilenden Dekan Güntert (20. August 1935): Drei Lehrstühle für Philosophie ließen sich "auf die Dauer" nicht rechtfertigen. Der Lehrstuhl Hoffmann solle an ein anderes Fachgebiet gegeben, er selbst von seinen amtlichen Verpflichtungen entbunden werden. Nun sei er beauftragt festzustellen, ob Hoffmann "etwa wünscht, von sich aus einen Antrag auf Emeritierung zu stellen", der dann befürwortend vorgelegt werde. Hoffmann schrieb[108]: "So tief und schmerzlich ich den Verlust meines mir lieb gewordenen Lehramts bedaure", verschließe er sich den Argumenten nicht und stelle sein Emeritierungsgesuch. Er hoffe, er könne sich dafür völlig den von ihm übernommenen Forschungsarbeiten an der Akademie widmen. Der Dekan leitete das Gesuch nach Heidelberg, gab ihm die positive Wendung, indem er dabei "besonders" erwähnte, "daß damit für Herrn Hoffmann Gelegenheit gegeben werde, seine Cusanus-Untersuchungen für die Heidelberger Akademie ... nun mit voller Kraft zu fördern und zu Ende zu führen". Der Weg zur Einrichtung der "Kampfprofessur" im Fach Kunstgeschichte für Hubert Schrade (Tübingen) war frei. Am 1. November 1935 wurde Hoffmann beurlaubt bis zum Inkrafttreten

---

108) Brief vom 31.8.1935 aus Heidelberg an den in Rostock weilenden Dekan für das Heidelberger Rektorat.

seiner Entpflichtung, die am 14. November rückwirkend zum 1. Oktober 1935 ausgesprochen wurde.

Der Mathematiker KARL OTTO HEINRICH LIEBMANN (geb. 22. Oktober 1874 in Straßburg, gest. 12. Juni 1939 Solln bei München)[109] verbrachte seine Studienzeit in Leipzig, Göttingen und Jena, wo er auch promovierte. An der Leipziger Fakultät habilitierte er sich. 1910 kam er als etatm. ao Professor an die Technische Hochschule München. Fünf Jahre später übernahm er dort ein Ordinariat. Seit 1920 lehrte er in Heidelberg. Im April 1933 war auch seine Beurlaubung ausgesetzt worden. Ein Jahr später meinte das Kultusministerium, der (häufig kranke) Liebmann werde ohnehin in einigen Jahren von seinen Amtspflichten enthoben, deshalb bedürfe es keiner weiteren Maßnahme[110]. Zur "Beseitigung der Schwierigkeiten" empfahl ihm das Reichserziehungsministerium die Emeritierung. Nach dem vergeblichen Kampf gegen den von der Fachschaft über ihn und seinen Kollegen Rosenthal ausgerufenen Boykott bat Liebmann selbst um seine Emeritierung und legte dazu ein ärztliches Gutachten Ludolf von Krehls vor. Zum 1. Oktober 1935 wurde er mit 61 Jahren entpflichtet. Er zog nach Solln (bei München) und starb dort 3 Jahre später.

ARTUR ROSENTHAL (geb. 24. Februar 1887 in Fürth, gest. 15. September 1959 in Lafayette, Ind.) war nach Promotion und Habilitation (1912) in München[111] 1922 als planmäßiger ao Professor nach Heidelberg gekommen. Nachdem er einen Ruf nach Gießen abgelehnt hatte, wurde ihm 1930 an der Heidelberger Fakultät das neu errichtete zweite Ordinariat für (angewandte)

---

109) Poggendorff VII a 3 (1959) 93; Drüll, 164.
110) Kultusministerium am 3.4.1935 GLA 235/2211 und UAH A 219/Liebmann.
111) UAH A 219/Rosenthal; Die Schreibweise des Vornamens auch Arthur. Poggendorff VII a 3 (1959) 814; Drüll, 223.

Mathematik übertragen. 1932 war das Dekanat an ihn gefallen. Am 18. April 1933 legte er es "mit Rücksicht auf die politische Lage" nieder und übergab die Geschäfte dem Chemiker Karl Freudenberg. Auf das Rücktrittsgesuch antwortete Freudenberg: "... mit aufrichtigem Bedauern sehen wir Sie aus dem Dekanat scheiden, das wir bei Ihnen in besten Händen wußten". Die Fakultät werde in unveränderter Weise das Vertrauen zu ihm bewahren[112]. Da Rosenthal sich als Frontkämpfer ausweisen konnte, kam 1933 eine Versetzung in den Ruhestand "nicht in Betracht". Nach dem Hochschullehrergesetz vom 21. Januar 1935 wollte das Kultusministerium auch in der Naturwissenschaftlichen Fakultät "Ordnung" schaffen. In einem Schreiben an das Reichserziehungsministerium vom 3. April bat es darum, Rosenthal an eine nicht-badische Hochschule zu versetzen: zwei nichtarische Mathematiker sei für die Universität Heidelberg "zu schwierig"[113]. Der Boykott gegen ihn wurde seit dem 17. Mai 1935 betrieben. Rosenthal bezog seinen kranken Fachkollegen Liebmann in den folgenden Verhandlungen mit den Karlsruher und Berliner Ministerien immer mit ein. Der Rektor erklärte beiden beschwichtigend (24. Mai 1935): "Der Wiederaufnahme der Vorlesungen, die kürzlich gestört und deshalb vorläufig ausgesetzt wurden, steht nichts im Wege". Er werde künftig gegen Ordnungsverstöße einschreiten. In seinem Schlußsatz nahm er seine Zusagen jedoch wieder zurück, denn er bekräftigte darin: "Den Bestrebungen des Nationalsozialistischen Deutschen Studentenbundes als einer Gliederung der NSDAP entgegenzutreten, wäre mit meiner nationalsozialistischen Haltung unvereinbar"[114].

---

112) UAH Naturwissenschaftlich-Mathematische Fakultät, Verhandlungen 1932/33. Vgl. dazu D. Mußgnug, Anhang zu Karl J. Freudenbergs Lebenserinnerungen, in: Heidelberger Jahrbücher (1988).
113) GLA 235/2211 Liebmann.
114) UAH Naturwissenschaftlich-Mathematische Fakultät, Verhandlungen

Rosenthal schilderte die Vorgänge dem Rektor Groh ganz ausführlich, unterrichtete ihn auch darüber, daß die studentische Fachschaft Parallel-Vorlesungen und Übungen eingerichtet habe, die von Assistenten abgehalten würden. "Ein Kollege der Medizinischen Fakultät (hat) seinen Hörsaal zur Verfügung gestellt". Rosenthal nannte dem Rektor alle Assistenten beim Namen, die diese "Ersatz"- Vorlesungen und Übungen in der Pharmakologie abhielten. "Es wird ... unter Benutzung staatlicher Einrichtungen und unter Beteiligung staatlich bezahlter Personen die gegen uns unternommene Aktion neuerdings verschärft"[115]. Seine Studenten bedauerten zwar den Boykott, die Mehrzahl sei jedoch nicht imstande, dagegen Widerstand zu leisten. Konkrete Vorwürfe gebe es nicht, es werde lediglich daran Anstoß genommen, daß Herr Liebmann und er als Nichtarier prüfen dürften. "Ich fühlte mich im Interesse der Autorität der Universität verpflichtet, den schweren und unter den gegebenen Verhältnissen vielleicht von vornherein aussichtslosen Kampf gegen jene Aktionen des Studentenbundes durchzufechten". Im Einverständnis mit Rektor und Hochschulreferent hätte er Kontakt mit dem Reichserziehungsministerium aufgenommen, um mit dessen Unterstützung den Kampf fortzusetzen. Die zunächst in Berlin zugestandene Unterredung wurde abgesagt, da eine Reise nach Berlin noch "verfrüht" sei. Am 1. Juni wurde sie sogar als "zwecklos" verworfen. Man empfahl vielmehr beiden Mathematikern, ihr Emeritierungsgesuch einzureichen[116]. "Dem Ansuchen entsprechend"

1934/35 II.
115) So in einem von ihm und Liebmann unterzeichneten Brief vom 29.5.1935 an den Rektor, in: UAH Naturwissenschaftlich-Mathematische Fakultät, Verhandlungen 1934/1935 II.
116) UAH A 219/Rosenthal.

wurde Rosenthal im August 1935 von seinen Amtspflichten zum Jahresende entbunden[117].

Geheimrat WILHELM HERMANN SALOMON, seit 1923 SALOMON-CALVI, (geb. 15. Februar 1868 in Berlin, gest. 15. Juli 1941 in Ankara)[118] war der dritte Ordinarius der Naturwissenschaftlich-Mathematischen Fakultät, der von den Nürnberger Gesetzen unmittelbar betroffen war. Sein Studium hatte er nach Aufenthalten in Zürich und Berlin in Leipzig mit der Promotion beendet. Eine erste Habilitationsschrift legte er in Pavia vor (1895), eine zweite in Heidelberg (1897). Hier wurde er, nachdem er Rufe nach auswärts abgelehnt hatte, 1913 ordentlicher Professor für Geologie und Mineralogie. Für seine Arbeiten, die sich auch mit dem badischen und Heidelberger Raum beschäftigten, wurde er mit Orden und Ehren (1. Mai 1926 Ehrenbürger Heidelbergs) ausgezeichnet. Im Januar 1933 hielt er noch unbeanstandet die Festrede zum Reichsgründungstag. Am 6. April 1933 fragte er den Rektor Andreas, der ihm wenige Wochen zuvor besonders herzlich zum 65. Geburtstag gratuliert hatte, ob er von den Maßnahmen der Reichsregierung auch betroffen sei. Von seinen jüdischen Vorfahren habe er als strenger Katholik wahrhaftig nichts übernommen. "Ich bitte Sie, wenn Sie es irgend ermöglichen könnten, mir diese Demütigung zu ersparen"[119]. Im Juli 1933 bestätigte das Karlsruher Ministerium ihm, daß für ihn als "Vor-Kriegs-Beamten" die Versetzung in den Ruhestand nicht in Betracht komme. 1934 erhielt Salomon-Calvi einen Ruf nach Ankara, um dort ein Institut für Geologie und Mineralogie aufzubauen. Der Vizekanzler der Universität, ein

---

117) Das REM bestätigte nochmals (7.12.1935): Die Schwierigkeiten durch die beiden von Nichtariern besetzten Lehrstühle konnten nur dadurch beseitigt werden, daß ihnen die Entpflichtung nahegelegt worden sei; GLA 466/14840.
118) Drüll, 231.
119) GLA 235/2443 und UAH A 219/Salomon-Calvi.

aktiver Nationalsozialist und Salomon-Calvis Fachkollege, der Privatdozent Himmel, befürwortete es am 16. Mai 1934 in Karlsruhe "wärmstens", Salomon-Calvi dorthin zu entlassen. Die Lehrstühle in Ankara würden im Einvernehmen mit der Reichsregierung besetzt. "Im Gegensatz zu Istanbul handelt es sich um eine Universität, an der keine Emigranten tätig sind". Bei den Verhandlungen schaltete sich auch die Deutsche Botschaft in Ankara ein (29. Mai 1934): die Emeritierung solle zum 1. Oktober 1934 erfolgen, dem Beginn seiner Arbeit in Ankara. Salomon-Calvi vermöge den Ruf jedoch nur anzunehmen, wenn ihm seine Emeritierungsbezüge unbeschadet seiner Tätigkeit in der Türkei bezahlt würden. Der Geologe schrieb an das Ministerium in Karlsruhe: "Sie werden mir glauben, daß ich die Tätigkeit in Ankara an einer Hochschule mit deutscher Unterrichtssprache und nur deutschen Professoren als ein Mittel betrachte, für unser Vaterland kulturell zu wirken und, soweit es in meiner Macht steht, dem deutschen Namen Ehre zu machen". Der Kanzler Stein dankte ihm namens der Universität für seine Dienste. Salomon-Calvi verabschiedete sich mit dem Wunsch, "daß unser geliebtes Vaterland bald wieder machtvoll dastehen und alle gegenwärtigen Schwierigkeiten überwinden möge". Wie schwer ihm der auferlegte Wegzug in die Türkei wurde, teilte er dem Dekan mit: "Meine Heidelberger Zeit ist das wesentliche Stück meines Lebens. Daran kann weder das, was vorausging, noch das was folgen soll, etwas ändern. ... Es schmerzt mich, meine Alma Mater zu verlassen, es schmerzt mich, so vielen lieben Freunden den Abschiedsgruß zu entbieten. ... Sollte es mir nicht beschieden sein (in einigen Jahren zurückzukehren), dann werde ich wenigstens für unser gemeinsames Vaterland das Leben opfern. Denn es ist ja klar, daß man bei geologischen Reisen in Kleinasien Unfälle und Krankheiten in den Kauf nehmen muß und daß auch jüngere diesen zum Opfer fallen können. Dann ist es eben Schicksal"[120]. Zum 31. Dezember 1935 wurde Salomon-Calvi als bereits emeritiertem nichtarischem Ordinarius die Lehrbefugnis entzogen.

2. Entzug der Lehrbefugnis und Entlassung

a. Emeriti

Am 3. Januar 1936 verbreitete das Rektorat eine hektographierte "Feststellung". Durch sie erfuhren die bereits zuvor von ihren amtlichen Verpflichtungen entbundenen Lehrer der Universität, daß ihnen die Lehrbefugnis zum 31. Dezember 1935 entzogen worden war. Neben den Emeriti Bettmann, Rosenthal, und Salomon-Calvi war Weidenreich in dieser Liste aufgeführt.

FRANZ WEIDENREICH (geb. 7. Juni 1873 in Edenkoben, gest. 11. Juli 1948 in New York) hatte sein Medizinstudium 1898 in Straßburg mit der Promotion abgeschlossen[121]. 1901 habilitierte er sich dort und war seit 1904 als planmäßiger ao Professor der Anatomie tätig. Nach seiner Ausweisung aus dem Elsaß übernahm ihn 1922 die Heidelberger Fakultät ebenfalls im Range eines planmäßigen ao Professors. Im Zuge des vom Ministerium geforderten Personalabbaus wurde er 1924 gegen seinen Willen mit 51 Jahren emeritiert. Als Emeritus hielt er keine Hauptvorlesung mehr ab. Seine Kolleggeldeinnahmen blieben sehr gering. Da er an der Universität nicht mehr forschen durfte, nahm er

---

120) UAH Naturwissenschaftlich-Mathematische Fakultät, Verhandlungen 1933/34, Brief vom 11.7.1934.
121) Angaben nach UAH A 219/Weidenreich, H III 399/Weidenreich; Drüll, 290.

ein Angebot der Portheim-Stiftung[122] an und arbeitete in ihrer völkerkundlichen Sammlung. Als auch deren Mittel erschöpft waren, übernahm Weidenreich die Leitung des Instituts für Physische Anthropologie am Senckenberg-Museum in Frankfurt. 1934 bekam er das Angebot, ein Jahr lang in Chicago zu arbeiten. Danach erhielt er eine Einladung zu einem von der Rockefeller-Foundation finanzierten zweijährigen Studienaufenthalt an der Universität Peking, wofür ihm das Reichserziehungsministerium im Januar 1935 die notwendige Beurlaubung und Ausreisegenehmigung erteilte. Im Dezember 1935 wurde ihm die Lehrbefugnis entzogen, an eine Rückkehr nach Heidelberg war nicht mehr zu denken.

b. Honorarprofessoren

Durch das Reichsbürgergesetz und die darauf folgenden einschlägigen Verordnungen verloren auch Honorarprofessoren, ao Professoren und Privatdozenten ihre Stelle an der Universität. Da sie keine Beamten waren, wurden sie nicht in den Ruhestand versetzt. Ihnen konnte nach dem Entzug der Lehrbefugnis lediglich "bei Würdigkeit und Bedürftigkeit" ein "jederzeit widerruflicher Unterhaltszuschuß" gewährt werden[123]. Keinem der Heidelberger Entlassenen wurde dieser Bestimmung entsprechend Unterhalt gewährt.

Zu den Honorarprofessoren, denen 1935 die Lehrbefugnis entzogen wurde, gehörte Geheimrat SAMUEL BRANDT (geb. 1. Mai 1848 in Saarbrücken, gest. 18. August 1938 in Heidelberg), der 1919 seine Vorlesungen im Fach Altphilologie eingestellt hatte -sein Nachfolger war der 1933 zum Hochschul-

---

122) Siehe oben Anm.10.
123) § 2 Abs. 1 der 2.VO z. RBürgerG vom 21.12.1935, RGBl.I 1935, 1524.

referenten bestellte Eugen Fehrle gewesen[124]. Der Rektor Groh empfahl dem Ministerium, "die Sache auf sich beruhen zu lassen": Brandt könne nicht mehr lesen. Es seien von ihm "keine Erklärungen mehr darüber zu erwarten, ob er Jude sei oder nicht". Doch der Entzug der Lehrbefugnis wurde ihm noch mit 88 Jahren mitgeteilt.

Auch VON WALDBERGS 1933 erfolgter freiwilliger Verzicht auf die Honorarprofessur[125] wurde dem 78jährigen zwei Jahre später mit dem Entzug der venia legendi gelohnt.

Eine Sonderstellung nahm 1933 OTTO MEYERHOF (geb. 12. April 1884 in Hannover, gest. 6. Oktober 1951 in Philadelphia) ein[126]. Sein medizinisches Staatsexamen und die Promotion hatte er in Heidelberg abgelegt und einige Zeit als Assistent bei Ludolf von Krehl verbracht. Prägend wurde für ihn die Zusammenarbeit mit Otto Warburg, die hier begann. Nach einem Forschungsaufenthalt am Zoologischen Institut in Neapel, einem Treffpunkt internationaler Forschung, legte er 1913 in Kiel eine Habilitationsschrift zur Erlangung der Venia für Physiologie vor. 1922 wurde ihm der Nobelpreis für Medizin zuerkannt. Seit 1924 arbeitete er im Kaiser-Wilhelm-Institut für Biologie, Berlin. Er baute das neugegründete Heidelberger Kaiser-Wilhelm-Institut für Medizinische Forschung auf und übernahm 1929 das Direktorium. An der Heidelberger Medizinischen Fakultät las er seit 1929 als ordentlicher Honorarprofessor. Als ihm im April 1933 die Beurlaubung drohte, setzte sich Ludolf von Krehl für ihn ein: Meyerhof habe den "Rang eines der ersten Physiologen der gebildeten Welt". Der Präsident der Kaiser-Wilhelm-Ge-

---

124) UAH A 219/v.Brandt und in der Meyerhof betreffenden Akte GLA 235/2285.
125) S.oben S.31.
126) UAH A 219/Meyerhof und GLA 235/2285. Zu Meyerhofs Vorfahren: Krebs, Otto Meyerhof's Ancestry; Drüll, 180.

sellschaft und das Reichsministerium des Innern hätten Meyerhofs Verbleib am Kaiser-Wilhelm-Institut befürwortet. "Wir bitten gehorsamst und herzlich, das auch für die Honorarprofessur an der Universität zu tun". Der Vertrauensmann der NSDAP bei der Medizinischen Fakultät Johannes Stein schlug ebenfalls vor[127], es bei Meyerhofs Honorarprofessur zu belassen: Für den akademischen Unterricht sei es unbedenklich, da "ja kein Student genötigt ist, bei ihm zu hören". Das Reichsinnenministerium fügte ergänzend hinzu: Im Fachgebiet Physiologie müßten nicht die Bedenken erhoben werden, wie sie gegen die Heranziehung von Nichtariern im Lehrbetrieb geisteswissenschaftlicher Fächer zu erheben seien. Im November 1935 "erlaubte" sich die Dozentenschaft der Universität Heidelberg den Rektor "darauf hinzuweisen", daß Meyerhof einen Ruf ins Ausland habe. Es liege "im Interesse der Universität Heidelberg und der gesamten deutschen Wissenschaft..., wenn Meyerhof diesen Ruf annimmt". Meyerhof sei Volljude und betätige sich "in den letzten Monaten zunehmend politisch... Er ist daher höchst gefährlich, und der Ruf ins Ausland bietet die beste Möglichkeit ihn abzuschieben. Er dürfte trotz seiner Berühmtheit im Auslande unter dem Heer der anderen Emigranten mit untergehen"[128]. Sieben Tage später wurde Meyerhof vom Rektor beurlaubt. 1938 half ihm sein ehemaliger Schüler A.v.Muralt, über die Schweiz nach Frankreich zu entkommen. Sein technischer Assistent in Heidelberg brachte in Erfahrung, wann Meyerhofs zurückgelassenes Eigentum als "jüdisches Eigentum" versteigert wurde und ersteigerte selbst möglichst "leicht Transportables". Im übrigen legte er eine Adressenliste derer an, die das Mobiliar

---

127) Er nahm zu solcher Korrespondenz den Kopfbogen des Dekan.
128) Schreiben vom 18.11.1935, UAH B 3026/5.

etc. erwarben. Nach 1945 konnte etliches aufgefunden und Meyerhof in die Vereinigten Staaten geschickt werden[129].

c. außerordentliche Professoren

Vier der sieben vom Reichsbürgergesetz betroffenen ao Professoren kamen aus der Medizinischen Fakultät:
ALFRED (ABRAHAM) KLOPSTOCK (geb. 5. Februar 1896 in Weißensee/Berlin, gest. 4. April 1968 in Tel Aviv) konnte sein medizinisches Staatsexamen erst nach dem Ende des Ersten Weltkrieges ablegen[130]. Nach einer Berliner Assistentenzeit kam er 1922 als Vollassistent an das Heidelberger Institut für Experimentelle Krebsforschung. 1926 habilitierte er sich an der Fakultät für das Fach Serologie und Immunitätslehre. 1931 wurde er zum ao Professor ernannt, gleichzeitig sein Assistentenvertrag letztmalig bis zum 1. Oktober 1933 verlängert. Im April 1933 konnte die Universitätsverwaltung seine Beurlaubung unter Hinweis darauf, daß er "Frontkämpfer" war, vorläufig aussetzen. Klopstock legte jedoch ein bereits in Zürich ausgestelltes ärztliches Zeugnis vor: er sei durch die Reaktivierung einer früheren Lungenerkrankung (Klopstock war zuvor deshalb mehrfach beurlaubt worden) nicht in der Lage, seinen Dienst auszuüben und bat daher aus "Gesundheitsrücksichten" zum 1. Juli 1933 um seine Entlassung aus dem Institut. Verhandlungen, die er zur Übernahme eines Serologischen Instituts in Hamburg oder des väterlichen diagnostischen Instituts in Berlin eingeleitet hatte, brach er ab[131]. Im Oktober 1933 war er bereits in Palästina. Da er seinen Heidelberger Vorlesungsverpflichtungen "unentschul-

---
129) H.H. Weber, Otto Meyerhof, 5.
130) UAH A 219/Klopstock und Angaben bei Drüll, 138.
131) UAH H III 399/Klopstock; WG/EK 20020 und UAH B 3182.

digt" nicht mehr nachkam, wurde er im Februar 1935 aus der Dozentenliste gestrichen. Durch das Reichsbürgergesetz verlor er zum Jahresende seine Lehrbefugnis.

WILLY MAYER-GROß (geb. 15. Januar 1889 in Bingen, gest. 15. Februar 1961 in Birmingham)[132] nahm sein Medizinstudium in Heidelberg auf. Nach Aufenthalten in Kiel und München legte er an der Heidelberger Fakultät sein Staatsexamen, seine Promotion ab und habilitierte sich 1924 für das Fach Psychiatrie. Fünf Jahre später ernannte ihn der Kultusminister zum ao Professor. Als "Frontkämpfer" behielt er 1933 seine Stelle an der Universitätsklinik. Er bat jedoch darum, die angekündigte Vorlesung im SS 1933 nicht abhalten zu müssen und stellte einen Urlaubsantrag (bis zum 1. November 1935), um einen von der Rockefeller-Foundation finanzierten Forschungsaufenthalt am Londoner Maudsley Hospital antreten zu können. Ein solches Stipendium wurde jedoch nur unter der Voraussetzung ausgegeben, daß der Stipendiat nach seiner Förderung wieder an seinen alten Arbeitsplatz zurückkehren konnte. Das Rektorat bescheinigte deshalb Mayer-Groß, nach seiner Rückkehr stehe der Wiederaufnahme der Lehrtätigkeit nichts im Wege (März 1934). Im September 1935 stellte er einen zweiten Urlaubsantrag. Der Rektor reichte ihn an den Dekan Carl Schneider mit der Bemerkung weiter: "Mayer-Groß ist Volljude. Ich ersuche um Mitteilung, ob er im Dozentenverzeichnis gestrichen werden kann". Der Dekan antwortete: Selbst arische Dozenten sollten nach Fakultätsbeschluß nicht länger als ein Jahr beurlaubt werden. Mayer-Groß sei deshalb aus der Dozentenliste zu streichen. In diesem Sinne unterrichtete der Dekan Mayer-Groß am 5. Dezember 1935. Vom Entzug der Lehrbefugnis nach dem Reichsbürgergesetz erfuhr Mayer-Groß offiziell im Januar 1936.

---

132) UAH A 219/Mayer-Groß; H III 399/Mayer-Groß; Drüll, **174**.

Der Psychiater und Neurologe GABRIEL STEINER (geb. 26. Mai 1883 in Ulm, gest. 10. August 1965 in Detroit) hatte den größten Teil seiner Ausbildungszeit in Straßburg verbracht. Dort promovierte er und habilitierte sich auch. Nach dem Ende des Ersten Weltkrieges mußte er Straßburg verlassen. Im "Nostrifikations-Verfahren" übernahm ihn die Universität Heidelberg. Die Medizinische Fakultät erteilte ihm ihrerseits die Venia legendi und erwirkte für ihn den Titel eines ao Professors. Seine Besoldung bestritt die Universität aus einem Aversum für Hilfsassistenz an der Psychiatrischen Klinik. Daneben führte Steiner eine Privatpraxis. Im Juli 1933 nahm das Ministerium in Karlsruhe die Kündigung und den Entzug der Lehrbefugnis zurück, da Steiner seinen Einsatz als Frontkämpfer nachweisen konnte. Zugleich wurde ihm bedeutet, daß sein Assistentenvertrag zum September 1933 auslaufe: Assistentenstellen dienten zur Ausbildung und sollten nicht den Charakter von Versorgungstellen bekommen[133]. Seine wissenschaftliche Arbeit setzte er in den Laboratorien noch fort, bis der Klinikchef und Dekan Schneider die "Laboratoriumstätigkeit wieder einheitlich" regeln wollte. Steiner deutete ihm an, daß er ins Ausland gehen wolle. Bis dahin wurde ihm sein Arbeitsplatz belassen. Sein Urlaubsgesuch (1. November 1934 - 1. Mai 1935) für die Columbia-University/New York legte das Rektorat dem Ministerium befürwortend vor. Nach seiner Rückkehr stellte ihm Hans Sachs im Kaiser-Wilhelm-Institut einen Raum für seine Multiple-Sklerose-Forschungen zur Verfügung. Den könne er beziehen, sobald die SA ihn geräumt habe (er sei bislang als Schreibstube genutzt worden). Der Physiologe Achelis befürwortete Mai 1935 (auf einem Kopfbogen des Dekan), daß Einrichtung und finanzielle Mittel bereitgestellt würden, um ein sinnvolles Arbeiten zu

---

[133] Angaben nach UAH A 219/Steiner; Drüll, 260.

ermöglichen. Doch das Reichsbürgergesetz entzog Steiner alle Rechte: Er verlor die Lehrbefugnis und die Arbeitsmöglichkeit, denn: "eine Arbeitsgemeinschaft mit einem Volljuden ist schlechterdings nicht mehr möglich". Im November 1935 räumte Steiner seinen Arbeitsplatz, im selben Monat, in dem die Forschungsgemeinschaft ihm einige Apparate für die Laboreinrichtung bewilligte[134].

MARTIN ZADE (geb. 5. Juli 1877 in Polzin/Pommern, gest. 3. April 1944 in Shrewsbury/GB)[135] hatte sich im März 1910 in Jena als Ophtalmologe habilitiert. Die Heidelberger Fakultät erkannte auf Antrag von Geheimrat Wagenmann seine Habilitationsleistung im Oktober 1910 an und gliederte ihn als Privatdozenten der Fakultät ein. 1916 erfolgte seine Ernennung zum ao Professor. 1919 schied er aus dem Klinikbetrieb aus, nahm lediglich seine Unterrichtsverpflichtungen wahr und bezog sein Einkommen aus seiner Facharztpraxis. 1933 blieb er als "Frontkämpfer" Mitglied der Fakultät. Die Lehrbefugnis wurde auch ihm mit Ablauf des Kalenderjahres 1935 abgesprochen[136].

Der ao Professor der Philosophischen Fakultät ARNOLD BERGSTRAESSER (geb. 14. Juli 1896 in Darmstadt, gest. 24. Februar 1964 in Freiburg) hatte vier Jahre Kriegsdienst geleistet, bevor er mit seinem Studium in Berlin, Tübingen, München beginnen konnte. Er beteiligte sich engagiert am Aufbau studentischer Selbstverwaltung[137] und war Mitbegründer des Studentenwerks. In Heidelberg promovierte er 1924 bei Eberhard Gothein, übernahm eine Assistentenstelle an Alfred Webers Institut für Sozial- und Staatswissenschaft und legte eine Habilitationsschrift vor, die ihm im SS 1928 die Venia legendi für das Fach "Staatswis-

---
134) GLA 235/2554.
135) UAH A 219/Zade, H III 399/Zade; Drüll, 308.
136) GLA 235/1625.
137) Schwarz, Bergstraesser, 307; Drüll, 17.

senschaft" eintrug. Pläne des Auswärtigen Amtes, ihn nach London zu schicken, zerschlugen sich. Die Gothein-Gedächtnis-Stiftung finanzierte zum Wintersemester 1929/30 einen Lehrauftrag, seit April 1932 eine Professur für Auslandskunde, die Bergstraesser übertragen wurde. 1932 gehörte er dem Gumbel-Untersuchungsausschuß der Philosophischen Fakultät an[138]. Im Mai 1934 wurde seine Professur der neu gegründeten Staats- und Wirtschaftswissenschaftlichen Fakultät zugeschlagen. Ein Jahr später riefen nationalsozialistische Studenten zum Boykott von Bergstraessers Vorlesungen auf. Der Rektor bat ihn, den Unterricht einzustellen. Bergstraesser fügte sich, um auch seinerseits alles zu tun, "damit meinen Hörern der Konflikt, in den sie gebracht worden sind, erspart bleibe". Er war jedoch entschlossen, seine Vorlesungen und Übungen nach wenigen Tagen "ohne Rücksicht auf die Zahl der daran Teilnehmenden weiterzuführen"[139]. Zur selben Zeit gingen Beschwerden über Bergstraesser ein, daß er -als Nichtarier- noch immer Doktoranden annehme. Der Dekan der Philosophischen Fakultät Güntert berichtete im September 1935 dem Rektor: Ein Fünftel aller Fakultäts-Dissertationen werde bei Bergstraesser abgelegt. Da sein Fach auf der Grenze zwischen der Philosophischen und der Staats- und Wirtschaftswissenschaftlichen Fakultät liege, sei er zu einer Ausweichstelle für viele Studenten geworden. Die Ausgabe nationalsozialistischer Themen lasse "die von einem Nichtarier zu erwartende notwendige Zurückhaltung außer Acht"[140].

---

138) Dazu unten S.232.
139) Angaben nach IfZ MA 1500/5. Einzelne Aktenstücke waren zu der Zeit vom Heidelberger Rektorat an den Leiter der Studentenschaft abgegeben und verschiedentlich zur Rückgabe angemahnt worden.
140) Als besonders verwerflich wurde hervorgehoben, daß ein Doktorand in seiner Arbeit über die Neue Rundschau schrieb: "Keiner der Namen, die in Deutschland für immer (!) Gewicht haben werden, fehlt in ihren Jahrgängen. Zu diesen ewigen Namen gehören unter anderem Thomas Mann und H. v.Hofmannsthal".

Aufs Ganze gesehen stelle seine Promotionstätigkeit eine Gefahr dar. Er habe sich deshalb entschlossen, zu allen von Bergstraesser votierten Dissertationen einen Korreferenten zu bestellen. Noch im selben Monat bat Bergstraesser darum, im Wintersemester 1935/36 beurlaubt zu werden und danach "außerhalb der Lehr- und Erziehungsaufgaben" arbeiten zu dürfen. Als der Rektor dem Dekan diese Bitte zur Stellungnahme vorlegte, unterrichtete er ihn vertraulich, er habe bereits die Entziehung der Lehrbefugnis beim Reichserziehungsministerium beantragt. Die Beurlaubung zum Wintersemester wurde als Zwischenlösung gewährt, denn so werde, wie der Rektor vorgeschlagen hatte, "eine Lehrtätigkeit... bis zur Entscheidung über die Entziehung der Lehrbefugnis verhindert". Um Verfolgungsmaßnahmen zu entgehen, mietete Bergstraesser ein möbliertes Zimmer in München, in dem er zeitweise mit seiner Frau wohnte[141]. Im Februar 1936 zog er sein Urlaubsgesuch zurück und erklärte sich bereit, seine Vorlesungstätigkeit wieder aufzunehmen oder aber seinen Urlaub zu verlängern. Wiederholt bat er -vergeblich- darum, zu seiner Sache gehört zu werden. Im Einvernehmen mit dem Rektorat entschied das Kultusministerium: Es werde wiederum Urlaub gewährt und Bergstraesser "den Erträgnissen des Gothein-Gedächtnisfonds entsprechend" besoldet. Im übrigen sei der Reichserziehungsminister nochmals darum gebeten worden, Bergstraesser die Lehrbefugnis zu entziehen. Im August 1936 kam der Bescheid aus Berlin. Mit dem Entzug der Lehrbefugnis nach §18 der Reichshabilitationsordnung[142] entfiel die Voraussetzung zur Übernahme der Gothein-Professur. Der Rektor kündigte Bergstraesser zum 30. September 1936.

---

141) WG/EK 21218.
142) § 18 der Reichshabilitationsordnung vom 13.12.1934 lautete: Der Reichswissenschaftsminister kann die Lehrbefugnis entziehen und einschränken, wenn es im Universitätsinteresse geboten ist.

Zwei außerordentliche Professoren der Naturwissenschaftlich-Mathematischen Fakultät waren vom Reichsbürgergesetz betroffen: Hugo Merton und Gertrud von Ubisch.

HUGO PHILIP RALPH MERTON (geb. 18. November 1879 in Frankfurt/Main, gest. 23. März 1940 in Edinburgh)[143] war an der Zoologischen Station in Neapel als wissenschaftlicher Mitarbeiter beschäftigt gewesen und hatte die Stelle des stellvertretenden Direktors des Senckenberg-Museums in Frankfurt/Main inne gehabt, bevor er sich im Oktober 1913 im Fach Zoologie an der Heidelberger Fakultät habilitierte. Nachdem er bis 1918 im Kriegsdienst gestanden hatte, ernannte ihn der Kultusminister 1920 zum ao Professor. 1933 blieb er noch von Beurlaubungsmaßnahmen verschont, doch durch das Reichsbürgergesetz verlor auch er die Lehrbefugnis.

GERTRUD VON UBISCH (geb. 3. Oktober 1882 in Metz, gest. 31. März 1965 in Heidelberg)[144] hatte unter anderem in Heidelberg, Freiburg, Berlin Biologie studiert, promovierte 1911 zur Dr. phil. nat. in Berlin, bekam eine Assistentenstelle am Kaiser-Wilhelm-Institut, Berlin und anderen biologischen Instituten. Als Ludwig Jost den Heidelberger Lehrstuhl übernahm, kam sie 1921 mit in das Botanische Institut. 1923 wurde sie von Jost der Fakultät zur Habilitation vorgeschlagen. Sie erhielt im Sommersemester 1923 die Venia legendi, 1929 die Ernennung zur ao Professorin. An der Fakultät hatte sie noch immer eine Assistentenstelle inne, die ihr auf Antrag des kurz vor der Emeritierung stehenden Jost wiederholt verlängert worden war. Dieses Assistentenverhältnis wurde 1932 zum April, dann zum 30. September 1933 endgültig gekündigt. Ihre Stellung als ao Professorin sollte ihr -so der Bescheid im April 1933- belassen

---

143) UAH A 219/Merton; Drüll, 177.
144) Der Vorname manchmal auch Gerta. UAH A 219/v.Ubisch; Drüll, 272.

bleiben, da sie bereits 1914 Beamtin gewesen sei. Frau v.Ubisch bat 1934 zunächst darum, sie zur "Durchführung wissenschaftlicher Untersuchungen" in Utrecht für ein Jahr von ihren Vorlesungsverpflichtungen zu befreien, dann nochmals für ein Jahr zu Forschungsarbeiten nach Sao Paulo zu beurlauben. Der Institutsleiter befürwortete das Gesuch, da Frau von Ubisch mit den "üblen Emigranten" nichts zu tun habe. Im Jahre 1936 ließ sich nach Ansicht des Dekan Seybold eine "Weiterführung ihres Namens im Vorlesungsverzeichnis nicht mehr rechtfertigen". Sie sei Assistentin in Sao Paulo und habe "keinerlei Aussichten nach Heidelberg zurückzukehren". Doch auch ohne diesen ausdrücklichen Hinweis wurde Gertrud von Ubisch nach dem Reichsbürgergesetz ihre Lehrbefugnis entzogen.

d. Privatdozenten

FRIEDRICH WILHELM LUDWIG DARMSTÄDTER (geb. 4. Juli 1883 in Mannheim, gest. 23. Januar 1957 in Heidelberg) war hauptberuflich Landgerichtsrat in Mannheim. Seit 1928 nahm er einen Lehrauftrag für Rechtsphilosophie wahr. 1930 habilitierte er sich in diesem Fach an der Heidelberger Juristischen Fakultät. Am 20. April 1933 wurde er als Privatdozent nach dem Gesetz zur Wiederherstellung des Berufsbeamtentums beurlaubt. Da er bereits vor 1914 Beamter war, hoffte er, die Beurlaubung werde rasch zurückgenommen. Doch der damalige Dekan der juristischen Fakultät Groh meinte, er habe mit dem Hochschulreferenten gesprochen und sich "bei dieser Unterredung davon überzeugt, daß es jetzt das zweckmäßigste ist, das Ministerium nicht zu drängen"[145]. Im Juli 1933 wurde die Beurlaubung zurückgenommen, im August 1933 erhielt Darmstädter vom Kultusmini-

---

145) UAH H II 381/Darmstädter und UAH A 219/Darmstädter.

ster den Bescheid: "Da ... grundsätzlich die Lehrtätigkeit nichtarischer Dozenten unerwünscht erscheint, sehe ich mich zu meinem Bedauern veranlaßt, die ... Genehmigung zur Übernahme einer nebenamtlichen Lehrtätigkeit ... zu widerrufen". Der Dekan Groh verabschiedete ihn im September 1933 "im aufrichtigsten kollegialen Bedauern über (das) Ausscheiden aus unserem Kreis". Als Rektor mahnte er nach Darmstädters zwei vorlesungsfreien (!) Semstern im Februar 1935 mehrmals eine Entscheidung des Ministeriums über die "Weiterbehandlung der Angelegenheit" an, da doch üblicherweise gelte: wer "ohne Genehmigung des Ministeriums und aus Gründen, die ihm (= dem Dozenten) zugerechnet werden müssen", zwei Semester lang keine Vorlesung abgehalten habe, werde "aus dem Verzeichnis der akademischen Lehrer gestrichen". Im Dezember wurde Darmstädter nach den Durchführungsbestimmungen zum Reichsbürgergesetz die Lehrbefugnis entzogen.

ALFRED ABRAHAM STRAUSS (geb. 29. Mai 1897 in Karlsruhe, gest. 27. Oktober 1957 in Chicago)[146] hatte sich, nachdem er das medizinische Staatsexamen abgelegt hatte, als Nervenarzt in Mannheim niedergelassen. Seit 1930 leitete er die Heidelberger Psychiatrische Poliklinik. Daneben war er Berater des städtischen Jugend- und Wohlfahrtsamtes Heidelberg. Im Mai 1932 erwarb er die Venia für Psychiatrie und Neurologie. Im April 1933 wurde seine Beurlaubung als Privatdozent ausgesetzt, da er sich als 17jähriger Oberprimaner beim Ausbruch des Ersten Weltkrieges zum Roten-Kreuz-Einsatz gemeldet hatte. Er bat noch 1933 darum, zu Gastvorlesungen nach Barcelona, später Madrid beurlaubt zu werden. Bedauernd verabschiedete ihn Karl Wilmanns. Bis zum Erlaß des Reichsbürgergesetzes billigte das

---

146) UAH A 219/Strauss, H III 399/Strauss ; GLA 235/1599 und Cruickshank, Strauss, 322; dazu Auskünfte seiner Tochter D. S. Pealy (13.1.1988).

Ministerium seine Urlaubsgesuche immer wieder. Doch dann wurde er im November 1935 aus der Dozentenliste gestrichen und ihm die Lehrbefugnis entzogen.

HERBERT SIEGFRIED SULTAN (geb. 22. Juni 1894 in Thorn, gest. 27. Oktober 1954 in Heidelberg) hatte seine Studien mit einer Freiburger Promotion abgeschlossen. Freiwillig meldete er sich zum Kriegsdienst und wurde für seinen Einsatz mit dem Eisernen Kreuz ausgezeichnet[147]. Auf Bitten seines Vaters war er zunächst in der freien Wirtschaft tätig, übernahm aber, um wissenschaftlich arbeiten zu können, 1924 bei Carl Brinkmann in Heidelberg eine Assistentenstelle. Zu seinen Aufgaben gehörte die Betreuung der Ausländerkurse[148]. Kontakte, die er damals knüpfte, waren später für ihn lebensrettend. Im Sommersemester 1931 erwarb er an der Philosophischen Fakultät Heidelberg die Venia legendi für "Politische Ökonomie". Die im April 1933 ausgesprochene Beurlaubung wurde im Juli wegen seines Kriegseinsatzes zurückgenommen. Während des Sommersemesters 1934 befand sich Sultan zu einem -privat finanzierten- Studienaufenthalt in den USA, kehrte danach jedoch nach Heidelberg zurück. Unter geringer Beteiligung kam im Wintersemester 1934/35 nochmals eine Vorlesung zustande, im Sommersemester 1935 fand er keine Hörer mehr. Das Rektorat teilte ihm am 21. Oktober 1935 mit, er sei auf Anweisung des Ministeriums von der "Ausübung der Lehrberechtigung" beurlaubt. Sultan blieb zunächst in Deutschland, da er bei verschiedenen -arischen- Verwandten seiner Frau unterkommen konnte[149].

---

147) Für viele Hinweise danke ich Frau Barbara Sultan (10.6.1987). Angaben im übrigen UAH A 219/Sultan.
148) Vgl. Brinkmanns Brief vom 7.8.1928 an den Rektor Panzer, in: UBH Heid. Hs 3824 C 2.
149) WG/EK 1058. Seine Wohnung überschrieb er seinen Schwiegereltern, so daß seine Frau und Tochter in Heidelberg bleiben konnten.

3. Wegberufung ins Ausland

Als MAX CARL JOSEPH GUTZWILLER (geb. 1. Oktober 1889 in Basel, lebt in Muntelier/Schweiz)[150] vom Schweizer zum deutschen Universitätsdienst wechselte, behielt er seine Schweizer Staatsangehörigkeit bei. Seine Position gegenüber den Nationalsozialisten war deshalb günstiger als die seiner deutschen Kollegen. Er hatte sein in der Schweiz begonnenes Jurastudium mit einer Bonner Promotion 1917 abgeschlossen. 1918 trat er als Berliner Gesandtschaftsattaché in den Schweizer diplomatischen Dienst, kehrte nach vier Jahren zur Universität zurück und übernahm in Fribourg eine ao Professur (seit 1924 Ordinariat). 1926 wurde er auf das Heidelberger Ordinariat für Römisches und Deutsches Bürgerliches Recht berufen. Den Abstammungsfragebogen vom April 1933 sandte er mit der Anmerkung zurück: lediglich seine (deutsche) Frau[151] sei im Sinne des Gesetzes nicht arischer Abstammung. Sollte den Kindern "aus der Tatsache meiner Ehe irgend welche Schwierigkeiten erwachsen, so werde ich sofort die Hilfe der Schweizer Bundesbehörden anrufen". Im Oktober 1933 erhielt Gutzwiller einen Ruf auf den Lehrstuhl für Türkisches Zivilrecht an der Universität Istanbul (die türkische Regierung hatte das Schweizer Zivilgesetzbuch fast wörtlich übernommen). Doch nach einem Besuch in Istanbul brach Gutzwiller die Vorgespräche ab und kehrte nach Heidelberg zurück[152]. Der Rektor dankte ihm förmlich für die Ableh-

---

150) Alle Angaben nach UAH A219/Gutzwiller und Gutzwiller, 70 Jahre Jurisprudenz; Drüll, 96.
151) Gutzwiller war seit 1921 mit Gisela Strassmann, der Tochter des Gynäkologen Prof. Paul Strassmann, Berlin, verheiratet.
152) In seinen Erinnerungen, 107 ff schildert Gutzwiller seine Eindrücke und

nung des Rufs, sah jedoch auf Gutzwillers Wunsch von einer Pressemeldung ab[153]. Im Zug des geplanten Ausbaus der Juristischen Fakultät zu einer "Stoßtrupp"-Fakultät sollte Gutzwiller nach einem Erlaß des Reichserziehungsministeriums vom März 1935 an eine andere Fakultät versetzt werden. Die Landesregierung fand aber keine "passende" badische Universität und war deshalb sehr daran interessiert, Gutzwiller ins Ausland zu entlassen. Im Mai 1935 riefen die nationalsozialistischen Studenten zum Boykott seiner sowie Levys und Jellineks Vorlesungen auf[154]. Der Dekan Engisch und der Prodekan Ulmer protestierten beim Rektor Groh gegen die Agitation der nationalsozialistischen Fachschaft. Der Rektor setzte sich mit dem Führer der Studentenschaft in Verbindung, informierte über dieses Gespräch den Dekan, der seinerseits Gutzwiller zu berichten hatte: Der Führer der Studentenschaft (!) habe angeordnet, den Anschlag, mit dem zum Boykott aufgerufen werde, zu entfernen. Im übrigen würden solche "Maßnahmen" im Reichserziehungsministerium keineswegs gebilligt. Es werde dort vielmehr "als erwünscht angesehen, daß Sie Ihre Vorlesungstätigkeit wieder ungehindert aufnehmen und durchführen". Wie bei den Kollegen der Naturwissenschaftlich-Mathematischen Fakultät Rosenthal und Liebmann[155] zog das Reichserziehungsministerium auch bei Gutzwiller seine Unterstützung zurück. Wenige Wochen nach der Unterredung in Berlin beantragte er für das Wintersemester 1935/36 Urlaub. Das Karlsruher Ministerium unterrichtete den Rektor davon, daß Gutzwiller bei vollen Bezügen (und Kolleg-

---

Bedenken: Die große Anzahl von Emigranten, die sich bereits dort aufhielten auf der einen Seite, die Nachgiebigkeit der türkischen Regierung gegenüber sowjetischen und nationalsozialistischen Wünschen andererseits.
153) Brief des Rektors vom 8.1.1934 UAH A 219/Gutzwiller.
154) S. oben S.60.
155) S. oben S.72.

geld-Garantie) beurlaubt sei und bat um Stellungnahme. Groh antwortete im September 1935 : Unter dem Eindruck der Nürnberger Gesetzgebung ziehe Gutzwiller die Rückkehr in die Schweiz in Erwägung. Der Rektor hielt "die Gewährung aller möglichen Erleichterungen für seine Übersiedelung... sowohl im Interesse der Universität, als auch im Interesse von Prof. Gutzwiller selbst für geboten". Ob seine Entpflichtung im deutschen Interesse liege, vermöge er allerdings nicht zu sagen. Im Januar 1936 bat er das Kultusministerium "dringend", dafür Sorge zu tragen, daß Gutzwiller seine Vorlesungstätigkeit nicht wieder aufnehme, andernfalls drohten weitere Boykottmaßnahmen der Fachschaft. Das Reichserziehungsministerium empfahl Gutzwiller, einen Entpflichtungsantrag einzureichen. Der Dekan Engisch leitete das daraufhin von Gutzwiller eingereichte Emeritierungsgesuch im März 1936 an den Rektor weiter. Er hob im Begleitschreiben ausdrücklich hervor, das Gesuch sei in der Annahme gestellt, der Wohnsitz der Familie dürfe in die Schweiz verlegt werden. Er wies darauf hin, daß Gutzwiller "mit großer Bereitwilligkeit auf die Anregungen der Ministerien eingegangen ist, um auf diese Weise die bekannten Konflikte in einer möglichst loyalen Weise zu bereinigen". Da ihm die Reichsfluchtsteuer ohnehin schon erlassen sei, wäre es nur konsequent, ihm die Übersiedelung zu genehmigen. Im Juni berichtete eine Schweizer Zeitung über Gutzwillers Heidelberger Schwierigkeiten. Zu diesem Zeitpunkt waren die Verhandlungen mit den deutschen Behörden noch nicht abgeschlossen, die Familie lebte jedoch seit April 1936 (Schuljahresbeginn) in St. Gallen[156]. Diese Publizität war für Gutzwiller keineswegs von Vorteil. Er erklärte deshalb dem Dekan (6. Juni 1936): "Es liegt nicht im Interesse der Sache, von unbefugter Seite Einzelheiten über die Ereignisse zu ver-

---

156) Gutzwiller, 70 Jahre ..., 115.

breiten, die zu diesem Verfahren geführt haben". Zum Monatsende wurde Gutzwiller von seinen amtlichen Verpflichtungen entbunden, am 3. Juli 1936 erhielt er die vom Reichskanzler ausgestellte förmliche Entlassungsurkunde, die mit der -üblichen- Schlußformel endete: "Ich spreche Ihnen für Ihre akademische Wirksamkeit und die dem Reich geleisteten Dienste meinen Dank aus". Mitte August konnte er mit seinem gesamten Hausrat in die Schweiz umziehen. Sein Kollege Karl Geiler erreichte beim Wirtschaftsministerium, daß Gutzwiller monatlich 1000 Franken transferieren durfte[157]. Der Rektor Groh war noch im Oktober damit beschäftigt, das Reichserziehungsministerium nach der unliebsamen Bekanntmachung durch Schweizer Zeitungen über die Boykott-Vorgänge vom Mai 1935 zu informieren: Damals hätten "die Amtswalter der Studentenschaft ... ihre Kameraden aufklärend darauf hingewiesen, daß diese Dozenten für sie als Lehrer und Erzieher nicht in Frage kämen". Er habe als Rektor keinen Anlaß gesehen, "diesem ... durchaus berechtigten Streben irgendwie entgegen zu treten". Die äußere Ordnung des Universitätsbetriebs sei nicht gestört gewesen: "das Verhalten der Studenten gab zu irgendeinem disziplinären Einschreiten keinen Anlaß". Gutzwiller sei "infolge seiner eigenen Haltung" in eine für ihn "unerträgliche Lage" geraten. Mit seiner Emeritierung und Ausreiseerlaubnis für die ganze Familie habe man ihn sehr entgegenkommend behandelt. Groh schloß sein Schreiben mit den Worten: "Seine Einstellung gegenüber der nationalsozialistischen Hochschule und sein oft unqualifiziertes Betragen, auf das ich aber nicht eingehen möchte, weil es mich persönlich betrifft, hätten auch schärfere Maßnahmen als die vorzeitige Emeritierung rechtfertigen können"[158].

---

157) Gutzwiller, aaO, 123 ff.
158) Brief des Rektors vom 23.Oktober 1936. Gutzwiller berichtet von dem an-

Dieser Brief macht deutlich, welche Veränderung innerhalb von drei Jahren in der Universitätsverwaltung eingetreten war. 1933 ließ der Rektor Andreas noch nach Gründen suchen, die für ein Verbleiben im Universitätsdienst sprachen. Und auch Groh verabschiedete als Dekan der Juristischen Fakultät im September 1933 den Honorarprofessor Leopold Perels und versicherte ihm dabei das "tiefste kollegiale Bedauern" der ganzen Fakultät über sein Ausscheiden[159]. Aber Groh hielt dem zunehmenden Druck nicht stand. Als Rektor versuchte er 1934 den "verehrten Kollegen" Anschütz vor den Angriffen der nationalsozialistischen Studenten in Schutz zu nehmen, doch gegenüber dem Führer der Studentenschaft konnte er sich nicht durchsetzen[160]. 1935 leitete Groh Rosenthals geharnischten Protest gegen den von den Fachschaften ausgerufenen Boykott nicht an das Kultusministerium weiter, sondern empfahl vorsichtig, das Emeritierungsgesuch "in einer anderen mit dem Rektor und dem Dekan festzulegenden Gestalt" zu erneuern[161]. 1936 urteilte der Kanzler Stein -in Vertretung des Rektors- über den Boykott: Hochschule und Studentenschaft hätten in ihrer nationalsozialistischen Haltung richtig und auch in der Form korrekt gehandelt. Es bestehe "kein Grund zu der Annahme, daß gegen den Willen und die Weisung des Herrn Reichsminister gehandelt wurde"[162].

Diese Schreiben sind aber auch Folgen und Ausdruck der durch das Reichsbürgergesetz und seine Durchführungsverordnungen völlig veränderten Rechtslage: Zum Ende des Jahres

---

gespannten Verhältnis zu Groh und der "aufrichtigen persönlichen Verachtung", die er ihm entgegenbrachte. AaO, 112. In einem Brief vom 15.2.1984 bezeichnet Gutzwiller den ehemaligen Rektor als "wissenschaftliche Null".
159) UAH H II 381/Perels.
160) Dazu s. unten S.126.
161) UAH A 219/Rosenthal. Grohs handschriftlicher Zusatz vom 5.6.1935.
162) UAH A 219/Gutzwiller.

1935 mußten, weil sie jüdischer Abstammung[163] waren, die Universität Heidelberg verlassen: 8 Ordinarien (Bettmann, Hoffmann, Jellinek, Levy, Liebmann, Rosenthal, Sachs, Salomon-Calvi) und 1 planm. ao Professor (Hatzfeld). Zugleich wurde die Lehrbefugnis entzogen : 1 Honorarprofessor (Meyerhof), 7 ao Professoren (Bergstraesser, Klopstock, Mayer-Groß, Merton, Steiner, v.Ubisch, Zade), 3 Privatdozenten (Darmstädter, Strauss, Sultan) und 3 bereits inaktiven Professoren (Brandt, v.Waldberg, Weidenreich).

So wie Gutzwiller es vorzog, Deutschland zu verlassen, bevor seine Familie noch mehr durch die antisemitische Gesetzgebung betroffen wurde, nahm auch JOHANN GEORG SÖLCH (geb. 16. Oktober 1883 in Wien, gest. 10. September 1951 in Kitzbühel) die Gelegenheit wahr, in seine Heimat zurückzukehren. Er hatte mit kurzer Unterbrechung in Österreich Geographie studiert, sich 1917 in Graz habilitiert und 1920 in Innsbruck einen Lehrstuhl übernommen. Seit dem Sommersemster 1928 war er Ordinarius für Geographie in Heidelberg. Im März 1935 erhielt er einen Ruf nach Wien. Damit bot sich ihm -wie er gegenüber dem Rektor ausführte- die Möglichkeit, den Lehrstuhl seines Lehrers zu übernehmen[164]. An Friedrich Panzer schrieb er nach seinem Umzug ganz zufrieden aus Wien: "Mein Wirkungskreis hier ist wesentlich größer als in Heidelberg und wir fühlen uns recht wohl"[165]. Besonders erfreut äußerte er sich darüber, daß Panzers Sohn (Wolfgang) Aussichten habe, den Heidelberger

---

163) Nach der 1. VO zum Reichsbürgergesetz vom 14.11.1935 (RGBl.1935 I,1333 ff) galten die Vorschriften für "reinrassige" Juden und "jüdische Mischlinge", die "von einem oder zwei der Rasse nach volljüdischen Großelternteilen "abstammten.
164) GLA 235/2534 und UAH A 219/Sölch; Nachruf der Österreichischen Akademie der Wissenschaften. Almanach für das Jahr 1954, 104.Jg. Wien (1955) 370; Drüll, 255.
165) UBH Heid.Hs 3824 C 2.516.

Lehrstuhl zu übernehmen. Er hoffe, daß dadurch "die Beziehungen zwischen mir und dem Institut, an dem ich so lange gewirkt und das ich in seiner jetzigen Gestalt geschaffen habe, gerade bei seiner Berufung nicht erlöschen werden". Nach dem "Anschluß" meldete sich im März 1939 der Reichskommissar für die Wiedervereinigung Österreichs mit dem Deutschen Reich bei der Universität Heidelberg, um Rückfrage wegen des jüdisch versippten Sölch zu halten. Sölch blieb aber bei seiner Lehrtätigkeit in Wien unbehelligt.

IV. Auswirkungen des Deutschen Beamtengesetzes 1937

Das am 21. Januar 1937 ergangene Gesetz, das schlicht den Namen "Deutsches Beamtengesetz" trug, schloß die "nationalsozialistisch-revolutionäre" Umgestaltung des Beamtenrechts ab. In seinem § 1 hieß es: "(1) Der deutsche Beamte steht zum Führer und zum Reich in einem öffentlich-rechtlichen Dienst- und Treueverhältnis. (2) Er ist der Vollstrecker des Willens des von der nationalsozialistischen deutschen Arbeiterpartei getragenen Staats". Da Partei und Staat eins waren, entsprach es den Parteirichtlinien, wenn von Beamten gefordert wurde: Nur wer deutschen oder artverwandten Blutes ist, darf zum Beamten ernannt werden. Das Beamtengesetz dehnte die Forderung aus: Nicht nur der Beamte selbst mußte die Qualität eines "Reichsbürgers" (im Gegensatz zum Staatsbürger!) besitzen, auch sein Ehegatte hatte "deutschen oder artverwandten" Blutes zu sein. Künftige Beamtenehen sollten diesen Bestimmungen genügen. Ausnahmen bewilligten lediglich der Reichsinnenminister oder der Stellvertreter des Führers[166]). In der Juristischen Fakultät waren 2 Professoren "nicht arischer Versippung", in der Medizinischen Fakultät war 1, in der Philosophischen waren 5 davon betroffen.

1. Zurruhesetzungen

ERNST MORO (geb. 8. Dezember 1874 in Laibach/Krain, seit 1911 Direktor der Heidelberger Kinderklinik, gest. 17. April 1951 in Heidelberg)[167]) hatte sich bereits zum Oktober 1936 emeritieren lassen. Er hatte den Antrag damit begründet, daß er zu krank sei, seinen Verpflichtungen weiter nachzukommen und kam damit einer Entlassung -er war mit einer Jüdin verheiratet- zuvor. Seine Kinder konnte er vor Schwierigkeiten nicht bewahren[168]).

AUGUST GRISEBACH (geb. 4. April 1881 in Berlin, gest. 24. März 1950 in Heidelberg) hatte nach seinem Studium der Kunstgeschichte in München und Berlin in Berlin promoviert und blieb für einige Zeit als Volontär an Berliner Museen. 1910 habilitierte er sich an der TU in Karlsruhe, kam als Privatdozent nach Berlin, übernahm 1919 ein Ordinariat an der TH Hannover, 1920 an der Universität Breslau. Seit 1930 lehrte er als Ordinarius in Heidelberg. Bereits am 11. Juli 1933 forderte der Kultusminister den Rektor und den Führer der Studentenschaft

---

166) RGBl 1937 I, 41 ff. Das Gesetz legte ferner fest, der Beamte sei zu entlassen, wenn sich nach seiner Heirat herausstelle, daß der Ehegatte "nicht deutschen oder artverwandten Blutes" sei (§ 59). § 72 regelte die solcher Erkenntnis folgende Entlassung.
167) Seine Personalakten sind verloren gegangen. Wenige Anhaltspunkte ergeben sich aus GLA 466/12887, WG/EK 3155 und UAH H III 399/Moro; Drüll, 184.
168) Sein Sohn wanderte nach England aus, die Tochter war geschieden worden und lebte mit zwei Kindern bei den Eltern. Seine Schwägerin kam im KZ um.

auf, Erhebungen darüber anzustellen, ob bei Grisebach nicht "die Voraussetzung des §4 des Gesetzes zur Wiederherstellung des Berufsbeamtentums ... gegeben sind", d.h. sie sollten prüfen, ob er wirklich "rückhaltlos für den nationalen Staat eintrete", andernfalls müsse er aus dem Dienst entlassen werden. Der Rektor Andreas meldete zwar sofort dem Polizeidirektor: Ihm sei "nichts Belastendes bekannt". Dem Schreiben fügte Andreas handschriftlich hinzu: der Polizeipräsident habe ihm mitgeteilt, trotz wiederholter Aufforderung habe der Führer der Studentenschaft noch kein Material gegen Grisebach "beigebracht", "er habe indes in Aussicht gestellt, solches aus Berlin herbeizuschaffen". Bis zum September 1933 wurde Scheel sechsmal dazu aufgefordert, doch konnte er keine weiteren Angaben machen. Im November 1933 erhielt Grisebach das "anläßlich einer Hausdurchsuchung beschlagnahmte Material" zurück. Das gem. §4 des Gesetzes zur Wiederherstellung des Berufsbeamtentums eingeleitete Verfahren wurde eingestellt[169]. Nachdem das Beamtengesetz im Januar 1937 ergangen war, wurde Grisebachs Entlassung nicht nur wegen seiner Ehe mit einer "Nichtarierin" betrieben. Parallel dazu liefen auch die Bestrebungen des Reichserziehungsministeriums in Heidelberg, dem Staatsminister Schmitthenner einen planmäßigen Lehrstuhl für Wehrpolitik und Wehrgeschichte zu überlassen. Unter Berufung auf das "Gesetz über die Entpflichtung und Versetzung von Hochschullehrern aus Anlaß des Neuaufbaus des deutschen Hochschulwesens" vom 21. Januar 1935 sollte Grisebachs Lehrstuhl für Neuere Kunstgeschichte in diesem Sinne umgewidmet werden. Die Anfrage des Ministeriums vom 17. März 1937 beantwortete der Dekan bereits acht Tage später: "Da zwei Professuren für Neuere

---

169) UAH A 219/Grisebach; Drüll, 91. Frau Hannah Grisebach danke ich für ergänzende Hinweise. Zum folgenden D. Mußgnug, aaO, 477 f.

Kunstgeschichte für die Fakultät nicht zu rechtfertigen sind, erkläre ich mich ... einverstanden". Grisebach wurde nach §6 des GWBBts ("Vereinfachung der Verwaltung") entlassen. Das ursprünglich im Brief verwendete Stichwort: "Maßnahmen gegen jüdisch versippte Hochschullehrer" wurde gestrichen und es blieb bei: "betr. den ordentl. Professor ... Grisebach". Grisebach setzte sich gegen die "unverdiente Härte, die ich in der Form meiner Entfernung aus dem Amt empfinde", zur Wehr. Doch seine Eingabe (2. Juli 1937) wurde in Karlsruhe abschlägig beschieden (4. September 1937): der Reichserziehungsminister habe bereits vor der Entscheidung in Karlsruhe der Versetzung in den Ruhestand zugestimmt. Es gebe keine Veranlassung, diesen Beschluß zu revidieren. Mit Ablauf des September 1937 verlor Grisebach seinen Lehrstuhl. Er zog sich nach Timmendorf an die Ostsee zurück und bewohnte ein vom Vater erbautes Haus, das er 1938 "an Ort und Stelle" beschrieb. "Es ist eine gnadenvolle Gunst, ... (darin) den Wechsel des Geschicks zu überstehen"[170].

KARL THEODOR JASPERS (geb. 23. Februar 1883 in Oldenburg, gest. 26. Februar 1969 in Basel)[171] hatte sein Medizinstudium in Heidelberg abgeschlossen, hier auch promoviert und sich im Wintersemester 1913/14 mit Unterstützung von Max Weber in der Philosophischen Fakultät als Mediziner im Fach Psychologie habilitiert. 1921 lehnte er Rufe nach Greifswald und Kiel ab, vertrat seither in Heidelberg als Ordinarius das Fach Philosophie. Die Möglichkeit, nach Marburg oder Bonn zu gehen, schlug er

---

170) Grisebach, Lob der Timmendorfer Halle, 13. Der Aufsatz sollte ursprünglich 1948 in die Festschrift für Radbruch aufgenommen werden, blieb dann aber bis 1967 unveröffentlicht. Vgl. Berckenhagen, Hans Grisebach.
171) UAH A219/Jaspers. Vgl. auch Sternberger, in: Semper Apertus III 285 f; de Rosa, Politische Akzente und Drüll, 125 mit weiteren bibliographischen Angaben.

aus. Als die Philosophische Fakultät gegen Gumbel ein Disziplinarverfahren anstrengte, wurde Jaspers als Beisitzer in das Disziplinargericht gewählt. Er plädierte 1924 in einem Sondervotum gegen den Entzug der Lehrbefugnis, nicht weil er Gumbels Ansichten billigte, doch, wie er glaubte, zum "Schutz der Freiheit der Universität"[172]. Jaspers hatte sich, wie er immer wieder in seinen autobiographischen Schriften und seinen Briefen hervorhob, schon seit langem zu einem zurückgezogenen streng geregelten Leben gezwungen gesehen, um arbeiten zu können[173]. Nach 1933 zog er sich noch mehr zurück. Die Philosophische Fakultät, die im Sommersemester 1934 ihre Sitzungen in einem Hörsaal in Anwesenheit der Studentenschaft abhielt, war nicht das Forum, auf dem wie noch zur Zeit des Gumbel-Verfahrens abweichende Meinungen offen vertreten werden konnten[174]. Jaspers bemühte sich um einen Ruf in die Schweiz. Im März 1936 hielt er einen Vortrag in Zürich, doch eine Berufung kam nicht zustande. Nach dem Erlass des Beamtengesetzes im Januar 1937 wurden Jaspers' Heidelberger Personalakten "vervollständigt": "Frau Jaspers ist Jüdin". Das Kultusministerium meldete dem Staatsministerium im Mai 1937: Jaspers sei mit einer Volljüdin verheiratet; er vertrete die Existenzphilosophie, die "nichts mit nationalsozialistischer Weltanschauung zu tun hat". Seine fachliche Bedeutung werde zwar bejaht, doch sei dies kein Anlaß, ihm als jüdisch-versipptem Beamten eine Ausnahme zu bewilligen. Das Kultusministerium stellte den Antrag, Jaspers

---

172) de Rosa, aaO, 350. Die Stimmung in der Philosophischen Fakultät gibt ein Brief von Panzer an Geheimrat Prof. Fr. Wachsmuth/Frankfurt M. wieder in: UBH Heid. Hs 3824 C 1.233 undatiert.
173) Vgl. den Brief an K. H. Bauer vom 21.6.1945 in Briefwechsel, 22: "(Das Leiden) hat meinem Lebensweg wohl sehr gestört.., aber hat Leistungen nicht unmöglich gemacht".
174) Vgl. D. Mußgnug, aaO, 488 ff.

in den Ruhestand zu versetzen[175]. Der zum Rektor ernannte Ernst Krieck setzte sich auf seine Weise für seinen Fachkollegen ein. Er leitete Jaspers' Gesuch vom 14. Juli 1937, die Entlassung in eine Emeritierung umzuwandeln, weiter. Zur Begründung führte er aus: "Der Gesundheitszustand von Prof. Jaspers ist so beschaffen, daß er in absehbarer Zeit von sich aus um Emeritierung hätte einkommen müssen". Jaspers genieße im Ausland ein bedeutendes Ansehen. Seine Entlassung habe deshalb schon unliebsames Aufsehen erregt. Krieck teilte in einem Privatbrief Jaspers mit, nach Andeutungen, die ihm gegenüber gemacht worden seien, bestehe wenig Aussicht auf Erfolg der Eingabe[176]. Im September 1937 wurde das Gesuch vom Reichserziehungsministerium "aus grundsätzlichen Erwägungen" abgelehnt[177].

Auch HEINRICH JOHANNES HERMANN RANKE (geb. 5. August 1878 in Balgheim/Nördlingen, gest. 22. April 1953 Freiburg/Brsg.) mußte 1937 aus dem Universitätsdienst ausscheiden. Zunächst wollte Ranke wie sein Vater Theologie studieren, wechselte in München jedoch das Studienfach und wandte sein Interesse semitischen Sprachen insbesondere der Ägyptologie zu. Nach seiner Promotion (1902) arbeitete er im Museum der University of Pennsylvania (Philadelphia) und im Berliner Museum. 1910 habilitierte er sich an der Heidelberger Fakultät, wurde hier zum ao Professor, 1911 zum etatmäßigen ao Professor ernannt. 1922 erhielt er an der Universität die Amtsbezeichnung und Rechte eines ordentlichen Professors. Während des Wintersemesters 1932/33 ging er zu Gastvorlesungen an die Uni-

---
175) Schreiben vom 14.Mai 1937, GLA 235/2133.
176) Jaspers an Grisebach 30.8.1937 DLA, Marbach, o.Nr.
177) In Berlin zeichnete der mittlerweile am REM tätige Groh die Ablehnung ab. UAH A 219/Jaspers.

versity of Wisconsin, Madison[178]). Im Dezember 1934 wurde Ranke nach Vorlage eines ärztlichen Attestes für den Rest des Wintersemesters von seinen Vorlesungsverpflichtungen befreit. "Intern" vermerkte das Kultusministerium (14. Dezember 1934)[179], Ranke sei mit einer nicht-arischen Frau verheiratet. Auch im Hinblick auf seine Kränklichkeit bestehe kein besonderes Interesse, ihn an der Universität Heidelberg zu halten. Deshalb fragte das Kultusministerium bei der Universität an, ob Ranke nicht wegen seiner angegriffenen Gesundheit aus dem Amt entlassen werden müsse. Der Dekan Güntert empfahl, "bei der verhältnismäßig zurücktretenden Bedeutung seines Faches im allgemeinen Lehrbetrieb der Fakultät ... nun noch dieses Sommerhalbjahr" abzuwarten. Im Juni 1937 wurde gegen Ranke ein Disziplinarverfahren wegen "Begünstigung eines Fahnenflüchtlings" eingeleitet. Der Untersuchungsbericht brachte schließlich folgendes zu Tage: Frau Ranke hatte den Kontakt zu dem Freund ihres verstorbenen Sohnes -einem Bildhauer- aufrecht erhalten, auch nachdem dieser über die Schweiz nach Paris geflohen war. Ranke versuchte, ihm in Amsterdam eine Beschäftigung zu vermitteln. Nach Ansicht des Disziplinargerichts hatte er damit seine Treuepflicht gegenüber dem nationalsozialistischen Staat verletzt. Ein Strafverfahren müsse zwar nicht eingeleitet werden. Doch in Anbetracht der Tatsache, daß seine Frau Nichtarierin sei und an Rankes politischer Zuverlässigkeit berechtigte Zweifel bestünden, kam die Untersuchungskommission zu der Empfehlung, man solle Ranke gem. §4 des Gesetzes zur Wiederherstellung des Berufsbeamtentums in den Ruhestand

---

178) UAH A 219/Ranke vor allem H IV 329/371 Ranke und GLA 235/2401; Drüll, 213.
179) GLA 235/2401.

versetzen, was dann auch am 27. Juli 1937 für Ende November 1937 in Karlsruhe beschlossen wurde.

OTTO REGENBOGEN (geb. 14. Februar 1891 in Neumarkt/Schlesien, gest. 8. November 1966 in Heidelberg) mußte 1937 ebenfalls seinen Lehrstuhl verlassen. Regenbogen hatte einige Jahre im Schuldienst verbracht, bevor er sich 1920 in Berlin für Klassische Philologie habilitierte. Er war dort noch zum ao Professor ernannt worden, trat zum Sommersemester 1925 als Ordinarius in den Lehrkörper der Heidelberger Universität ein und blieb hier, auch als ihm 1931 ein Lehrstuhl in Basel angeboten wurde. 1935 wurde ein Disziplinarverfahren gegen ihn eingeleitet, "weil er die ihm als Beamten obliegende Pflicht, sich durch sein Verhalten in und außer dem Amte der Achtung und des Vertrauens, die sein Beruf erfordert, würdig zu erweisen, verletzt hat"[180]. Er wurde deshalb gleich bei der Einleitung des Disziplinarverfahrens im September 1935 seines Amtes enthoben und seine Bezüge um 20% gekürzt. Diese Disziplinarverfügung erhielten alle Dekane, die Mitglieder des Fakultätsausschusses und des Beirats (d.h. auch die Studenten). Regenbogen hatte, wie er selbst im Juni 1935 meldete, bisher nicht gewußt, daß die Großmutter seiner Frau erst im Alter von 4 oder 5 Jahren getauft worden war, seine Frau deshalb nicht als "arisch" galt. Der Rektor Groh "regte an", die bei dem Ministerium geführten Personalakten zu "berichtigen". Als Regenbogens Anwalt Leonhard sich an den Dekan Güntert wandte und um Fürsprache für seinen Mandanten bat, reichte der dies "dreiste" Schreiben an den Rektor weiter. Im Januar 1937 bat Regenbogen um eine Reiseerlaubnis nach Uppsala, die der Dekan unter Hinweis auf das immer noch schwebende Disziplinarverfahren nicht befürwortete. Als Regenbogen eine Einladung nach Basel erhielt,

---

180) Drüll, 216.UAH A 219/Regenbogen, Disziplinar- und Personalakten.

empfahl ihm der Rektor Krieck, freiwillig auf die Reise zu verzichten und das, obgleich mittlerweile das Urteil der ersten Instanz[181] aufgehoben worden war: Regenbogen erhielt einen Verweis und eine Geldstrafe (etwa 1/3 des Monatsgehalts). In Anbetracht des nahen Semesterendes (das Urteil war am 4. Mai 1937 ergangen, am 26. Juni gab das Ministerium Weisung, die Disziplinarmaßnahme zu revidieren) verfügte das Ministerium (22. Juni 1937), eine Aufnahme der Lehrtätigkeit sei nicht angängig[182], Regenbogen solle durch das Reichserziehungsministerium an eine andere Universität versetzt werden. Doch weitere ministerielle Überlegungen erübrigten sich, als der Reichsstatthalter ihn im September 1937 zum Jahresende in den Ruhestand versetzte. Regenbogen wehrte sich nicht mehr dagegen, denn -so schrieb er dem Rektor- er sei von der Nutzlosigkeit eines solchen Schrittes überzeugt. Es widerstrebe ihm zu bitten, wo er einer abschlägigen Antwort gewiß sein könne. Er wolle jedoch dem "Gefühl tiefer Enttäuschung" Ausdruck verleihen. "... Ich möchte nicht darauf verzichten, daß später bei den Akten der Universität Heidelberg eine voraussichtlich letzte Äußerung von mir zur Sache vorliegt"[183].

---

181) Danach sollte Regenbogen für 5 Jahre aus dem Dienst entlassen werden und lediglich 75% des Ruhegehalts bekommen GLA 235/42958 c. Rechtsanwalt Leonhard hatte bereits Blessing verteidigt, s.o. S.51.
182) UAH H IV 329/376. Offenbar hatten etliche Kollegen für Regenbogen ausgesagt; UAH A 219/Regenbogen, Disziplinarakten.
183) UAH A219/Regenbogen.

2. Entlassungen

a. Honorarprofessoren

Der Honorarprofessor KARL HERMANN FRIEDRICH GEILER (geb. 10. August 1878 in Schönau-Wiesenthal/Baden, gest. 14. September 1953 in Heidelberg)[184] hatte sein Jurastudium in Heidelberg mit Staatsexamen und Promotion abgeschlossen. Seit 1904 führte er in Mannheim eine Rechtsanwaltspraxis und übernahm an der neugegründeten Handelshochschule eine Dozentur. 1921 erhielt er in Heidelberg die Venia legendi für Finanz- und Wirtschaftsrecht. Das Kultusministerium sprach ihm eine ao Professur zu, 1928 wurde er -zusammen mit Leopold Perels- zum ordentlichen Honorarprofessor ernannt. Als die Fakultät in finanzielle Bedrängnis kam, verzichtete Geiler auf die Vergütung seines Lehrauftrags (WS 1933/34). Die ersten aktenkundigen Schwierigkeiten entstanden, als er einen Beitrag zu einer französischen Festschrift schreiben wollte (1936). Der Dekan Engisch befürwortete seine Mitarbeit, der Rektor Groh fügte dem Antrag handschriftlich zu: Er könne eigentlich schwer dazu Stellung nehmen. "Der geehrte Jurist Lambert dürfte Jude sein ... Prof. Geiler ist nichtarisch verheiratet". 1939 kam vom Reichserziehungsministerium eine Anfrage: Geiler sei mit einem "jüdischen Mischling" verheiratet. Es werde um Bericht ersucht, "ob bereits dort (=Juristische Fakultät Heidelberg) die Frage einer Möglichkeit der Entziehung der Honorarprofessur geprüft worden sei". Der Dekan Krause antwortete: Die Voraussetzung zum Entzug der Lehrberechtigung sei bei Geiler nicht gegeben. Weder habe er sich einer groben Pflichtverletzung schuldig gemacht, noch erweise er sich "unwürdig". Bei der 1937 erfolgten

---

184) UAH A 219/Geiler; Drüll, 81.

genauen "Durchprüfung" des Lehrkörpers sei der Entzug der Honorarprofessur nicht erwogen worden, vielmehr habe Geiler das Treuegelöbnis auf den Führer abgelegt. Im übrigen sei Geiler seit 1904 verheiratet. Solange zurückliegende Eheschließungen bestünden unangefochten fort. Geilers wissenschaftliche Leistungen seien allgemein bekannt. "Die Fakultät spricht sich ... einmütig gegen die Entziehung der Honorarprofessur aus". Der NS-Dozentenbund lieferte dem Rektor ebenfalls eine Beurteilung: Geiler sei ein guter Lehrer, der Theorie und praktische Erfahrung "in wirkungsvoller Weise" zu ergänzen verstehe. "Andererseits zeigt er eine typisch individualistische und egoistische Haltung, die er offenbar bei seinem Alter nicht mehr aufgeben konnte". Er scheine auch sonst "charakterlich mehr nach der jüdischen Seite zu neigen". So müsse bezweifelt werden, "daß seine menschlichen Eigenschaften ihn weiterhin als Hochschullehrer geeignet erscheinen lassen". Schließlich befürwortete auch der Rektor den Entzug der Honorarprofessur, da sonst im Vergleich mit anderen Geiler eine "bevorzugte Behandlung" genieße. Der Reichserziehungsminister entzog am 17. Juli 1939 Geiler Lehrbefugnis und Honorarprofessur.

FREIHERR EBERHARD VON KÜNSSBERG (geb. 28. Februar 1881 in Porohy, Galizien, gest. 3. Mai 1941 in Heidelberg)[185] war an der Universität nur mit einem Lehrauftrag ausgestattet. Hauptberuflich bearbeitete er als preußischer Beamter der Berliner Akademie der Wissenschaft in Heidelberg das Wörterbuch der älteren deutschen Rechtssprache. Nach seinem Jurastudium in Wien (Promotion 1904) hatte er in München auch historische Studien betrieben. Seit 1905 arbeitete er am Rechtswörterbuch. 1910 habilitierte er sich in Heidelberg. 1916 wurde v.Künssberg zum ao Professor ernannt. Er übernahm die wissenschaftliche

---

185) UAH A 219/v.Künssberg; Drüll, 152.

Leitung des Rechtswörterbuchs und lehrte an der Juristischen Fakultät seit 1929 als o. Honorarprofessor. Auf die ministerielle Anfrage vom 14. April 1933 nach Nebenämtern gab er selbst an: die Lehrtätigkeit sei für ihn Nebenberuf. Er halte nur gratis Übungen ab, die im Zusammenhang mit dem Wörterbuch stehen. Lediglich zur Ergänzung des Stundenplans übernehme er auf Wunsch der Fakultät auch Vorlesungen. 1934 wollte v.Künssberg sein Amt im Disziplinargericht niederlegen. Doch der Rektor Groh bat v.Künssberg dringend, das Amt beizubehalten und weiterhin "Ihre Erfahrung und Ihren Gerechtigkeitssinn zur Verfügung zu stellen"[186]. Im Februar 1937 kündigte das Reichserziehungsministerium an, es werde den Lehrauftrag des "jüdisch versippten" Freiherrn v.Künssberg überprüfen. Der Rektor Krieck meldete nach Berlin: Seit das Ordinariat für Deutsche Rechtsgeschichte besetzt sei, halte v.Künssberg nur noch einstündige Vorlesungen auf einem Nebengebiet der Rechtsgeschichte ab. Die Arbeit am international renommierten Rechtswörterbuch dagegen liege völlig bei ihm. Dies sei sein Haupttätigkeitsfeld. Die Juristische Fakultät lege "aus Fach- und Prestigegründen" jedoch Wert auf die "Verbindung zu dieser Arbeit und zu den daran beteiligten Personen". Von Künssberg habe sich immer als guter Deutscher gezeigt, schloß Krieck seine Fürsprache[187]. Freiherrn v.Künssberg wurde seine Honorarprofessur und seine Arbeit am Rechtswörterbuch belassen. Kurz nach seinem 60. Geburtstag starb er an den Folgen einer Operation. Frau v.Künssberg blieb alleine in Heidelberg zurück. Ihre 5 Kinder befanden sich alle im Ausland[188].

---

186) UAH H II 381/v.Künssberg.
187) GLA 235/2250.
188) Unter schwierigsten Bedingungen entkam sie der Deportation und konnte in Heidelberg überleben (Kollegen hatten Herrn v.Künssberg bei der Abfassung seines Testaments beraten). Vgl. Radbruch, Briefe, 198.

b. außerordentliche Professoren

In der Medizinischen Fakultät war der Anatom HERMANN HOEPKE (geb. 13. Mai 1889 in Eberswalde, lebt in Heidelberg)[189] vom neuen Beamtenrecht betroffen. An verschiedenen Universitäten hatte er Medizin studiert und konnte 1914, kurz bevor er eingezogen wurde, sein Staatsexamen in Greifswald ablegen. Die Promotion war ihm erst nach Kriegsende möglich. Vom anatomischen Institut in Breslau wechselte er 1921 als planmäßiger Assistent und erster Prosektor nach Heidelberg über. Zwei Jahre später habilitierte er sich hier. 1927 wurde er zum ao Professor ernannt. Da er aus dem Assistenten-Aversum besoldet wurde, war er darauf angewiesen, daß sein Vertrag in regelmäßigen Abständen verlängert wurde. 1936 teilte ihm das Ministerium mit, das "Beschäftigungsverhältnis" werde letztmalig um ein Jahr verlängert. Sowohl der Lehrstuhlinhaber Kurt Goerttler als auch die Dozentenschaft erreichten eine Vertragsverlängerung bis März 1938. Zunächst hoffte Hoepke noch auf eine Ausnahmeregelung. Als sich aber herausstellte, daß seine Frau als "Mischling ersten Grades" -"nicht wie bisher angenommen zweiten Grades"- einzustufen war, schwanden seine Aussichten. Auch die Hinweise des Dekan Runge, daß an anderen Universitäten die Prosektoren eine beamtete Stelle inne hätten, Hoepke ein "bewährter Front- und Freikorpskämpfer" sei, blieben erfolglos. Im November 1938 bewarb er sich um einen Lehrstuhl in Istanbul, kam dort auch in die engere Wahl. Doch im Mai 1939 zerschlugen sich im Zusammenhang mit der politischen Lage diese Hoffnungen. Der Dekan unternahm nochmals einen Versuch, Hoepke zum ao Professor "neuer Ordnung", d.h.

---
189) UAH B 3099 und Auskünfte von H. Hoepke; Drüll, 116.

Reichserziehungsministerium abgelehnt, seine Lehrbefugnis erlosch zum Ende des Jahres 1939. Es wurden lediglich in Karlsruhe Regelungen getroffen, die eine befristete Besoldung und Abfindung versprachen, damit Hoepke während dieser Zeit Ausbildung und Erfahrung als praktischer Arzt gewinnen könne. Am 4. Februar 1940 stellte die Universitätskasse jede Zahlung ein.

Der ao Professor HEINRICH ROBERT ZIMMER (geb. 6. Dezember 1890 in Greifswald, gest. 20. März 1943 in New York)[190] hatte sein Studium in Berlin mit der Promotion abgeschlossen (1914) und sich nach seinem Kriegsdienst 1920 in Greifswald für Indische Philologie habilitiert. Auf Wunsch der Heidelberger Fakultät habilitierte er sich 1922 nach Heidelberg um und übernahm die Lehrverpflichtungen von Bruno Liebich[191]. 1926 wurde er zum ao Professor ernannt. Dem Antrag der Fakultät, ihn mit einem persönlichen Extraordinariat auszustatten (1928), gab das Ministerium nicht statt. Ihm wurde lediglich ein Privatdozenten-Stipendium bewilligt. Seit August 1933 war die Außenstelle der Landespolizei Heidelberg damit beauftragt, "unauffällige Erhebungen über das Verhalten des Professor Dr. Zimmer" anzustellen. Die "geeigneten Erhebungen" hatten nach Mitteilung des Ministeriums vom 23. September 1933 keine Tatsachen festgestellt, "die Anlaß zur Anwendung des §4 des Gesetzes zur Wiederherstellung des Berufsbeamtentums geben könnten". Nun sollte die Universität berichten, "ob gegen das Verhalten des Genannten in politischer Hinsicht Ein-

---

190) UAH A 219/Zimmer; Drüll, 310. Siehe vor allem auch seine: Notizen zu einem Lebenslauf, 39 f, in denen er seinen wissenschaftlichen Werdegang äußerst lebendig beschreibt.
191) Liebich (geb. 7.1.1862 in Altwasser, gest. 4.7.1939 in Breslau) seit 1913 ao Prof. für Indische Philologie in Heidelberg, ging 1921 nach Breslau zurück; Drüll, 164.

wendungen erhoben werden können". Der Dekan meldete: Zimmer habe sich sehr zurückgehalten, "nachdem er früher zweifellos den linksgerichteten Kreisen nahegestanden hat". Ein Jahr später erkundigte sich das Ministerium erneut nach Zimmers politischem Verhalten. Der Kanzler Stein gab nach Karlsruhe weiter: Er habe zwar von oppositionellen Äußerungen Zimmers gehört, sei aber "nicht in der Lage, hierfür ausreichende Beweise zu erbringen". Stein informierte den Rektor: Zimmer sei mit der Tochter Hugo v.Hofmannsthals verheiratet, "also nicht-arisch versippt". Er sei an sich "ein ganzer Kerl". Doch fügte er hinzu: "Man wird ihn nicht anders behandeln können als die andern ... : ein hartes, aber notwendiges Schicksal". Bis 1936 wurden ihm verschiedene Auslandsfahrten bewilligt, u.a. nach London, wo mittlerweile sein Schwager lebte. Im Oktober 1936 bat er um Erlaubnis, die wissenschaftliche Leitung einer Reisegruppe nach Indien zu übernehmen. Daran war ihm besonders deshalb gelegen, weil seine bescheidenen Einkünfte ihm bislang eine Studienreise "in das Land meines Faches" unmöglich gemacht hätten. Das Reichserziehungsministerium verweigerte die Erlaubnis, da man ihn "im Hinblick auf seine jüdische Versippung" nicht für geeignet hielt. Das Ministerium in Berlin empfahl, Zimmer sollte gegenüber den Veranstaltern andere Gründe vorbringen. Das ging selbst dem Rektor zu weit und er bat um genaue Anweisung. In Berlin wurde die Ablehnung wiederholt. Mittlerweile war der Abreisetermin längst verstrichen, wovon Zimmer den "Dekan und Führer der Philosophischen Fakultät Heidelberg" unterrichtete, nicht ohne die obligate Grußformel: Heil Hitler! in Anführungszeichen zu setzen. Bis 1937 nahm das Kultusministerium "aus kulturpolitischen Gründen" noch Abstand von Maßnahmen, "die mittelbar die Tochter des Dichters Hugo v.Hofmannsthal berühren". Im Februar 1938 entzog das

Reichserziehungsministerium Zimmer jedoch die Lehrbefugnis. Die für das Sommersemester 1938 angekündigten Vorlesungen sagte der Rektor ab. Zimmer hoffte zunächst auf eine Ausnahmeregelung, da ihm mit dieser Verfügung die Grundlage seiner Existenz entzogen wurde. In seinem Gesuch vom 29. März 1938 führte er aus: Er könne als Indologe nur im Rahmen einer Hochschule sinnvoll arbeiten. Er sei auf diese Dozentur und die Unterhaltsbeihilfe angewiesen, denn es gebe für sein Fach keinen beamteten Lehrstuhl in Baden[192]. Die Entscheidung war noch nicht endgültig getroffen, als Zimmer im März 1939[193] nach England fuhr. Er war wiederholt dort gewesen und hatte im Juni 1938 in London mit Berman-Fischer einen neuen Verlagsvertrag über die Hofmannsthal-Werkausgabe[194] abgeschlossen. Nachdem er im November 1938 nur ganz knapp einer Verhaftung entgangen war[195], faßte er den endgültigen Entschluß zur Emigration. Zimmer meldete sich in Heidelberg nicht offiziell ab. Auf Anfrage der NSDAP teilte der Rektor 1940 mit, der Krieg habe Zimmer wohl in England überrascht. Vermutlich sei er dort interniert. Seines Wissens wolle er nach Deutschland zurückkommen. Doch Herr und Frau Zimmer hatten vor ihrer Abreise einen Rechtsanwalt mit Vollmachten über ihr Vermögen ausgestattet. Sie kehrten nicht mehr nach Deutschland zurück.

---

192) UAH H IV 329/550. Sogar der Dozentenbundführer setzte sich für Zimmer ein.
193) WG/EK 12593/A.
194) Seit Sept. 1938 verbot die Reichsschrifttumskammer, Hofmannsthals Werke zu vertreiben. Berman-Fischer, Bedroht-Bewahrt, 168.
195) Auskunft von H. Zimmers Tochter M. Rauch (3.8.1988).

Insgesamt 65 Dozenten waren nach 1933 an der Universität Heidelberg von der nationalsozialistischen rassistischen Gesetzgebung betroffen und wurden zum größten Teil aus der Universität vertrieben: 5 Dozenten waren bereits emeritiert, bzw lebten im Ruhestand, 1 befand sich im Habilitationsverfahren, 1 Assistent plante sich zu habilitieren. Unter den 58 aktiven Dozenten (nicht mitgerechnet die Professoren Moro und Sölch) waren 21 Ordinarien, 2 planmäßige außerordentliche Professoren, 8 Honorarprofessoren, 16 außerordentliche Professoren, 10 Privatdozenten und 1 Lehrbeauftragte. 1933 verließen 27 tätige Dozenten den Universitätsdienst, nach den Nürnberger Gesetzen von 1935 wurden 23 entlassen, nach dem Deutschen Beamtengesetz von 1937 verloren 8 Dozenten ihre Stelle. Für die Universität Heidelberg bedeutete das, daß aus einer 201 Personen[196] umfassenden aktiv lehrenden Dozentenschaft (Stand des WS 1932/33) 28,8% des Lehrkörpers vertrieben wurden.

---

[196] Angaben nach Wolgast, Nationalsozialismus, 406.

B. DER WEG DER VERTRIEBENEN DOZENTEN BIS 1945

Gemeinsam waren allen Betroffenen lediglich die Entlassungsgründe. Von den nationalsozialistischen Maßnahmen getroffen wurde jeder einzeln. 5 Universitätsangehörige waren hochbetagt und lehrten 1933 gar nicht mehr (die Emeriti Neumann und Weidenreich, die Honorarprofessoren Altmann, Brandt, Goldschmidt). Siegfried Bettmann war 64 Jahre alt, als 1933 die Verfolgung seiner Familie begann. Raymond Klibansky mußte mit 28 Jahren in die Emigration gehen, Salomon-Calvi mit 66 Jahren. Walter Jellinek hatte zum Zeitpunkt seiner Zurruhesetzung eine große Familie zu versorgen. Artur Rosenthal lebte zusammen mit seiner Mutter, die 73 Jahre alt war, als er auswandern mußte.

54 der 58 aktiven Dozenten[1] wurde ihre Entlassung oder erwünschte Emeritierung nicht politisch begründet, sondern aus ihrer oder des Ehegatten Abstammung hergeleitet. Nur 21 der Entlassenen bekannten sich zum jüdischen Glauben. Viele ihrer Vorfahren oder sie selbst waren zum Christentum übergetreten (wie Salomon-Calvi, Ehrenberg studierte Theologie). Andere fühlten sich nicht mehr der jüdischen Gemeinde verbunden (wie Lenel, Sultan, Neu). Jeder der Entlassenen war auf sich alleine gestellt und mußte versuchen, die lebensbedrohenden Probleme auf seine Weise bzw. nach seinen Möglichkeiten zu lösen.

---

[1] Möller, From Weimar to Bonn, XLIX übernimmt zeitgenössische Angaben von Gumbel, die auf unvollständigen Unterlagen beruhen.

I. In Deutschland gebliebene Hochschullehrer

Von den 1933 ergangenen Maßnahmen waren an der Universität Heidelberg 34 Personen betroffen. Im Laufe des Jahres 1933/34 verließen 16 unter ihnen Deutschland, 2 folgten in späteren Jahren. Nach dem Erlaß des Reichsbürgergesetzes und den dazu ergangenen Verordnungen blieben von 23 Betroffenen lediglich 4 in Deutschland. 8 Personen mußten 1937 den Universitätsdienst verlassen, nur Zimmer emigrierte. Von den insgesamt 65 durch die nationalsozialistische Gesetzgebung betroffenen Lehrern der Universität blieben 27 mit ihren Familien in Deutschland.

1. Einkommen, Kontakte zur Universität

Das Einkommen der Entlassenen hing von dem Status ab, den sie an der Universität eingenommen hatten. Honorarprofessoren, ao Professoren und Privatdozenten konnten aus diesem Titel keine finanzielle Unterstützung erwarten. Der Honorarprofessor Meyerhof erhielt zunächst noch sein Gehalt aus öffentlichen Mitteln, da er der Leiter des Kaiser-Wilhelm-Instituts für Medizinische Forschung war. Freiherr v.Künssberg firmierte als preußischer Beamter und bezog sein Gehalt von der Berliner Akademie der Wissenschaften. Bergstraessers ao Professur wurde aus Mitteln des Gothein-Gedächtnis-Fonds finanziert. Er wandte bei seiner Entlassung und damit dem Ende aller Zahlungen ein: Er könne nur solche Kündigungen und Gründe akzeptieren, die sich aus der Finanzlage der Gothein-Stiftung ergeben. Doch dem Kultusministerium genügte der Entzug der Lehrbefugnis, um die Zahlung aus dem Stiftungsfonds zu verweigern. Lediglich Beamte konnten die Auszahlung eines Ruhegehalts beanspruchen. Wesentlicher Bestandteil eines jeden Ordinarien-Gehalts waren die sog. Kolleggeldgarantien, die bei Berufungsverhandlungen vereinbart wurden. Für einige Ordinarien war dieses Unterrichtsgeld fast so hoch wie ihr Grundgehalt. Entlassene und emeritierte Professoren, die keine Vorlesung mehr abhielten, verloren diese Summe. Vielen Unliebsamen wurde sie, selbst wenn sie später nicht mit einem Lehrverbot belegt wurden, erheblich gekürzt, zB. Andreas, Jellinek, Grisebach um mehr als 50%, Levy und Mitteis weit über 60%. Dem Rektor Groh wurde sie um 300% angehoben. Den meisten war zugleich auch ihr Grundgehalt verringert worden: Jaspers, Jellinek, Levy, Mitteis, Salomon-Calvi verloren 10%, der ehemalige Rektor Andreas fast 20%, Radbruch über 25%. Grohs Grundgehalt stieg um mehr als 35%[2].

"Zur Ruhe gesetzte" Ordinarien und planmäßige ao Professoren erhielten zwar noch ein Ruhegehalt vom Ministerium, akademische Rechte besaßen sie aber nicht mehr. Ihrer wurde auch in den Vorlesungs- und Personalverzeichnissen der Universität nicht mehr gedacht. Von den vertriebenen Dozenten wurden lediglich Anschütz, Blessing (gestorben 1941), Liebmann (gestorben 1939) und A. Weber als Emeriti geführt. Bis zum Wintersemester 1941/42 galt E. Hoffmann als Emeritus, d.h. er wurde als "inaktiver ordentlicher Professor" im Personalverzeichnis genannt. Das Büro des "Stellvertreter des Führers" in München

---

[2] Angaben nach der Aufstellung der Universitätskasse für die Jahre 1933-1936 in UAH A 219/Radbruch.

fragte beim Reichserziehungsministerium in Berlin an[3]: Es sei mitgeteilt worden, daß der emeritierte (!) Hoffmann noch immer zum Lehrkörper zähle und im Vorlesungsverzeichnis aufgeführt werde. "Da Hoffmann einer der schärfsten Gegner des Nationalsozialimus gewesen sein und in der Angelegenheit Gumbel eine höchst unerfreuliche Rolle gespielt haben soll[4], da er ferner lange Zeit mit einem polnischen Juden zusammengearbeitet haben soll[5], wird die Tatsache, daß er immer noch zum Lehrkörper der Universität zählt, als untragbar empfunden". Über das Rektorat wurde die Philosophische Fakultät aufgefordert, dazu Stellung zu nehmen. Der Dekan Kienast teilte dem Rektor mit, die vom Büro des Stellvertreters des Führers ausgesprochenen "Vermutungen" seien unbestrittene "Tatsachen", die zur Entbindung von den amtlichen Verpflichtungen Anlaß gegeben hätten. Über die Emeritierung hinaus sei keine Maßregelung angeordnet worden, Hoffmann werde dehalb, wie üblich, als Emeritus in den Personalverzeichnissen geführt. In einem zweiten Brief wies der Dekan den Rektor Schmitthenner darauf hin, daß Hoffmann seines Wissens "nach wie vor" der Heidelberger Akademie angehöre und die Cusanus-Edition fortführe. An dieser Arbeit habe die Wissenschaft "ein wichtiges Interesse..., namentlich dem Ausland gegenüber". Zu dieser Frage müsse der Präsident der Akademie Geheimrat Panzer gehört werden[6]. Der Rektor schrieb nach Karlsruhe: Das Unterrichtsministerium habe 1933 eine Untersuchung gegen Hoffmann geführt, dann aber von weiteren Maßnahmen Abstand genommen. 1935 sei Hoff-

---

3) Alle Dokumente UAH A 219/Hoffmann; s. oben S.66.
4) Hoffmann war während des Gumbel-Verfahrens 1931/32 Dekan der Philosophischen Fakultät.
5) Gemeint war R. Klibansky, s.oben S.40.
6) Der Rektor bat Panzer um eine Stellungnahme, sie befindet sich nicht bei den Akten.

mann entpflichtet worden. "Aus diesem Grunde war ich bisher gebunden, Professor Dr. Hoffmann unter den übrigen emeritierten Professoren im Vorlesungsverzeichnis aufzuführen". Der Rektor Schmitthenner schloß sein Schreiben: "Sollten Tatsachen bekannt geworden sein, die eine Änderung der von den vorgesetzten Stellen des Rektors(!) getroffenen Entscheidungen erforderlich machen sollten, bitte ich um Einleitung eines Disziplinarverfahrens gegen Professor Hoffmann". Dazu fand das Ministerium dann doch keinen Anlaß. Vielmehr wurde "auf Veranlassung des REM" ohne weitere Angabe von Gründen verfügt: "Hoffmann künftig nicht mehr in das Personal- und Vorlesungsverzeichnis aufzunehmen"[7].

Die Flut von Verordnungen, die bislang selbstverständliche Dinge des Alltags schikanös reglementierte, erschwerte das Leben der jüdischen Bevölkerung. Schon die Wohnungsfrage wurde zum Problem: Juden durften nur bei Juden wohnen. Zur Sicherung der Wohnung überschrieb Herbert Sultan seine Wohnung den Schwiegereltern[8]. Die verwitwete Frau Goldschmidt zog zur Familie Zade[9].

Einzelnen war es möglich, Kontakte zur alten Fakultät zu halten. Das Ehepaar Radbruch nahm an offiziellen Einladungen des Dekan teil[10]. Ein beredtes Zeugnis sind die Briefe, die Radbruch an den Nachfolger auf seinem Lehrstuhl Karl Engisch sandte. Als Engisch einen Ruf nach Leipzig ausschlug, schrieb ihm Radbruch (17. März 1938): Er wolle nicht versäumen, seine Freude darüber zum Ausdruck zu bringen: "Sie wissen, wie schmerzlich mir der Verlust meines Lehrstuhls war, aber ich

---

7) Weisung aus Karlsruhe vom 8.8.1941 UAH A 219/Hoffmann.
8) Auskunft von Frau Barbara Sultan (10.6.1987).
9) WG/EK 22097.
10) Vgl. den Brief Harald Kellers an Radbruch (2.6.1944) UBH Heid. Hs 3716 III F.

kann mir auf ihm keinen Nachfolger denken, der mir lieber wäre als Sie, und ich freue mich der guten Beziehungen, die zwischen uns von vornherein und ununterbrochen bestanden haben und bestehen"[11]. Auch Gutzwiller war mit der Regelung seiner Institutsnachfolge und der Betreuung seiner Schüler zufrieden: "Daß (Kollege Eugen Ulmer) sich zur Nachfolge in der Direktion des Instituts bestimmen ließ, war mir Genugtuung und Freude"[12].

Jaspers erhielt ebenfalls in persönlichen Dingen Hilfe von der Universität. Als im März 1945 Frau Jaspers von ihrem Mann getrennt werden sollte, setzte sich der Rektor Schmitthenner gegenüber der SS für sie ein. Da Jaspers krank war, konnte er zu einer mit dem Minister angesetzten Aussprache nicht kommen. Er bat, statt seiner Engisch zu empfangen, der über seine Befürchtungen informiert sei und auf seinen Wunsch hin seine Sache vertrete[13].

Solche Kontakte und Unterstützungen gab es noch mehr[14]. Doch finden sie kaum in Dienstakten ihren Niederschlag. Den Einschnitt, den die Entlassung aus dem Universitätsdienst bedeutete, konnten sie ohnehin nicht überbrücken. Radbruch empfand seine Arbeit als "Flucht und Ersatz, Flucht vor dem Gegenwärtigen und Ersatz für Unwiederbringliches". Ein solches Leben und Arbeiten bleibe immer "schmerzhaft fragmentarisch"[15].

---

11) Karl Engisch stellte mir den Brief freundlicherweise zur Verfügung. Weitere Briefe sind abgedruckt in: Radbruch, Briefe.
12) Gutzwiller, Aus der Frühgeschichte des Heidelberger Instituts, 21.
13) UAH A 219/Jaspers; vgl. auch Leonhard, Jaspers, 122.
14) Frau v.Künssberg erfuhr nach dem Tod ihres Mannes Hilfe durch die Fakultätsmitglieder, s.o. S.106, Anm 188.
15) Radbruch an August und Hannah Grisebach 31.1.1938, in: Briefe 124.

2. Arbeitsmöglichkeiten der Entlassenen

Die meisten Professoren versuchten, weiterhin wissenschaftlich zu arbeiten. Während Grisebach Heidelberg verließ, behielt Jaspers seine Wohnung bei. 1938 schrieb er, manchmal glaube er, Grisebach habe es am freien Meer besser. "Dann wieder fürchte ich den Wegfall der lokalen Suggestion zur Arbeit. Ich kann noch nicht die Hoffnung auf irgendwelche Lebensmöglichkeiten aufgeben, wenn sie auch ... gering sind"[16]. Mit der Hingabe an das "Kleine und Zeitferne" wollte Radbruch zeigen, "daß es auch in dieser Zeit noch Menschen gab, die der Wissenschaft um der Wissenschaft willen mit durstiger Wissbegierde dienten"[17].

a. Täublers Plan

Eugen Täubler glaubte sich nun vor eine neue Aufgabe gestellt. Für die Zeit der Verfolgung arbeitete er einen Plan aus, um deutsche Juden zu retten. Er tat dies -soweit ersichtlich- in Heidelberg nicht nur als erster, sondern 1933 als einziger. 1908 hatte er sich zu Beginn seiner Arbeit im "Gesamtarchiv der deutschen Juden" zum Ziel gesetzt, die Geschichte des jüdischen Volkes als Teil der allgemeinen Geschichte der umgebenden Völker (insbes. des deutschen Volkes) zu sehen und nicht nur unter einem gesonderten Teilaspekt der "inneren Geschichte" jüdischer Gemeinden[18]. Für Täubler war die Geschichte des Judentums nicht nur ein historisches und wissenschaftliches Problem, er sah sie als praktische Aufgabe, die sich ihm nach der

---

16) Jaspers an Grisebach 11.2.1938, DLA, Marbach o. Nr.
17) Radbruch an Grisebach 31.1.1938, Briefe, 124.
18) "Zur Einführung", in: Täubler, Aufsätze (1977) 3; zu Täubler s.o.S.54.

Machtergreifung neu stellte. Im Sommersemester 1933 verfaßte er zur Vorlage bei Ministerien eine Denkschrift, in der er seine Pläne darlegte[19]: Er wolle keine -ohnehin aussichtslose- Änderung der "die Juden betreffenden Gesetze und Verordnungen" erreichen. Seine Vorschläge bewegten sich vielmehr im Rahmen "des durch die Prinzipien und Ordnungen des neuen Reiches Gegebenen. Die Judenfrage als ganzes, soweit sie zu Nutzen oder Schaden des deutschen Volkes mit der Sache des deutschen Volkes eine Verbindung hat", war der Gegenstand seiner Überlegungen. Gegenüber den Regierungsstellen vertrat Täubler 1933 die Ansicht, daß sich die Judenfrage nur durch "Evakuation" "bereinigen" lasse. Die Reichsregierung habe dies als Prinzip anerkannt und scheine an einer "von den Juden selbst ins Werk gesetzten Lösung" interessiert. Bereits jetzt gebe es zahlreiche Evakuierungen nach Palästina. Wenn Nordamerika sich wieder öffnete, würden die Auswirkungen erst richtig spürbar werden. Zur Abwicklung dieser Evakuierungspläne wolle er sich der Reichsregierung zur Verfügung stellen. Da er sich zum Wintersemester 1933/34 ohnehin beurlauben lasse, gebe es auch keine organisatorischen Schwierigkeiten. Im Gegenteil: "Da ich Staatsbeamter bleibe, gebe ich durch die amtliche und disziplinare Bindung, ebenso durch meine bisherige amtliche Tätigkeit und meinen wissenschaftlichen Namen der Reichsregierung... persönliche Garantien". Er hoffte diese Aufgabe als "Vertrauensmann und Bevollmächtigter der Reichsregierung" übernehmen zu können. Für das Wintersemester 1933/34 bat er um Urlaub, um möglichst noch in amtlicher Eigenschaft Verhandlungen mit dem Reichsinnenministerium zu führen. Täubler glaubte im September 1933, einen ersten Erfolg errungen zu haben: Der

---

[19] Eine vervielfältigte Fassung der Denkschrift liegt einem Brief an den Hochschulreferenten Fehrle vom 12.7.1933 bei GLA 235/2577.

Reichskanzler habe seine Denkschrift mit Interesse zur Kenntnis genommen und ihm anheim gestellt, die Denkschrift dem Reichsinnenministerium zu übermitteln. Gegenüber dem noch als Rektor amtierenden Historiker Andreas äußerte er sich zuversichtlich (29. September 1933): "Ohne mich fruchtloser Kritik und schmerzlichem Zuwarten hinzugeben", suche er die "Neugestaltung (der Judenverhältnisse) außerhalb Deutschlands ... aber nicht gegen die deutschen Interessen... zu erreichen".

Die Stellung eines "Bevollmächtigten der Reichsregierung" wurde Täubler nicht übertragen. Nachdem er durch das Kultusministerium zur Ruhe gesetzt worden war, übernahm er wieder Vorlesungen an der Berliner Lehranstalt für die Wissenschaft des Judentums. Vor allem aber entwickelte er eine lebhafte Reisetätigkeit, um dabei seine Pläne soweit als möglich umzusetzen[20]. Das Karlsruher Ministerium erhob keine Einwände gegen eine "Studienreise" und bewilligte sogar die Mitnahme von Kapital. Im September 1940 stellte Täubler von seinem Berliner Wohnsitz aus in Karlsruhe den Antrag, zusammen mit seiner Frau nach den Vereinigten Staaten auswandern zu dürfen[21]. Auf Rückfrage gab er an, er sei an das Hebrew Union College in Cincinatti (einer Theologisch-philosophischen Hochschule vergleichbar) berufen worden, nicht um eine Lehrtätigkeit auszuüben, - dafür wären ihm die deutschen Pensionsansprüche entzogen worden-, sondern seine biblisch-jüdisch-hellenistischen Studien fortzusetzen, "für die mir hier die notwendigen Hilfsmittel nicht zur Verfügung stehen". Er müsse im November abreisen, um ein in Japan abgehendes Schiff zu erreichen. Die Philosophische Fakultät wurde um ein Gutachten zur Ausreisebewilligung gebeten. Darin äußerte sich Fehrle als Vertreter des Dekan: Täubler sei

---

20) Vgl. Selma Stern-Täubler, Eugen Täubler, 55.
21) GLA 235/2577.

immer für die Reinhaltung des Judentums eingetreten. Er habe den Eindruck gemacht, "als ob er den nationalsozialistischen Kampf gegen das Judentum als Historiker einsehe, und bat nur um milde Behandlung seiner Rassegenossen". Bei solch nationalsozialistischer Deutung von Täublers Geschichtsauffassung hatte auch Fehrle nichts gegen eine Auswanderung einzuwenden. Am 11. November 1940 erteilte das badische Finanz- und Wirtschaftsministerium die "beamtenrechtliche Genehmigung zur Verlegung des Wohnsitzes ... in jederzeit widerruflicher Weise". Unter den emigrierenden Lehrern der Universität Heidelberg war Täubler der letzte, der Deutschland verließ.

b. Möglichkeiten wissenschaftlicher Arbeit

Leopold Perels[22] war 1933 sofort die Honorarprofessur und Lehrbefugnis entzogen, sein Privatdozentenstipendium einbehalten worden. Dadurch war Perels völlig mittellos. In einem Schreiben nach Karlsruhe setzte sich die Fakultät (mit Groh als Dekan) für Perels ein: Sie fühle sich verpflichtet, für Perels zu sorgen, der bei seinem Alter (58 Jahre) und seinem schweren Gehörleiden kaum in der Lage sei, sich eine neue Existenz aufzubauen. Die Fakultät schlug folgende Lösung vor: Sowohl das Institut für Ausländisches Recht (geleitet von Gutzwiller, später von Eugen Ulmer) als auch das Institut für Geschichtliche Rechtswissenschaft (geleitet von Levy, Gutzwiller, Mitteis und v.Künssberg) seien jüdische private Stiftungen, nämlich die "Stiftung von 1916" und die "Rudolf Mosse Stiftung"[23]. Über die

---

22) Zitate aus UAH H II 381/Perels und UAH A 219/Perels. Zu Perels s.o.S.28.

23) Der Stiftungsbrief für "Die Stiftung von 1916" war von Carl Leopold Netter, Berlin verfaßt, vermittelt durch Prof. Karl Heinsheimer. Das "Institut für Ausländisches Recht" wurde 1940 in die von Ulmer und Bilfinger geleiteten Institute für Auslands- und Völkerrecht aufgegliedert. UAH B 9730. 1918 hatte Dr. Rudolf

Mittel dieser selbständigen privaten Stiftungen verfüge allein der Stiftungsvorstand. Bei der Universitätskasse liege lediglich die "rechnungsmäßige" Verwaltung. Auch nach den neuen Verordnungen sei es möglich, Perels in diesen Instituten zu beschäftigen und ihm aus deren Mitteln Zuwendungen zukommen zu lassen. Der vorsichtige Dekan Groh bat zugleich um die Zusage, daß Perels sich in den Institutsräumen auch aufhalten dürfe. Ab 1. Dezember 1933 erhielt Perels mit ministerieller Billigung auf diesem Wege eine Unterstützung. Die Verwaltung der Stiftungen wurde jedoch schwierig. Levy war nach seiner Beurlaubung nicht mehr zeichnungsberechtigt und schied mit seiner Emeritierung 1936 aus dem Vorstand aus. Gutzwiller verließ Heidelberg. Auch Mitteis wurde aus Heidelberg wegberufen. Die einzigen Ordinarien im Vorstand der Stiftungen blieben Eugen Ulmer und der zum April 1936 neu ernannte Ordinarius für deutsche Rechtsgeschichte Krause. Gegenüber der Universitätskassenverwaltung verteidigte Krause energisch die Interessen der Stiftung: Es "ist mir unklar, welche Zwecke durch den dauernden Hinweis auf den nichtarischen Charakter (der Stiftung) verfolgt werden sollen". Die Stiftung diene ausschließlich rechtshistorischen Forschungen. Perels konnte, solange er frei war, d.h. bis zum Oktober 1940, mit der finanziellen Unterstützung durch diese Stiftungen rechnen. Er war -soweit ersichtlich- der einzige Dozent, der, nachdem er aus rassischen Gründen entlassen worden war, noch gegen Bezahlung in der Universität arbeiten konnte.

1938 bot die "Reichsstelle für Wirtschaftsausbau" dem Chemiker Karl Freudenberg unabhängig von der Universität und dem

---

Mosse, Berlin, vermittelt durch Prof. Otto Gradenwitz, der Universität Heidelberg ein Stiftungskapital vermacht, mit dem zur Erinnerung an Mommsen ein Institut für lateinische und deutsche Rechtsgeschichte gegründet werden sollte. Dazu die Akten UAH B 9726.

Unterrichtsministerium ein neues Aufgabenfeld an. Im Bestreben nach Autarkie war man in Berlin entschlossen, Mittel für Grundlagenforschung bereit zu stellen. So wurde im Zuge des Vierjahresplans in Heidelberg ein Institut begründet und Karl Freudenberg unterstellt. Das Chemische Institut der Universität blieb davon völlig unberührt. In den neuen Laboratorien konnte er einstellen, wer ihm geeignet erschien, die Reichsstelle für Wirtschaftsausbau kümmerte sich nicht um Rassenfragen. Bis zu 9 "Nichtarier" fanden hier eine Arbeitsmöglichkeit- räumlich und verwaltungsmäßig von der Universität völlig getrennt[24].

Der Versuch der Juristischen Fakultät, Ernst Levy einen Forschungsauftrag zu erteilen und ihm damit ein weiteres Arbeiten in Heidelberg zu ermöglichen, wurde vom Reichserziehungsministerium unterbunden[25]. Anderen Dozenten wurde allenfalls erlaubt, ihre Arbeiten in ihren bisherigen Instituten zu einem gewissen Abschluß zu bringen[26]. Raymond Klibansky mußte bei seiner Flucht aus Heidelberg seinen gesamten wissenschaftlichen Apparat an seinem Arbeitsplatz zurücklassen[27].

Das Ministerium wollte die Rechte der von ihren amtlichen Verpflichtungen entbundenen Professoren im Sommer 1936 auf eine "neue Grundlage" stellen. Bis zur endgültigen Regelung sollten entpflichtete Professoren nicht ohne weiteres befugt sein, ihre Lehrtätigkeit fortzusetzen. Eine solche Erlaubnis war in jedem einzelnen Fall vom Rektor einzuholen. Für ihn galt: "Die Genehmigung ist nur zu erteilen, wenn der Antragsteller die Gewähr dafür bietet, daß er sich in die im jungen Geiste sich

---

24) Bericht bei Karl Freudenberg, Lebenserinnerungen und die Dokumentation dazu D. Mußgnug, Heidelberger Jahrbücher (1988).
25) S. o.S. 62.
26) Lemberg im Chemischen Institut bei Freudenberg, s.o. S.45 und Steiner im KWI bei Hans Sachs, s.o. S.81.
27) Auskunft von R. Klibansky (s.o. S.40). Er fand sich dann 50 Jahre später in Kisten verpackt und auf die Seite geräumt wieder.

erneuernde Universität hineinfügt und daß seine politische Haltung die nationalsozialistische Erziehungsarbeit an der akademischen Jugend nicht gefährdet"[28]. Entpflichteten wurde zwar gestattet, im laufenden Semester zu Ende zu lesen. In Zukunft durften sie aber grundsätzlich keine Hauptvorlesung mehr abhalten. Der von allen Beschuldigungen freigesprochene emeritierte(!) Zahnmediziner Blessing bot zum Wintersemester 1935/36 an, eine einstündige Vorlesung gratis abzuhalten[29]. Der Rektor Groh teilte mit: Die Vorlesung sei vom Dekan (Carl Schneider) nicht erwünscht. Blessing erhalte deshalb nicht die erforderliche Genehmigung. Blessings Anwalt Leonhard schaltete sich wieder ein: Der Rektor -und nicht der Dekan- müsse über die Vorlesungstätigkeit entscheiden. Im übrigen sei in dem Schreiben "wenig von dem versöhnlichen Geist (zu) verspüren, der in den Reden des Führers selbst immer wieder zur öffentlichen Pflicht gemacht wird". Der Rektor gab dieses Schreiben an die verschiedensten Stellen weiter. Die Studentenschaft in all ihren Gliederungen bestätigte, daß Blessing in Heidelberg niemals mehr lesen dürfe. Die Berufung des Anwalts "auf den Führer und die Bewegung" sei "unmöglich". Man bedaure nun, während des Umsturzes "nicht mehr auf den Fall Blessing eingegangen" zu sein. Die Beschwerde über die Rektoratsentscheidung sei "unverschämt" und zeuge von "Unverfrorenheit und Disziplinlosigkeit", meinte die Dozentenschaft. Der Rechtsanwalt wandte sich nach Berlin an das Reichserziehungsministerium: sein Mandant falle nicht unter diejenigen, die "in nationaler und politischer Beziehung nicht die erforderliche Gewähr" bieten. Blessing müsse deshalb gestattet werden, eine Vorlesung abzuhalten. Als

---

28) UAH A 219/Blessing.
29) Thema: Ausgewählte Kapitel aus der modernen Zahnheilkunde mit besonderer Berücksichtigung der Parodontose und der bisherigen ... Ergebnisse für die Praxis. S.o.S.50.

die Berliner Behörden nachfragten, beharrte der Rektor auf seiner Haltung: Zwar seien Blessing keine strafbaren Handlungen nachgewiesen worden, doch habe er sich unsozial verhalten. Besonders erschwerend kam nach Ansicht des Rektors hinzu, daß Blessing sich durch einen Anwalt vertreten lasse und die offene persönliche Auseinandersetzung, "wie sie unter Männern und Nationalsozialisten ... immer möglich ist", scheue. Das Reichserziehungsministerium bestätigte daraufhin die Rektoratsentscheidung. Weitere Anfragen des Anwalts sollten nicht mehr beantwortet werden. Der Anwalt insistierte und drohte, als alter Parteigenosse werde er Beschwerde an die Partei richten, doch hatte er damit keinen Erfolg. Blessing resignierte und zog 1939 mit seiner Familie nach München. Er versuchte nochmals vergeblich an einer Klinik Fuß zu fassen. Am 10. Dezember 1941 verstarb er. Das Rektorat versandte, wie bei aktiven und inaktiven Ordinarien üblich, Todesanzeigen und erhielt vielfältige Beileidsbekundungen zum Tod des verdienten(!) Gelehrten.

Ein Jahr nachdem Gerhard Anschütz um seine Emeritierung gebeten hatte, empörten sich die Funktionäre der Heidelberger Studentenschaft darüber, daß er "wiederholt" in der Universität gesehen worden sei. Der Rektor Groh versicherte ihm zwar, Emeriti hätten das "unzweifelhafte Recht", die Universitätsgebäude zu betreten. Es stehe ihm jedoch auch als Führer der Universität kein "amtlicher Einfluß" auf die Studentenschaft zu. Weil er "die fragliche Angelegenheit" nicht endgültig erledigen konnte, bestätigte er Anschütz, "da nunmehr die Vorlesungen beginnen", nochmals ausdrücklich das Recht, "die Universitätsgebäude und die Vorlesungen zu besuchen"[30].

---

30) Anschütz an den Dekan Engisch, 2.11.1934, UAH H II 381/Anschütz; s.o.S.19.

Radbruch griff nach seiner Entlassung historische Themen auf (Geschichte des Verbrechens, Feuerbach, Goethes Straßburger Doktorthesen, Fontane). Nach dem tödlichen Unfall seiner Tochter beendete er deren kunsthistorische Dissertation. Er brachte sie in lebhafter Korrespondenz mit ihrem Lehrer Harald Keller (München) zu Ende und betrachtete sie zugleich als eigenen "Befähigungsnachweis für Kunstgeschichte". Radbruch übernahm sogar den Artikel "Buch/Buchrolle" für das Reallexikon für Kunstgeschichte[31]. Doch wissenschaftliches Arbeiten ohne Lehre, ohne "Knochengerüst" blieb für ihn ein "Problem"[32]. Auch hatte er mit praktischen Schwierigkeiten zu kämpfen. Der Direktor der Universitätsbibliothek Sillib teilte dem "entlassenen" Radbruch mit: Er sei bislang nicht genügend über die Tragweite des Begriffs "Entlassung" informiert gewesen. Nun sehe er sich genötigt, Radbruch darauf hinzuweisen, daß das Betreten der Magazinräume nur den im Personalverzeichnis aufgeführten Dozenten und Emeriti gestattet sei[33]. Die Benutzung der offenen[34] Bibliotheksbestände erschien der Universitätsspitze "unproblematisch", da "diese jedem Volksgenossen gegen Zahlung der entsprechenden Gebühr zugänglich ist".

Ob es jedoch den nach dem Gesetz zur Wiederherstellung des Berufsbeamtentums entlassenen Direktoren erlaubt sei, in ihren ehemaligen Instituten zu arbeiten, bedurfte 1943 noch immer der Klärung[35]. Ranke wurde die Erlaubnis gewährt, doch nicht etwa weil er das Institut eingerichtet und aufgebaut hatte. Seine Haltung im Ausland und der Tod seines Sohnes an der Front

---

31) Brief an Julius Federer, 3.1.1944, in: Briefe, 184.
32) Brief an Gutzwiller, 20.9.1936, aaO, 118.
33) UAH A 219/Radbruch. Zu Radbruchs Entlassung s.o.S.47.
34) Für "Separata" mußten begründete Benutzergesuche eingereicht werden. Dazu Leonhard, Vom lebendigen zum deutschen Geist, 111 f, 116.
35) So das Rektorat am 1.4.1943, als es um die Arbeitsmöglichkeiten für H. Ranke ging GLA 235/2401.

rechtfertigten dieses Zugeständnis. Das Ministerium sah "kein Anlaß", ihm "die Möglichkeit der wissenschaftlichen Arbeit an dem Heidelberger Ägyptologischen Institut zu versagen".

c. Publikationsmöglichkeiten

Die Arbeit an Instituten war für die in Deutschland gebliebenen Dozenten sehr erschwert oder gar verboten, die Benutzung der Bibliotheken eingeschränkt und jüdischen Benutzern später ganz untersagt. Der öffentliche Aufruf zur Bücherverbrennung ließ schon 1933 erahnen, wie es um die Publikationsmöglichkeiten der unerwünschten Professoren stand. Als Alewyn 1936 wegen der Veröffentlichung eines Aufsatzes sondierte, bat er "die sittenrohe Direktheit meiner Fragen mit den bekannten Verhältnissen" zu entschuldigen. Doch die Publikationsmöglichkeiten seien "für unsereinen so zusammengeschmolzen, daß es gar nicht lohnt, die Feder anzusetzen, wenn es nicht irgendwo wenigstens grundsätzlich den Anlaß einer Hoffnung gibt"[36]. Gustav Radbruch war gebeten worden, zum 100. Geburtstag von P. J. Anselm von Feuerbach am 29.5.1933 in Ansbach eine Gedenkrede zu halten. Nach seiner politisch begründeten Entlassung aus dem Universitätsdienst kam Radbruch nicht mehr öffentlich zu Wort. 1934 erschien seine Monographie über Feuerbach in Wien, der Vortrag selbst wurde 1952 von Eberhard Schmidt aus Radbruchs wissenschaftlichem Nachlaß herausgegeben. Auf die Frage nach seinen Publikationsmöglichkeiten hatte Radbruch 1940 geantwortet, er erhalte genügend Einladungen zur Mitarbeit aus dem Ausland, deshalb habe er bislang vermieden, die Frage in Deutschland endgültig zu stellen. Er

---

36) Alewyn an Steiner, 23.9.1936 DLA, Marbach, 74.2254/1.

wollte sich selbst "wie manchem weniger mutigen Kollegen die Peinlichkeit eines refus ersparen"[37].

Walter Jellinek war Mitarbeiter der Zeitschrift "Reich und Länder" gewesen, die 1937 ihr selbständiges Erscheinen einstellen mußte und in einer dem Reichsinnenministerium nahestehenden Zeitschrift aufging. Nach seiner Entlassung bearbeitete Jellinek eine Preisfrage der Juristischen Fakultät der Universität Leiden. Er lieferte die Arbeit[38] zum gesetzten Zeitpunkt (29.2.1940) ab, doch erfuhr er erst 1947, daß ihm der erste Preis zuerkannt worden war. 1953 erschien die Arbeit in Deutschland. In seinem Vorwort dankte Walter Jellinek der Leidener Juristen-Fakultät, daß er "in einer Zeit, da mir in Deutschland Schweigen auferlegt war", sich der Bearbeitung einer fruchtbaren Aufgabe widmen konnte.

Der ehemaligen Ordinarius für Philosophie und Pädagogik Ernst Hoffmann durfte verschiedene Veröffentlichungen -auch im Ausland- publizieren. Ebenso war ihm zunächst die Mitarbeit an der Festschrift "Zur Geschichte der Stadt Straßburg" gestattet worden (Januar 1937). Im Juli 1937 erhob die Philosophische Fakultät dagegen mit dem Argument Einspruch: In jedem Falle müsse angenommen werden, "daß ein entpflichteter Nichtarier nicht von derjenigen politischen Zuverlässigkeit ist, die gefordert werden muß" -insbesondere bei einem kulturpolitisch so wichtigen Werk wie dem über Straßburg. 1938 meldete sich das Reichserziehungsministerium in Karlsruhe: Es erscheine nunmehr "zweckmäßig", "daß Prof. Hoffmann seine ablehnende Antwort... nicht mit der hiesigen Entscheidung..., sondern mit persönlichen Gründen begründet". Es solle deshalb bei Hoff-

---

37) Radbruch, Brief vom 3.11. 1940 an C. A. Emge (Mitherausgeber des Archivs für Rechts- und Sozialphilosophie, Wiesbaden), Briefe, 139.
38) "Die zweiseitigen Staatsverträge über Anerkennung ausländischer Zivilurteile", erschienen Berlin/Tübingen (1953).

mann zurückgefragt werden, welchen Bescheid er dem Herausgeber zugehen ließ, und "ob es möglich ist, daß (er)... seine Antwort mit persönlichen Gründen begründet". Hoffmann wurde auf das Rektorat einbestellt. Der Rektor erfuhr, daß der Herausgeber der Straßburger Festschrift Hoffmann besucht und das offizielle Schreiben zu Gesicht bekommen hatte. Bei dieser Sachlage wurde davon Abstand genommen, "Prof. Hoffmann die nachträgliche Änderung seiner Ablehnungsbegründung nahezulegen". Im Reichserziehungsministerium behielt sich der mittlerweile in Berlin tätige Groh vor, in Zukunft Hoffmanns Anträgen zu Auslandsreisen die Genehmigung zu versagen[39].

Jaspers konnte 1937 zur 300jährigen Wiederkehr des Erscheinungsjahres von Descartes "Discours de la méthode" in Deutschland und zugleich auch in Frankreich (mit ministerieller Genehmigung vom 14.4.1936) eine Abhandlung publizieren. Doch seit 1938 verhinderte die Reichsschriftumskammer seine Veröffentlichungen. Seit 1943 wurden sie verboten[40]. Sein Verleger Hellmut Koester, Leipzig, schrieb im Januar 1943: Er habe Jaspers' Buch über Nietzsche und das Christentum dem Reichspropagandaministerium eingereicht, denn die Arbeiten aller Autoren, die mit einer Frau jüdischer Abstammung verheiratet seien, müßten grundsätzlich vorgelegt werden. Ihre Manuskripte bedürften vor der Veröffentlichung ausdrücklicher ministerieller Genehmigung. Jaspers' Arbeit sei nicht angenommen worden[41]. Zu Jaspers' 60. Geburtstag fanden sich Freunde und Kollegen, u.a. Ernst Robert Curtius, Hans-Georg Gadamer, Dolf Sternberger, zusammen. Sie konnten die ihm zugedachte Festschrift zwar nicht

---

[39] Schreiben vom 11.11.1938 UAH A 219/Hoffmann und UAH H IV 329/189 Hoffmann.
[40] Saner, Jaspers, 45 und Brief der Reichsschrifttumskammer vom 27.2.1943, Dok. Nr. 91 im Ausstellungskatalog: Leonhard, Karl Jaspers, 122.
[41] Brief an Radbruch, 19.1.1943, UBH Heid. HS 3716 III F.

drucken lassen, übergaben ihm aber ihre Beiträge in einem Holzkasten[42]. Radbruch gab seine Studie über Fontane zum Druck und wollte sie Jaspers widmen. Der Verleger berichtete über seine Erfahrungen mit dem Reichspropagandaministerium und teilte Radbruch mit, es sei auf keinen Fall möglich, Jaspers die Schrift zu widmen oder auf ihn im Vorwort Bezug zu nehmen. Das könne auch nicht im Interesse von Jaspers liegen. "Ich habe tagelang über alle Seiten dieser ganzen Frage nachgedacht"[43]. Zum 60. Geburtag widmete Radbruch "dem verehrten Freund" Jaspers einen Aufsatz: Cicero: Trauer und Trost um Tullia[44].

Zu den politischen Hürden, die die vertriebenen Dozenten bei der Publikation ihrer Arbeiten nehmen mußten, kamen die alle treffenden Kriegsfolgen: Radbruchs Fontane-Broschüre war 1944 bereits gesetzt, doch konnte sie erst 1945 in Leipzig erscheinen. Papiermangel hatte den Druck verzögert[45].

d. Auslandskontakte

In den ersten Jahren nationalsozialistischer Herrschaft waren Auslandskontakte durchaus möglich. Albert Fraenkel reiste zu Kongressen nach Cambridge (1935) und Oxford (1938)[46]. Selbst der in Ungnade gefallenen und entlassene Gustav Radbruch konnte zum Studium der englischen Rechtswissenschaft 1935/36 nach Oxford reisen. Er unterbrach den Aufenthalt im Oktober 1935 zu einem kurzen Besuch in Heidelberg (und der Teilnahme

---

42) de Rosa, Jaspers, 358.
43) S.o.Anm.41.
44) Wiederabgedruckt in: Radbruch, Gestalten und Gedanken (2. Aufl.,1948), mit der Anmerkung: "Geschrieben im Dezember 1942... Karl Jaspers, dem verehrten Freunde zum 60. Geburtstag überreicht".
45) Dazu Radbruchs Brief an Mario Krammer, 13.8.1944, in: Briefe, 188.
46) Wolfgang Heubner, Albert Fraenkel, in: Maas, Den Unvergessenen, 35.

an einem Kongreß - in Paris). Seine Studien "Dr. Johnson und sein Biograph" und "Wilhelm Meisters sozialistische Sendung" sind in diesem Jahr geschrieben bzw. konzipiert. Einem Ruf ins Ausland konnte Radbruch nicht Folge leisten. Nach Angeboten der Universität Kaunas, New York und Lyon mußte er auch einen Lehrauftrag für Rechtsphilosophie in Zürich ablehnen. Dort war ihm im Januar 1937 für das Sommersemester eine dreistündige Vorlesung "Grundzüge der Rechtsphilosophie" angeboten worden. Um nicht in den Verdacht der "Reichsflucht" zu geraten, leitete der Dekan Engisch Radbruchs Ersuchen um Genehmigung "befürwortend" weiter und betonte im Begleitschreiben, es handle sich nur um eine vorübergehende Tätigkeit, Familie Radbruch bleibe in Heidelberg und behalte ihren deutschen Wohnsitz bei. Stein setzte noch in Heidelberg in Vertretung des Rektors den Vermerk auf den Brief des Dekan: Es wäre wohl am besten, wenn Radbruch freiwillig das Angebot ablehne. Das Reichserziehungsministerium entschied, da Radbruch entlassen sei, bedürfe er keiner ministeriellen Genehmigung zur Annahme des Rufs. Der Minister halte es allerdings nicht für erwünscht, daß Radbruch in Zürich lehre. "Da jedoch keine Möglichkeit besteht, diese Annahme zu verhindern, ersuche ich mit Prof. Radbruch ... Fühlung zu nehmen und ihm in geeignet erscheinender Form nahezulegen, von sich aus auf eine Annahme zu verzichten. Über das Ergebnis der Bemühungen sehe ich einem beschleunigten Bericht entgegen". Rektor Krieck schob das Gespräch an den Dekan ab, der meldete: "Besprechung hat stattgefunden. Radbruch wolle noch mit seiner Gattin sprechen". Zwei Tage später schrieb Radbruch: "Obgleich Gründe weder mir mitgeteilt noch für mich ohne weiteres erkennbar sind, habe ich mich, wenn auch mit großem Bedauern veranlaßt gesehen, den Züricher Stellen meinen Verzicht ....

mitzuteilen"[47]. Zum Kongress der Rechtsphilosophen in Rom fuhr er, ohne zuvor offiziell um Reiseerlaubnis eingekommen zu sein[48]. Während er in Deutschland übergangen wurde -seine Bücher (7. und 8. Aufl. der "Einführung in die Rechtswissenschaft", 1929) waren völlig aufgekauft und in Bibliotheken als "Separata" verwaltet-, fand seine Arbeit im Ausland immer stärkere Beachtung. Die "Schweizer Zeitschrift für Strafrecht" ernannte ihn zum ständigen Mitarbeiter. Unter dem Titel "Elegantiae juris criminalis" erschienen 1938 "Studien zur Geschichte des Strafrechts" in einem Basler Verlag. Radbruch widmete das Buch seinen Kindern. Es solle sie, so schrieb er in seinem Vorwort, "an jenen lebendigen Geist gemahnen, dem ihr Vater nach seinen Kräften ein Leben lang zu dienen bemüht war". Seine "Rechtsphilosophie" (3. dt. Aufl. 1932) war ins Spanische, Portugiesische und Polnische übersetzt worden[49]. Zu seinem 60. Geburtstag am 21. November 1938 ehrte die Handelsuniversität Tokio (!) ihn mit einer Festgabe. Er selbst konnte 1940 einen Marianne Weber gewidmeten Aufsatz in Italien publizieren[50].

Jaspers hatte 1941 vom Kuratorium der Freien Akademischen Stiftung in Basel eine Einladung zu Gastvorlesungen an der Universität erhalten. Deshalb bat er das Reichserziehungsministerium mit Unterstützung des Rektors Schmitthenner und des Ordinarius für Philosophie Krieck, ihm einen zweijährigen Aufenthalt in Basel zu gestatten. Doch der Antrag wurde auf Wunsch des Auswärtigen Amtes in Berlin abgelehnt. Auf Inter-

---

47) UAH A 219/Radbruch. Radbruchs Brief vom 12.2.1937.
48) Radbruchs Lebensbeschreibung in: Gedächtnisschrift (1948) 24. Diese Lebensbeschreibung verfaßte Radbruch zu Beginn des WS 1945/46 für die US-Besatzungsbehörde in Heidelberg.
49) Radbruch, Lebensbeschreibung, 24.
50) Il diritto nella visione goethiana del mondo. In: Rivista internazionale di filosofia del diritto, ser. 2.20 (1940) 193 ff.

vention des Staatssekretärs von Weizsäcker wurde die Einladung 1942 wiederholt. Das Auswärtige Amt gestattete lediglich Herrn Jaspers, nicht aber seiner Frau die Ausreise. Deshalb verzichtete Jaspers auf den Schweizer Aufenthalt[51].

Ähnlich wurde Regenbogen ein freiwilliger Verzicht auf Vorträge in Uppsala und Basel "nahegelegt"[52].

Als der Ägyptologe Hermann Ranke[53] in Heidelberg in den Ruhestand versetzt worden war, konnte er im Frühjahr 1938 an seine alten Beziehungen zur Universität Wisconsin anknüpfen[54] und wieder dort arbeiten. Nach einem kurzen Aufenthalt in Deutschland wollte er in die USA (nach Philadelphia) zurückkehren, um dort Gastvorlesungen abzuhalten. In seinem Ausreisegesuch vom 8. September 1938 betonte er, die Einladung erstrecke sich auf die Zeit vom Oktober 1938 bis Mai 1939. Er denke nicht daran auszuwandern. Er wolle seine Wohnung in Deutschland behalten und im Juni 1939 zurückkehren. Ranke erhielt die Möglichkeit, ein zweites Jahr in Philadelphia zu bleiben, stellte dazu im Juli 1939 einen Antrag, wartete jedoch nicht auf den Karlsruher Bescheid, sondern fuhr mit amerikanischer Hilfe im November 1939 ab. Seine Frau kam im Mai 1940 nach Deutschland zurück. Ranke selbst konnte "wegen Verkehrsschwierigkeiten" nicht nachkommen. Die Kriegserklärung Italiens hatte die Reisemöglichkeiten erschwert, eine Reise über Sibirien war "noch" zu unsicher. Das Ministerium bewilligte einen Aufenthalt bis zum Sommer 1941 und sicherte damit Frau Ranke in Deutschland die Gehaltszahlung. Über die Deutsche Botschaft stellte Ranke mehrere Anträge, seiner Frau das Ruhegehalt

---

51) UAH A 219/Jaspers und Anm. zum Brief Nr. 63 in Ahrendt/Jaspers, Briefwechsel, 742.
52) UAH A 219/Regenbogen.
53) S.o.S.100. Alle Belege aus UAH H IV 329/371 Ranke und GLA 235/2401.
54) Er hatte schon im Wintersemester 1932/33 dort gelehrt.

auszuzahlen: Die Sperrung der Schiffspassagen mache seine Rückkehr unmöglich. Er müsse weiter in Philadelphia bleiben. Die Botschaft bestätigte: Ranke dürfe unter gar keinen Umständen als Emigrant betrachtet werden. Er wirke vielmehr als würdiger Vertreter der deutschen Wissenschaft. Da die Mitnahme von Zivilpersonen bei Konsulatstransporten im Sommer 1941 verboten war, mußte Ranke bis zum Mai 1942 auf die Erlaubnis warten, mit einem Diplomatenschiff nach Deutschland zurückkehren zu dürfen. Nach seiner Rückkehr berichtete Ranke dem Ministerium über seine Erfahrungen in den Vereinigten Staaten: Die Kollegen hätten volles Verständnis für ihn als Deutschen gehabt und für seine immer schwieriger werdende Lage. Im Dezember 1941 sei er vom FBI verhört und verhaftet, nach 14 Tagen aber unter der Auflage einer strengen Meldepflicht wieder entlassen worden. Die Möglichkeit zur Abreise habe sich für ihn ganz plötzlich ergeben. Am Vormittag des 5. Mai habe er noch Vorlesung gehalten, nachmittags erhielt er den Bescheid, daß für ihn ein Schiffsplatz reserviert sei. Nach einem zweitägigen Aufenthalt im Einwanderungslager sei am 7. Mai 1942 das Schiff abgefahren. Das Ministerium gestattete ihm nach diesem Bericht, am Ägyptologischen Institut der Universität Heidelberg zu arbeiten.

e. Freiberufliche Tätigkeit

Medizinern und Juristen hätte es möglich sein können, nach ihrer Entlassung aus dem Universitätsdienst eine Praxis oder Kanzlei aufzumachen und durch solche freiberufliche Tätigkeit ihren Lebensunterhalt zu verdienen. Unter den 65 aus der Universität Entlassenen waren 24 Mediziner: Weidenreich war bereits Emeritus, 12 waren hauptberuflich an der Klinik tätig, 7 arbeiteten theoretisch in Instituten oder Laboren, 4 führten eine Praxis und übten ihre Lehrverpflichtung nebenbei aus.

Viele Theoretiker hatten schon vor 1933 Kontakte ins Ausland und emigrierten bis zum Kriegsausbruch. Nur Hermann Hoepke[55] blieb in Deutschland. 21 Jahre nachdem er seine intensive Arbeit in der Anatomie begonnen hatte, mußte er eine Ausbildung zum Praktischen Arzt absolvieren, damit er eine Praxis in Heidelberg aufbauen konnte.

Ludwig Schreiber praktizierte weiter als Augenarzt, wie er es bereits vor 1933 hauptberuflich getan hatte. Er starb am 4. Oktober 1940 in Heidelberg. Seine Frau wurde nach Auschwitz verschleppt und nach dem Krieg als tot erklärt[56].

Selbst eine bereits seit langem bestehende Praxis weiterzuführen wurde unter dem nationalsozialistischen Druck unmöglich. Der Ophtalmologe Zade[57] resignierte und versuchte seit 1938 mit vier Kindern auszuwandern, was ihm kurz vor Kriegsbeginn endlich gelang. Maximilian Neu führte nach 1933 seine gynäkologische Privatklinik zunächst weiter. Als ihm und seiner Frau der Ausweisungsbefehl eröffnet und die Deportation angekündigt wurde, begingen beide am 20. Oktober 1940 Selbstmord[58].

Von 12 an den Kliniken tätigen Medizinern blieben nur vier in Deutschland. Der Orthopäde von Baeyer[59] ließ sich als Facharzt in Düsseldorf nieder, wo er 1941 verstarb. Dem Zahnmediziner Blessing gelang es wegen der massiven Einsprüche von Seiten der Parteigliederungen vor seinem Tod (1941) nicht mehr,

---

55) S. o. 107.
56) S.o. S.35 und WG/EK 11301/A. Ein Sohn entkam nach England.
57) S.o. S.82 WG/EK 22097.
58) S.o. S.34 WG/EK 10213.
59) S.o. S.24.

in einer Klinik Fuß zu fassen oder eine Praxis aufzubauen[60]. Albert Fraenkel[61] starb 1938 im Alter von 74 Jahren, 5 Jahre nach seinem freiwilligen Verzicht auf die Honorarprofessur. Dem aus politischen Gründen mit 60 Jahren entlassenen Wilmanns wurde ein Ruhegehalt ausgezahlt. Er verließ Heidelberg und zog sich nach Wiesbaden zurück[62].

Unter den 9 von nationalsozialistischen Maßnahmen betroffenen Juristen hatte der Honorarprofessor Karl Geiler schon vor 1933 in Mannheim eine Kanzlei geführt. 1937 wollte er in Berlin als Anwalt zugelassen werden. Die Berliner Anwaltskammer widersprach: Geiler habe in Mannheim eine Anwaltssozietät mit einem Juden betrieben. Er sei selbst auch "jüdisch versippt". Solche Anwälte gebe es in Berlin zu viele. Trotz anerkannter fachlicher Qualität wurde das Gesuch abgelehnt. Die Mannheimer Kanzlei blieb bestehen[63].

Die anderen Juristen emigrierten (Gutzwiller, Levy, Darmstädter) oder versuchten, mit ihrem gekürzten Gehalt auszukommen. Da für Rechtsanwälte die gleichen Maßstäbe angelegt wurden wie für Beamte[64], war für aus dem öffentlichen Dienst Entlassene die freiberufliche Tätigkeit als Anwalt unmöglich.

Besonders schwierig war die finanzielle Lage für den aus politischen Gründen entlassenen Hans von Eckardt[65]. Da er nicht beamtet gewesen war, mußte er auf dem freien Arbeitsmarkt eine Anstellung finden. Fünfmal verlor er seinen Arbeitsplatz unter anderem mit der Begründung, er sei "politisch

---

60) S.o. S.50 und S.125.
61) S.o. S.29. S. auch den Nachruf von Hermann Hesse in der Gedächtnisschrift für A. Fraenkel.
62) S.o. S.51 und WG/EK 14257/A.
63) UAH A 219/Geiler.
64) Gesetz zur Änderung einiger Vorschriften der Rechtsanwaltsordnung vom 20.7.1933, RGBl I, 522 ff abgedr. bei Walk, Sonderrecht 40.
65) S.o. S.52, GLA 235/29855 und WG/EK 6269.

untragbar", in seinem Wehrpaß sei der Vermerk "wehruntüchtig" eingetragen. Er gelte deshalb als "nicht verwendungsfähig". Seit 1942 war er ohne Gehalt. Seine 1941 verfaßte Biographie über Iwan den Schrecklichen war zwar rasch vergriffen, doch da er aus der Reichsschrifttumskammer ausgeschlossen worden war, war ein Neudruck unmöglich geworden[66].

Das Leben der in Deutschland gebliebenen Universitätslehrer bestimmten jedoch vor allem die immer größeres Ausmaß annehmenden Verfolgungen und die Kriegsereignisse: Als die Verfolgung seines Vaters begann, verübte Bettmanns Sohn 1933 Selbstmord[67]. Nach der Reichskristallnacht beschloßen Herbert Sultan und Heinrich Zimmer[68], Deutschland zu verlassen. H. Ehrenberg, R. Merton, L. Perels und A. Rosenthal waren verhaftet und in Konzentrationslagern gefangengehalten worden. Frau Goldschmidt, Frau von Waldberg und das Ehepaar Neu begingen Selbstmord, um dem Abtransport zu entgehen. Jaspers und seine Frau erwogen vor einer drohenden Deportation sich selbst zu töten[69]. Ranke und Radbruch verloren im Krieg ihre Söhne.

"Nach dem Krieg", schrieb Radbruch an Kohlrausch (30. Januar 1944) "wird eine neue unvorstellbar andere Welt beginnen". In ihr hoffte er, Möglichkeiten zur Arbeit zu finden. Doch während des Krieges gelte es, "sich mühsam zur Arbeit zu zwingen, ungewiß ob diese Arbeit in der kommenden Welt noch Geltung hat"[70].

---

66) UAH A 219/v. Eckardt.
67) Vgl D. Mußgnug, aaO, 471.
68) Auskunft von Barbara Sultan, s.o. S.88 und S.108.
69) Sternberger, Jaspers, 287.
70) Radbruch, Briefe 186 und 14. Oktober 1944 an Carl August Emge, aaO., 190.

II. Die Emigranten

1. Emigranten der Jahre 1933/34.

1933/1934 verließen insgesamt 17 der betroffenen Heidelberger Dozenten Deutschland. Unter ihnen waren zwei Ordinarien (Olschki und Salomon-Calvi) und ein planmäßiger ao Professor (Alewyn) pensionsberechtigt. Alle anderen verließen Deutschland ohne jeden finanziellen Anspruch gegenüber der Universität: 1 Honorarprofessor (Loewe), 4 ao Professoren (aus der medizinischen Fakultät: György, Klopstock, Werner; aus der Philosophischen Fakultät Salz), 7 Privatdozenten (die Mediziner Laser, Pagel, Stern, Witebsky; der Philosoph Klibansky, der Wirtschaftswissenschaftler Marschak; der Chemiker Lemberg) und zwei Habilitanden (der Mediziner Quincke, der Kunsthistoriker Pächt). Die meisten unter ihnen hatten keine feste Arbeitszusage, als sie innerhalb weniger Wochen oder Monate den Entschluß zur Emigration faßten. Nur wenige hatten überhaupt schon im Ausland gearbeitet. In aller Regel waren sie immer an einer deutschen Universität gewesen, dachten und schrieben in deutscher Sprache[71].

a. Ordinarien und planmäßige ao Professoren

Sehr schwierig war es für den Germanisten RICHARD ALEWYN, ein neues Auskommen zu finden. Er hatte nach seiner

---

71) Die Literatur, die die Probleme der Exilanten beschreibt, ist immens angewachsen. Als Hinweis mögen hier genügen: Bentwich, Refugee Scholars (1953), Rosenstock, Exodus (1963), Grossmann, Emigration (1969), Adler-Rudel, Selbsthilfe (1974), Margalliot, Emigration (1986); vor allem aber die Einleitungen von Werner Röder und Horst Möller zu den Bänden des Dict.Emigrés.

Entlassung im Juli 1933 die üblicherweise zugestandenen 3 Monatsgehälter bekommen, danach erhielt er keinerlei Bezüge mehr[72]. Zunächst übernahm er eine Gastprofessur für deutsche Literatur an der Sorbonne, die aus Mitteln der Rockefeller-Foundation und aus französischen Geldern finanziert wurde. Er meldete sich deshalb Anfang Dezember 1933 nach Paris ab, seine Frau folgte ihm mit der 10 Monate alten Tochter im Februar 1934 nach. Die Professur war jedoch von vornherein zeitlich befristet. Er hatte noch die Möglichkeit, gastweise in London zu lesen. Im Juni 1935 verließ er mit seiner Familie Frankreich und siedelte in das billigere Österreich um. Er zog zeitweilig in die Nähe der Familie von Hofmannsthal (Rodaun), zeitweise auch nach Wien, konnte jedoch keine bezahlte Stellung finden, auch nicht durch die Fürsprache seines Heidelberger Kollegen Heinrich Zimmer (Schwiegersohn von v.Hofmannsthal) bei C. J. Burckhardt in Basel. Zimmer hatte ihn empfohlen als "den Nachfolger Gundolfs, (den) scharfsinnigen, bedeutenden Germanisten, der 1933 seinen Platz in Heidelberg räumen mußte: er hat unter seinen vier Großmamas eine ein bißl nichtarische-das ist Alles. Aber was zu viel ist, ist zu viel"[73]. Im August 1938 floh Alewyn aus dem "angeschlossenen" Österreich in die Schweiz (Ascona). Von dort aus bemühte er sich um ein Einwanderungsvisum in die USA. In einem "Hilferuf", datiert vom 5. November 1938[74], bat er dringend, ihm ein Affidavit zu verschaffen. "Einen germanistischen Sklavenmarkt, der Weihnachten

---

72) S.o. S.25, WG/EK 21740. Eigentlich hätten Alewyn als planm. ao Professor Ruhestandsbezüge zugestanden. Weshalb sie ihm nicht ausgezahlt wurden, ist nicht klar. Zum Folgenden IfZ MA 1500/1. Auch Brief an Steiner 9.12.1936 in DLA, Marbach 74.2254/2. Über Alewyns Verbindung zu Max Kommerell vgl. Kommerells Brief an Heinrich Zimmer (4.12.1934), in: Kommerell, Briefe, 299 f.

73) Der Brief vom 4.12.1935 ist abgedr. im Ausstellungsführer der FU Berlin, 20.

74) Brief vom 5.11.1938 an Viktor Zuckerkandl, aaO.

in New York stattfindet,... werde ich ... verpassen". Er wollte das Affidavit zunächst nur für sich, wäre er erst einmal drüben, könne er selbst für seine Frau und die beiden Töchter einen Garanten finden. Er schloß den Brief: "Manchmal stellt sich schon eine Art Haftpsychose ein. Man hat das Gefühl, daß man hier überhaupt nicht mehr wegkommt, wohin einen der Zufall einmal verschlagen hat, dh. man hier noch ein drittes Mal von den Ereignissen eingeholt wird, denen ich geschworen habe, nunmehr ein für alle Mal aus dem Weg zu gehen". Im Februar 1939 kam er nach New York, die Familie folgte ihm im April 1940 nach. Ein halbes Jahr dauerte es, bis er als associate professor am Queens College (Flushing, New York) eine neue Wirkungsstätte fand. Zum Zeitpunkt der Emigration besaß er nur englische und französische "Lese"-Kenntnisse. Zwischen 1942 und 1945 waren wie vielen Deutschen so auch ihm in USA Reisebeschränkungen auferlegt. Zum US-Bürger wurde er erst 1945 erklärt. 1948 erhielt er mit finanzieller Unterstützung der Guggenheim-Stiftung die Stelle eines full professor am Queens College.

Lediglich LEONARDO OLSCHKI[75] war zur Zeit der Machtergreifung zu Gastvorlesungen im Ausland (Rom). Ursprünglich wollte er zum Sommersemester 1933 zurückkehren, bat dann aber um Verlängerung der Aufenthaltserlaubnis. Nachdem er im August 1933 in Ruhestand versetzt worden war, blieb er als (unbezahlter) Gastdozent im Rom. Der deutsche Botschafter (Ulrich von Hassel) bestätigte, eine Rückkehr nach Deutschland könne Olschki nicht zugemutet werden. Er erreichte, daß ihm sein Ruhegehalt (ohne Kolleggelder) in Rom ausgezahlt wurde. Für Olschki, der in Verona geboren war,

---

75) S.o.S. 26, UAH A 219/v.Ubisch; Dict.Emigrés II 2, 874 und IfZ MA 1500/41.

lange in Venedig und Florenz gelebt hatte, dessen Vater und Brüder die italienische Staatsangehörigkeit besaßen, wäre ein Leben in Italien erträglich gewesen[76]. Mehrere Arbeiten (in italienischer Sprache) entstanden in diesen Jahren. Als die italienischen Rassegesetze ihn auch dort einholten, seiner in Deutschland geborenen Frau[77] drohte die Ausweisung, 1938 untersagte man ihm, Vorlesungen abzuhalten -, war er der letzte aus der "deutschen Kolonie", der Italien verließ. Mit einem italienischen Quotenvisum erreichte er im April 1939 die Vereinigten Staaten[78]. Er lehrte zunächst an der Johns Hopkins Universität (Baltimore). Das Historische Seminar hatte ihn für ein Jahr zu Vorlesungen eingeladen. Eine feste Anstellung mit regelmäßigem Einkommen konnte er aber nicht bekommen. Deutsche Ruhegelder wurden ihm nicht mehr zugestellt. Völlig mittellos nahm er am Ende des Jahres die Stellung eines "substitute teacher" (für Spanisch) am Sweetbriar College in Virginia an. 1941 zog er mit seiner Frau nach Cambridge/Mass. Während Olschki in Harvard arbeitete, verdiente seine Frau in einer von deutschjüdischen Emigranten eingerichteten Lederfabrik Geld, um damit den Lebensunterhalt zu bestreiten. Nochmals erteilte Olschki Unterricht ("Italian civilization"), diesmal an der Army Language School (Eugene/Oregon). Anfang 1944 wurde die Schule geschlossen. Olschki war wieder arbeitslos. Er entschied sich, nach Kalifornien zu ziehen, seine Frau fand in einer Konservenfabrik eine Anstellung. In Berkeley machte der Historiker Ernst Kantorowicz ihn mit Peter A. Boodberg, damals Chairman des Department of Oriental Languages, bekannt. Dieser bot ihm 1944 an, in seinem Department als "research associate" zu arbeiten.

---

[76] Löwith, Mein Leben, 92 f.
[77] Frau Käthe Olschki war die Tochter des Berliner Verlegers Mosse.
[78] Zum folgenden Evans, Olschki, 17 f.

1948 erhielt er dort ein Lektorat. Seit seiner Ankunft in den USA bemühte sich Olschki um die amerikanische Staatsbürgerschaft. Beim Ausbruch des Krieges zwischen Deutschland und USA ließen die Vereinigten Staaten alle Anträge zum Erwerb der amerikanischen Staatsangehörigkeit ruhen. Ursprünglich sollte Olschki 1941 die Staatsbürgerschaft verliehen werden, doch auch sein Verfahren blieb während des Krieges liegen. Erst im Mai 1945 erhielt er einen amerikanischen Paß.

Als der Geologe WILHELM SALOMON-CALVI 1934 Heidelberg verließ und einen Ruf in Ankara annahm, war ihm dieser Schritt "wärmstens" von ministerieller Seite empfohlen worden. Als Heidelberger Emeritus baute er das Geologische Institut beim "Yüksek Ziraat Enstitüsü" aus. 1936 folgte ihm ein Österreicher (Prof. Leuchs) im Amt nach. Er selbst sollte, im Alter von 68 Jahren, eine türkisch-geologische Landesanstalt gründen und leiten. Auf Bitten des türkischen Wirtschaftsministeriums lehnte er einen Ruf nach Istanbul ab und stellte sich ganz in den Dienst der Landesanstalt. Nach Atatürks Tod wurden jedoch keine Mittel mehr für dieses Projekt zur Verfügung gestellt. Salomon-Calvi arbeitete deshalb hauptsächlich am unabhängigen "Institut für Lagerstättenforschung". Am 15. Juli 1941 starb er in Ankara[79]. Kurz vor seinem Tod hatte, aus nicht ganz einsichtigen Gründen, das Reichserziehungsministerium bei der deutschen Botschaft in Ankara um Auskunft darüber gebeten, "ob gegen seine Einstellung zum neuen Deutschland Bedenken zu erheben" seien. Während die deutsche Botschaft versicherte, er gebe keinerlei Anlaß zu Beanstandungen, meinte das Heidelberger Rektorat[80], er habe "jüdische Rassegenossen während ihres Studiums besonders gefördert... eine Rückkehr nach Heidelberg

---

79) Zu Salomon-Calvi, s.o. S.73; Widmann, Exil und Bildungshilfe, 158 f.
80) UAH A 219/Salomon-Calvi. Dort auch die weiteren Belege.

wäre ... aus verschiedenen Gründen unerwünscht". Als der Rektor Schmitthenner die gedruckte Anzeige mit der Nachricht von Salomon-Calvis Tod erhielt, beanstandete er darin den Titel "Ehrenbürger der Stadt Heidelberg" und übersandte sie "zur Kenntnisnahme" dem Oberbürgermeister der Stadt. Neinhaus antwortete: Es liege schon zwei Jahrzehnte zurück, daß man Salomon-Calvi zum Ehrenbürger der Stadt ernannt habe. 1933 sei sein Name "stillschweigend in der Liste der Ehrenbürger gelöscht worden".

b. Honorarprofessoren und ao Professoren

Der Honorarprofessor SIEGFRIED LOEWE wandte sich nach seiner Entlassung in die Schweiz. Mit seinem alten estnischen Paß kam er im April 1933 auf dem Umweg über Holland, wo ihm ein Arbeitsplatz angeboten worden war, nach Zürich und beteiligte sich dort am Aufbau der "Notgemeinschaft deutscher vertriebener Wissenschaftler"[81]. Loewe erwog, an die neugegründete Universität Istanbul zu gehen. Er stellte deshalb beim Ministerium in Karlsruhe den Antrag, seinen Wohnsitz in die Türkei verlegen zu dürfen, um dort das türkische Arzneiwesen neu zu organisieren. Das Karlsruher Ministerium fragte bei der Universität Heidelberg an, ob die Annahme der Berufung im Reichsinteresse liege. Der stellvertretende Dekan der Medizinischen Fakultät Philipp Broemser (Physiologe) meinte, da Loewe mit den Erzeugnissen der deutschen Pharmazeutischen Industrie so gut vertraut sei, könne er durchaus "im Sinne einer Propagation" wirken. Zweifelhaft bleibe, ob damit auch "die Freigabe

---

[81] S.o. S. 29. Zum folgenden vor allem Ida Loewe, Walter S. Loewe, 44 f; Dict. Emigrés II 2,741. Zur Entstehung und Arbeit der Notgemeinschaft vgl. Widmann, Exil und Bildungshilfe, 53 ff.

seines ganzen deutschen Einkommens und Vermögens zu rechtfertigen sei"[82]. Der Oberbürgermeister der Stadt Mannheim, die für seine Ruhestandsbezüge aufkommen mußte, äußerte großes Interesse an der Berufung, denn ins Ausland brauchte die Stadt keine Ruhegelder zu zahlen. Nach einem kurzen Aufenthalt in Istanbul[83] nahm Loewe im Sommer 1934 einen Arbeitsplatz im New Yorker Mount-Sinai-Krankenhaus an, wozu die Rockefeller-Foundation eine dreijährige finanzielle Beihilfe leistete. Der mit ihm befreundete Louis Goodman nahm 1946 Loewe als research professor in Salt Lake City (Utah) auf. Dort konnte er unter guten Laborbedingungen wieder seinen pharmakologischen Forschungen nachgehen.

Dem Pädiater PAUL GYÖRGY[84] gelang es, noch 1933 "zu Forschungszwecken" nach Cambridge zu kommen. Eine feste Anstellung -zunächst als "assistant professor"- erhielt er 1935 in Cleveland (Ohio). 1944 konnte er als Professor an die University of Pennsylvania (Philadelphia) überwechseln. Ihm war dort der "Nutrial Service" der Kinderklinik und die Gastro-Intestinal Abteilung der Universitätsklinik unterstellt. Das bedeutete für ihn, daß er wieder auf seinem bereits in Heidelberg gepflogenen Forschungsgebiet, der Ernährungsphysiologie, arbeiten konnte. Seit 1941 besaß er die amerikanische Staatsbürgerschaft.

ALFRED KLOPSTOCK[85] füllte den im April 1933 versandten Abstammungsfragebogen in der Schweiz (Küßnacht) aus. Er kam nicht wieder nach Heidelberg zurück, sondern wanderte sofort nach Palästina weiter. Mit seiner Ehefrau gründete er in Tel

---

82) GLA 235/1524.
83) IfZ MA 1500/37.
84) S.o. S.33, Lebenslauf in UAH B 7038/1; Who was Who in America, vol 7(1981) 244; Dict.Emigrés II 1, 443.
85) S.o. S. 79; Who's Who in The State of Israel (1948); Dict. Emigrés II 1,632.

Aviv ein medizinisch-diagnostisches Institut, wie er es eigentlich in Berlin vom Vater übernehmen wollte.

Der Chirurg RICHARD WERNER[86] gab nach seiner Beurlaubung im März 1934 die Leitung der medizinischen Abteilung des Instituts für Krebsforschung ab. Ihm war die Direktorenstelle des in Brünn neu erbauten Instituts für Krebsforschung angetragen worden. Im April verließ er Deutschland. 1942 wurde er nach Theresienstadt deportiert und starb dort ein Jahr später.

ARTHUR SALZ[87] war im September 1933 nach Cambridge gegangen, um dort eine auf 9 Monate befristete Gastprofessur zu übernehmen. Seine Familie blieb zunächst noch in Heidelberg. Im Juni 1934 forderte das Ministerium von ihm die Rückzahlung einer (von A. Weber beantragten) 1930 gewährten wirtschaftlichen Beihilfe über 1000.- RM. Salz schrieb aus Cambridge, seine wirtschaftlichen Verhältnisse hätten sich nach dem Entzug der Venia gegenüber 1930 verschlechtert. Er sei lediglich zu einem bis August 1934 befristeten Aufenthalt als Gast in Cambridge. Das Ministerium mahnte die Rückzahlung weiter an und ließ sie ihm an seinen neuen Wohnort in Columbus (Ohio) nachsenden. Salz hatte dort zwar eine Professur erhalten, doch blieb er in wirtschaftlich schwierigen Verhältnissen. Heinrich Zimmer besuchte ihn im Frühjahr 1941. Er schrieb Frau G. von Hofmannsthal: Artur Salz und seine Frau Soscha (Sophie Kantorowicz) seien dort "eher unglücklich". "The place is of the usual dullness of these places that means unusually dull"[88].

---

86) S.o. S.35.
87) S.o. S.37 und UAH A 219/Salz.
88) H. Zimmer an Gerty v.Hofmannsthal 6.3.1941, DLA, Marbach 77.2066/3 und 4.

c. Privatdozenten und Habilitanden

Der ehemalige Heidelberger Privatdozent für Experimentelle Pathologie HANS LASER[89] kam 1934 nach Cambridge. Er ist einer der wenigen, der bis zu seinem Tod an seinem ersten Exilort blieb.

Der Pathologe WALTER PAGEL floh 1933 zunächst nach Frankreich. Am Pasteur-Institut in Paris war er bis zum Herbst 1933 als "freiwilliger Mitarbeiter" tätig[90]. Mit Hilfe eines Stipendiums konnte er seit Oktober 1933 in Cambridge arbeiten, seit 1. April 1934 bis 1. Juni 1939 als "besoldetes Mitglied der Forschungsabteilung" am Papworth Village Settlement. 1939 wechselte er, mittlerweile englischer Staatsbürger, zur Pathologischen Anatomie des Central Middlesex Hospital in London über, zunächst als "assistierender Pathologe", seit 1946 hauptamtlich.

Der Dermatologe FRITZ STERN, entschloß sich sofort nach Palästina auszuwandern und begründete als "well known dermatologist" in Tel Aviv eine Privatpraxis[91].

Für ERNST WITEBSKY war die Schweiz lediglich die erste Station auf seinem Emigrantenweg[92]. Von hier aus kam er 1934 als fellow an das Mount Sinai Hospital in New York City. Die Buffalo School of Medicine berief ihn 1936 zunächst als associate professor für Bakteriologie und, nachdem er 1939 die amerikanische Staatsbürgerschaft angenommen hatte, 1940 als full professor. Seit 1941 wurde sein Aufgabengebiet ständig erweitert: head of department, Direktor der Blutbank.

---

89) S.o. S. 38; Dict.Emigrés II 2, 695.
90) S:o. S. 39; WG/EK 26431/A.
91) S.o. S. 39.
92) S.o. S. 39; UAH A 219/Witebsky; Dict. Emigrés II 2, 1252; Who was Who in America (1973) 792.

Der Privatdozent der Philosophischen Fakultät RAYMOND KLIBANSKY[93] fand in England Obdach. Es war ihm gelungen, einige seiner Bücher als Diplomatengepäck aus Deutschland herauszubringen[94]. Seit August 1933, bis dahin ohne nennenswerte englische Sprachkenntnisse, lebte er in London. Bis zum Jahre 1936 blieb er dort "ehrenamtlicher Dozent der Philosophie" am Kings College. Der Academic Assistance Council, die spätere Society for the Protection of Science and Learning[95], gewährte ihm tatkräftige Unterstützung. Mit Zuschüssen der Rockefeller-Foundation konnte Klibansky in Oxford arbeiten. 1936 wurde ihm der master of arts verliehen. Er übernahm eine Dozentur in Oxford, war Gastdozent in Liverpool. 1946/47 wurde Klibansky zum "director of studies" des Warburg-Instituts ernannt.

JAKOB MARSCHAK[96] reiste im März 1933 mit seinem noch gültigen Paß zu seiner Schwester nach Wien. Für ihn bestand kein Zweifel daran, daß er aus dem Universitätsdienst entlassen werden würde. Seine Familie folgte ihm im April. Auf der Suche nach einer Anstellung hielt Marschak Vorlesungen in Spanien und Holland. Zeitweise lebte die Familie bei Jakob Marschaks Vater in Paris. Im Herbst 1933 erhielt er eine Einladung von der Universität Oxford- Marschak war 1926 schon einmal in England gewesen und beherrschte die Sprache. Seine Familie konnte ihm nach einiger Zeit folgen. Zu einem kleinen Zwischenfall kam es 1935, als er einen Vortrag in Namur hielt. Er erwähnte in seinem Beitrag, daß einige Gesichtspunkte seines Buches "Die Elastizität der Nachfrage" überholt seien. Marschak

---

93) Auskünfte von Prof. Klibansky (4.9.1986 und 11.8.1988); s.o. S.40.

94) Klibansky hatte sich an das Auswärtige Amt (Albrecht Graf von Bernstorff) gewandt: er wolle im Ausland arbeiten und bitte darum, seine Bücher als Diplomatengepäck nach London zu versenden.

95) Dazu unten S.175.

96) S.o. S.43; UAH A 219/Marschak und IfZ MA 1500/39; Dict. Emigrés II 2, 782.

meinte, er wäre erleichtert gewesen, wenn die Nationalsozialisten sein Buch mit verbrannt hätten -worauf ein deutscher Teilnehmer den Saal verließ[97]. 1938/39 besuchte er mit finanzieller Hilfe der Rockefeller-Foundation die USA. Da er nach dem Ausbruch des Krieges in England Feindseligkeiten gegenüber den Ausländern befürchtete, verließ er im Herbst 1939 das von ihm begründete Institut für Statistik in Oxford und nahm einen Ruf an die New School for Social Research in New York an. Nach einem Aufenthalt in Kuba konnte er im Dezember 1939 in die USA einreisen. Seine Familie folgte ihm. 1943 übernahm er eine Professur in Chicago. Seine wissenschaftliche Arbeit fand so große Anerkennung, daß er, obgleich er erst 1945 die amerikanische Staatsbürgerschaft erhielt -die deutsche war ihm 1935 entzogen worden- 1943 zum Direktor der "Cowles-Commission for Research in Economics" ernannt wurde[98].

Der Chemiker RUDOLF LEMBERG[99] konnte bei seiner Entlassung an seine früheren englischen Kontakte anknüpfen. Sie ermöglichten ihm, 1933 nach Cambridge zurückzukehren. Zwischen 1933 und 1935 arbeiteten außer ihm 5 Emigranten am biochemischen Institut, das als "model of an academic community" galt[100]. 1935 übernahm er die Leitung eines biochemischen Departments in Sidney. 1937 wurde er in Australien eingebürgert.

HERMANN QUINCKE war einer der zahlreichen deutschen Wissenschaftler, die nach Istanbul gingen. Das Deutsche Krankenhaus in Istanbul hatte sich an Ludolf von Krehl gewandt und ihn nach einem Assistenten für "Innere Medizin" gefragt.

---

97) Koopmans, Jacob Marschak, XI.
98) AaO,IX.
99) S.o. S.44.
100) Born, The Effect, 28.

V.Krehl empfahl Heinrich Quincke[101]. Quincke emigrierte mit seiner Familie, seine Kinder waren 1930 und 1933 geboren, in die Türkei. Nachdem er ein türkisches Examen für Innere Medizin abgelegt hatte, konnte er eine voll bezahlte Stelle antreten. Einige Jahre später übernahm er als ärztlicher Direktor die Leitung des "Deutschen Krankenhauses". Da er diese Position nur als türkischer Staatsangehöriger bekleiden konnte, wurde ihm die türkische Staatsangehörigkeit vorzeitig verliehen.

OTTO PÄCHT[102] fand erst 3 Jahre nachdem er die Universität Heidelberg mit seinem abgebrochenen Habilitationsverfahren verlassen mußte, eine Arbeitsmöglichkeit als Kunsthistoriker. 1936 wurde er nach Dublin gerufen, um als Berater bei der Neuorganisation der Irischen Nationalgalerie mitzuwirken. Ende des Jahres kam er zum Warburg-Institut und nahm an der Universität London Lehr- und Forschungsaufgaben wahr. Seit 1941 lehrte er in Oxford Mittelalterliche Kunstgeschichte.

2. Emigranten der Jahre 1935-1938

a. Ordinarien und planmäßige ao Professoren

Unter den 19 Emigranten, die nach 1935 die Universität verlassen mußten, waren 4 Ordinarien und 2 planm. ao Professoren, denen in ihrem zwangsweise verordneten Ruhestand ein Gehalt zustand. Für sie war es von entscheidender Bedeutung, die Erlaubnis zur Ausreise zu erhalten und damit wenigstens einen Teil ihres "Ruhegeldes" im Ausland zu beziehen.

---

101) Auskünfte von Frau Dr. Maren Quincke, April/Mai 1988 und UAH H III 399/Quincke; s.o. S.46.
102) S.o. S. 47; WG/EK 27170 und UAH B 3182.

Dem ehemaligen Heidelberger Ordinarius für Bürgerliches Recht und Internationales Privatrecht MAX GUTZWILLER bot sich die Möglichkeit, seinen alten Fribourger Lehrstuhl wieder zu übernehmen. Deshalb bat Gutzwiller im März 1937 darum, zum 1. Oktober 1937 aus dem "Beamtenverhältnis, der Reichs- und Landesangehörigkeit" entlassen zu werden. Er verabschiedete sich vom Dekan Engisch: "Es ist mir ein tief empfundenes Bedürfnis, auszusprechen, daß die an der Universität Heidelberg zugebrachten Jahre zu den glücklichsten und fruchtbarsten meines Lebens zählen werden". Zuletzt habe die Erinnerung allerdings eine "harte Belastungsprobe" erleiden müssen, "deren Ursprung und deren Einzelheiten Ihnen ebenso bekannt sind wie mir"[103]. Mit dem ihm ebenfalls durch Vermittlung von Karl Geiler belassenen Schweizer Vermögen konnte Gutzwiller sich wieder in seiner alten Umgebung einrichten. Auch als er nicht mehr der Fakultät angehörte, nahm sich die Heidelberger Fakultät seines letzten Schülers an[104].

ERNST LEVY hatte das Reichserziehungsministerium im Juli 1935 nahegelegt, einen Emeritierungsantrag zu stellen[105]. Da seine Kinder bereits seit 2 Jahren in den USA lebten, erklärte er sich zu einem solchen Schritt bereit, wenn ihm zugleich gestattet werde, sein Gehalt ins Ausland zu transferieren. Das Rektorat unterstützte diesen Antrag. Auch aus Karlsruhe wurde bestätigt, daß "gegen seine Person keine politischen Bedenken bestehen". Man werde "seine diesbezüglichen Schritte soweit von hier aus möglich" unterstützen. Darauf reichte Levy am 4. November 1935 seinen offiziellen Antrag auf Entpflichtung ein. Er bat um die Genehmigung, seinen Wohnsitz nach USA zu verlegen. Falls

---

103) UAH A 219/Gutzwiller, s.o. S.89.
104) Gutzwiller, Aus der Frühgeschichte, 21.
105) S.o. S.61; UAH A 219/Levy.

es nicht möglich sei, seine Emeritierungsbezüge direkt ins Ausland zu schicken, schlug er vor, das Gehalt auf ein Sperrkonto einzuzahlen und ihm lediglich den durch den Sperrmarkverkauf erwirtschafteten Erlös nach USA zu senden. Nach Levys eigenen Berechnungen hätte für ihn das weniger als ein Viertel seiner Eméritenbezüge erbracht. Der Rektor vermittelte ihm im Dezember 1935 ein weiteres Gespräch im Reichserziehungsministerium, von dem Levy Mitte Januar mit dem Eindruck zurückkam, es werde ihm "auch von dort jede Hilfestellung gewährt". 14 Tage später entschied das Reichserziehungsministerium: Levys Entpflichtungsantrag könne nicht mehr stattgegeben werden, da er nach der einschlägigen Verordnung bereits mit Ablauf des 31. Dezember 1935 in Ruhestand getreten sei. Levy mußte Judenvermögensabgabe und Reichsfluchtsteuer entrichten, bevor er mit 55 Jahren Deutschland verließ. Radbruch schrieb ihm in einem bewegten Abschiedsbrief: "Ich bewundere die Kraft und Umsicht, mit der Sie ... ein neues Leben beginnen und glaube zuversichtlich, daß (es) zu neuen Erfolgen und einem neuen Glück führen muß"[106]. Am 3. März 1936 kam das Ehepaar Levy in die Schweiz. Über Amsterdam-Southampton erreichten sie am 25. März 1936 New York[107]. Ernst Levy lebte mit seiner Frau zunächst bei der Familie seiner Tochter[108]. 1937 erteilte ihm die University of Washington, Seattle, eine Professur für "law, history and political siences", die er bis zu seiner Pensionierung inne hatte. Levy wurde amerikanischer Staatsbürger[109].

Der Dermatologe SIEGFRIED BETTMANN wollte nach seiner Emeritierung (1934) mit ministerieller Genehmigung 1939 seinen

---

106) Am 26. Februar 1936 aus Oxford, in: Radbruch, Briefe, 116.
107) WG/EK 7237/A. Ob er schließlich noch Sperrmark nach USA ausgezahlt bekam, läßt sich aus dem einsehbaren Aktenbestand nicht ermitteln.
108) Radbruch, Briefe, 119 und 123.
109) UAH H II 381/Levy.

Wohnsitz ins Ausland verlegen und ebenfalls nach den USA zu seinen Töchtern übersiedeln. Auf dem Weg in die Emigration starb er am 19. Oktober 1939 in Zürich[110].

Der Serologe HANS SACHS, bis 1935 planmäßiger ao Professor bemühte sich seit 1938 darum, seinen Wohnsitz ins Ausland zu verlegen[111]. Als die Heidelberger Polizeidirektion ihm keinen Reisepaß für das Ausland ausstellte, legte er Beschwerde beim Karlsruher Innenministerium ein, die im März 1938 als unbegründet kostenpflichtig zurückgewiesen wurde. Das Ministerium teilte ihm mit: Falls er in einem Einzelfall zu wissenschaftlichen Zwecken eine Auslandsreise unternehmen wolle, müsse er eine befürwortende Stellungnahme der zuständigen Hochschulbehörde vorlegen. Im November stellte er "als Ruhegehaltsempfänger" den Antrag, seinen Wohnsitz ins Ausland verlegen zu dürfen. Seine Kinder seien mit ihren Familien nach England gezogen. Er wolle nun mit ihnen zusammmenleben. Sachs wartete die Genehmigung jedoch nicht ab, sondern ging sofort nach Oxford. Dort unterrichtete ihn das badische Finanz- und Wirtschaftsministerium davon, daß das Reichserziehungsministerium zunächst "alle derartigen Gesuche von jüdischen Hochschullehrern" zurückstelle, bis eine weitere Weisung erteilt werde. Da Sachs seinen Wohnsitz bereits ohne Genehmigung ins Ausland verlegt habe, sollten seine Ruhestandsbezüge vorläufig gesperrt bleiben. Die Berliner Stellen erlaubten die Ausreise. Ihre Genehmigung überschnitt sich mit dem Karlsruher Schreiben, so daß danach Sachs wieder Bezüge angewiesen wurden. Kurz vor Kriegsende starb Hans Sachs in Dublin (23. März 1945)[112].

---

110) GLA 235/43019 und o. S.64. Eine Tochter war mit Hajo Holborn verheiratet.
111) GLA 235/1578, s.o. S.64.
112) Zum Chemiker Karl Freudenberg war der Kontakt auch während des

HELMUT HATZFELD (bis zum 31. Dezember 1935 planm. ao Professur)[113] hatte 1927 eine große Arbeit über Don Quijote publiziert. Nach seiner Zurruhesetzung schien sich ihm zunächst eine Möglichkeit zu bieten, in Spanien zu lehren. Doch nach Ausbruch des Bürgerkrieges war daran nicht mehr zu denken. Vergebens bemühte er sich im Mai 1937 darum, an der "Catholic University of USA" einen Lehrstuhl für "Historical Latin Grammar" zu erhalten[114]. Im November 1938 floh Hatzfeld nach Belgien. Er unterrichtete als Privatlehrer die belgische Prinzessin von Chimay und übernahm eine Gastprofessur an der Universität Louvain. Kurz vor dem Einmarsch deutscher Truppen in Belgien wanderte Hatzfeld im April 1940 nach den USA aus. Bis zu diesem Zeitpunkt war ihm aus Deutschland sein Gehalt überwiesen worden[115]. Noch in Belgien hatte er 1939 Fühler zum "Committee for Catholic Refugees from Germany"[116] ausgestreckt und um Hilfe gebeten. Der Oberlaender Trust, eine Abzweigung der Carl Schurz Gesellschaft, in Philadelphia[117] versprach, einen Teil der Professur zu finanzieren. Als Hatzfeld bereits in New York war, zog der Trust seine Zusage zurück: so viele hätten sich um Hilfe an ihn gewandt, daß im Augenblick lediglich die völlig mittellosen Flüchtlinge und die Familien mit Kindern berücksichtigt werden sollten. Der Dekan der "Graduate School of Arts and Sciences" und der Rektor der "Catholic University" erreichten jedoch, daß die für Hatzfeld vorgesehene Stelle als visiting professor vom Trust finanziell mitgetragen

---

Krieges nicht völlig abgebrochen. Freudenberg bezieht sich in Nachkriegsbriefen darauf (UAH A 219/Freudenberg).
113) S.o. S.65 und der Nekrolog in: Romance Philology XXXIV, *88 ff.
114) Bewerbung Hatzfelds vom 30.5.1937, Auskunft der Catholic University of USA, Washington/DC am 21.8.1987.
115) UAH A 219/Hatzfeld.
116) S.u. S.175.
117) Holborn, Deutsche Wissenschaftler, 24.

wurde. Hatzfeld konnte mit seinen Vorlesungen beginnen, zunächst als Gastdozent, seit 1942 als Ordinarius für Romanische Sprachen. Er lehrte hier bis zu seiner Pensionierung (1968). Der Mathematiker ARTUR ROSENTHAL blieb nach seiner Emeritierung[118] zunächst in Heidelberg, denn auch für ihn war es außerordentlich schwierig, eine Stelle im Ausland, besonders in den USA zu finden[119]. Während dieser Zeit erhielt er (reduzierte) Emeritierungsbezüge. In der "Reichskristallnacht" wurde er in "Schutzhaft" genommen und 4 Wochen lang im KZ Dachau festgehalten (9.11.1938 - 10.12.1938). Im März 1939 stellte er einen Antrag auf Verlegung seines Wohnsitzes ins Ausland "unter Weiterzahlung der mir zustehenden Versorgungsbezüge als em. o. Professor". Er wolle zunächst nach Holland, die Aufenthaltsgenehmigung dafür sei ihm bereits erteilt. Zudem sei er für ein Jahr -allerdings ohne Bezahlung- nach Princeton eingeladen[120], weshalb er im Anschluß an den Besuch in Holland endgültig nach den USA übersiedeln wolle. "Demgemäß wäre es mir, da ich Jude bin, sehr erwünscht, sobald als irgend möglich auswandern zu können". 11 Tage später erhielt er vom Reichserziehungsministerium die Genehmigung zum Auslandsaufenthalt "einstweilen bis 31.3.1941". Wegen der Devisenbewirtschaftung wurde ihm in Karlsruhe geraten, ein "Sonderkonto Versorgungsbezüge" einzurichten, auf das sein Gehalt überwiesen werden könnte. Mit 10 RM reiste Rosenthal am 27. Juli 1939 in Holland ein. Von dort erreichte er mit einem Non-Quota-Visum im März 1940 die USA. Seine gesamte Bibliothek verlor er, bevor sie aufs Schiff gebracht werden konnte, bei einem Luftangriff auf

---

118) S.o. S.70; GLA 466/14840.
119) Brief vom 21.2.1954 an v.Ubisch, UAH A 219/v.Ubisch.
120) Es kam dann noch eine zweite Einladung an die University of Michigan, die er schließlich annahm.

Rotterdam[121]. 1941 bat er um Verlängerung seiner Aufenthaltserlaubnis, die ihm für ein weiteres Jahr zugestanden wurde. Der Bescheid kam jedoch von der Post an das Ministerium zurück (er war in Berlin (!) geöffnet worden) mit dem Vermerk: "Leitung jetzt nur über Lissabon-New York (brit. Zensur). Wenn Versendung auf diesem Weg trotzdem gewünscht, erneute Auflieferung am Postschalter". Der Brief konnte nach Auskunft des Auswärtigen Amts nicht mehr weitergeleitet werden. Bis Juni 1941 wurden Rosenthal deutsche Bezüge ausbezahlt[122]. Seine Sorge galt jedoch vor allem seiner 1939 73jährigen Mutter. Er hatte ihr zwar noch 1939 ein englisches Visum beschafft, doch nach dem Kriegsausbruch konnte sie davon keinen Gebrauch mehr machen. Im Oktober 1940 wurde sie mit nahezu 75 Jahren in das KZ Gurs nach Südfrankreich[123] transportiert. Nach 5 Monaten gelang es Rosenthal, sie von dort frei zu bekommen und im Dezember 1941 nach USA zu bringen. Bis 1941 war Rosenthal "lecturer" und "research fellow" in Michigan gewesen. 1942 wurde er an der University of New Mexico in Albuquerque zunächst lecturer, dann assistant professor, 1946 zum associate professor ernannt. Seit 1945 besaß er die Staatsbürgerschaft der USA.

b. Honorarprofessoren und ao Professoren

Nach seiner Beurlaubung aus dem Heidelberger Universitätsdienst als Honorarprofessor zum 1. Januar 1936 konnte MEYERHOF zunächst noch am Kaiser-Wilhelm-Institut arbeiten[124]. Sein

---

121) IfZ MA 1500/50.
122) WG/EK 11077.
123) S. unten S. 172 Anm.171.
124) S.o. S.77; GLA 235/2285, IfZ MA 1500/41; Dict. Emigrés II 2, 813 ff; Schweiger, Otto Meyerhof, 370 f ; Großmann, Emigration, 202 ff; Nachmansohn,

ältester Sohn (Gottfried) lebte bereits seit 1934 in England, sein jüngster Sohn (Walter Ernst) brach den Schulbesuch in Heidelberg ab und besuchte seit 1936 ein Londoner College. Meyerhof versuchte vergeblich in USA eine Stelle zu erhalten, doch war es ihm bei seinem Aufenthalt in New York möglich, Kontakte nach Paris zu knüpfen. Einen Erholungsurlaub in der Schweiz (Zürich) nutzten er und seine Frau mit ihrem jüngsten Sohn 1938 zur Ausreise aus Deutschland. In Paris wurde ihm die Leitung des "Institut de Biologie Physico-Chimique" angeboten. Sein Sohn nahm dort das Studium auf. Beim Einmarsch der deutschen Truppen mußte Meyerhof im Mai 1940 mit seiner Familie wiederum fliehen. Er fand zunächst im unbesetzten Südfrankreich Quartier. Amerikanische Hilfsorganisationen bemühten sich, die Flüchtlinge nach den USA zu bringen. Für Meyerhof war das Emergency Rescue Committee tätig, das -wie andere amerikanische Organisationen auch- "Notvisen", dh. Besuchervisen, in den Konsulaten von Marseille und Lissabon ausstellen ließ, die die oftmals zum zweiten Mal Vertriebenen zur Einreise in die USA berechtigte. Da Meyerhof kein "Exit" aus Frankreich bekam, mußte er mit seiner Familie über Spanien nach Portugal fliehen, "zu Fuß über die Pyrenäen, im Gebüsch kriechend", wie Christiane Zimmer ihrer Mutter schrieb[125]. Im Oktober verließen sie mit einem Schiff ab Lissabon Europa. Mittlerweile hatten Pariser und amerikanische Freunde mit finanzieller Unterstützung durch die Rockefeller-Foundation eine Professur an der School of Medicine (Universität von Pennsylvania) errichtet[126], die er bis zu seinem Tod (1951) innehatte. 1949 wurde Meyerhof zum amerikanischen Staatsbürger erklärt.

German-Jewish Pioneers, 282 f.
125) Christiane Zimmer an Gerty v.Hofmannsthal, 27.11. (O. J.), DLA, Marbach 77.2966/22.
126) Dazu unten S.174.

Die Beziehungen der ao Professoren zur Universität brachen mit ihrer Entlassung aus dem Universitätsdienst sofort ab. Da sie keine Versorgungsansprüche geltend machen konnten, brauchten sie auch zur Auswanderung nicht mehr um Genehmigung der Universitätsverwaltung nachzusuchen.

Aus der Medizinischen Fakultät waren nach dem Reichsbürgergesetz 4 ao Professoren ausgeschieden: Klopstock, Mayer-Groß, Steiner und Zade.

KLOPSTOCK lebte seit 1933 in Palästina[127]. Die Labortätigkeit allein füllte ihn nicht aus. Er gründete deshalb 1935 in Tel Aviv eine naturwissenschaftliche Gesellschaft und organisierte als deren Direktor Vortragsreihen etc. Da die meisten, die sich für derartige Veranstaltungen interessierten, aus Mitteleuropa kamen, wurden die Vorträge zunächst in deutscher Sprache gehalten.

Auch der Psychiater WILHELM MAYER-GROSS[128] lebte, als das Reichsbürgergesetz erlassen wurde, nicht mehr in Heidelberg. Er war 1933 ans Maudsley Hospital in London gegangen, um dort während seines Freisemesters zu arbeiten. Nach seiner Entlassung aus dem Heidelberger Universitätsdienst 1936 konnte er dort bleiben. Viele Emigranten wandten sich hilfesuchend an ihn. 1939 erhielt er einen höchst ehrenvollen Ruf an das Crichton Royal Hospital in Dumfries (Schottland). Mayer-Groß trug wesentlich dazu bei, England mit der psychoanalytischen Schule bekannt zu machen und sie dort auszubauen. Seit 1942 war er fellow der British-Psychological Society. 1945 wählte ihn das Royal College of Physicians in London zu seinem Mitglied.

---

127) Auskunft von Prof. H. Mendelssohn, Tel Aviv (13.2.1988); s.o. S.79.
128) S.o. S.80; UAH A 219/Mayer-Groß; IfZ MA 1500/40; v.Baeyer, aaO, 210; Born, aaO, 34.

GABRIEL STEINER[129] widerfuhr nach seiner ersten durch die Franzosen 1918 erfolgten Ausweisung aus Straßburg im Jahre 1935 die zweite Entlassung. Zunächst versuchte er in Heidelberg eine Praxis als Nervenarzt aufzubauen. Doch als Kassenarzt wurde er nicht mehr zugelassen, seine Privatpraxis boykottiert. Am 22. Oktober 1936 verließ er von Hamburg aus mit seiner Ehefrau Deutschland und wanderte nach den USA aus. Im Februar 1937 erhielt er dort die erste (gering) bezahlte Stellung als "visiting lecturer" an der Medical School in New Orleans. Seit Juli 1937 lehrte er an der Wayne-University in Detroit. Am 13. August 1942 wurde ihm die amerikanische Staatsbürgerschaft verliehen. Danach mußte er ein Jahr lang als senior student im Alter von 60 Jahren wieder beginnen und die amerikanischen medizinischen Examina ablegen. Erst jetzt erhielt er eine feste Anstellung und bessere Bezahlung als "full professor" für Neuropathologie an der Wayne-University und konnte eine Privatpraxis ausüben. Bis er 1953 die Altersgrenze erreichte, lehrte er in Detroit.

MARTIN ZADE[130] führte nach der Entlassung als ao Professor zunächst noch seine Privatpraxis als Augenarzt weiter. Pläne, nach Ankara zu gehen, ließen sich nicht verwirklichen. Nach der "Reichskristallnacht" war er entschlossen, mit seiner Frau und 4 Kindern, der jüngste 1930 geboren, Deutschland zu verlassen. Die Ausreiseplanungen waren dadurch erschwert, daß Familie Zade keinerlei Verwandte im Ausland hatte. Erste Pläne wurden gefaßt, über England nach USA zu gehen. In England wurden nur Flüchtlinge aufgenommen, die im Besitz eines Affidavits waren. Deshalb war der älteste Sohn der Familie Zade Anfang Dezember 1938 nach Dänemark geflohen. Ein Viertel-

---

129) S.o. S.81. Dazu WG/EK 13999/A.
130) S.o. S.82; GLA 235/1625 und WG/EK 22097.

jahr später konnte er in England einreisen, um dort einen "Garanten" für die Familie zu finden. Die Familie mußte sich weiter teilen. Zwei Kinder wurden nach Schweden "ausgesteuert", der älteste Sohn nach England. Über einen früheren Heidelberger Studenten, den damaligen Leiter des Committee for Refugees, gelang es dem Ehepaar und ihrem Sohn, trotz des drohenden Aufnahmestopps die notwendigen Papiere aus Holland zu bekommen. Ursprünglich wollte Frau Zade, die sich als "Nichtjüdin" sicher glaubte, nochmals nach Heidelberg zurück, um den nötigsten Hausrat zu versenden. Doch mittlerweile hatte in Heidelberg die Gestapo nach den Söhnen geforscht, Frau Zade wurde durch Bekannte aus der Schweiz(!) gewarnt. Zwei Wochen, bevor der Krieg ausbrach, trafen sie in England ein. Knapp vier Jahre lebte Martin Zade noch in England und konnte dort sogar seinem Beruf wieder nachgehen[131]. Am 3. April 1944 starb er in Shrewsbury.

ARNOLD BERGSTRAESSER[132] hatte nach dem Boykott seiner Vorlesung und den Auseinandersetzungen um seine Lehrtätigkeit im Sommersemester 1935 weitere Verfolgungsmaßnahmen befürchtet. Vorsichtshalber wechselte er beständig seinen Wohnsitz. Seit 1. Oktober 1936 war er ohne Einkommen. Als er seinen eingezogenen Paß im Juli 1937 wieder abholen konnte, löste er die Heidelberger Wohnung vollends auf und gab an, nach München zu ziehen. Bergstraesser traf nochmals seine Frau in Schlesien, übernahm aber in Deutschland keine Wohnung mehr. An dem Tag, an dem er ausreisen wollte, wurde ihm die Ausreise offiziell untersagt. Freunde halfen ihm, auf Nebenwegen über die Grenze zu kommen. Im Oktober 1937 begann er im Scripps

---

131) Marie Baum, Vergessene und Unvergessene aus der Stadt Heidelberg, in: Maas, Den Unvergessenen, 103.
132) S.o. S.82 und WG/EK 21218.

College (Kalif.) zu unterrichten, so daß er seinen Lebensunterhalt wieder selbst bestreiten konnte. 1943 übernahm er eine Professur für German Cultural History in Chicago, die er bis zu seiner Rückkehr nach Deutschland innehatte.

Der Zoologe HUGO MERTON[133] hatte mit Ablauf des Kalenderjahres 1935 seine Lehrbefugnis verloren. Zunächst versuchte er mit Hilfe seiner Frau zu Hause weiterzuarbeiten. Zum Wintersemester 1937/38 erhielt Merton eine Einladung nach Edinburgh. Die angebotene Gastdozentur nahm er an. Während seines Aufenthalts in Schottland wurden in Heidelberg seine Konten beschlagnahmt, da er als "reichsfluchtverdächtig" galt. Merton mußte deshalb vorzeitig zurückkehren. Im November 1938 wurde er verhaftet und ins KZ Dachau verschleppt. Im April 1939 wanderte er mit seiner Frau nach Schottland aus. Merton bekam einen Arbeitsplatz am Institute of Genetics in Edinburgh, doch nach Kriegsausbruch war seine Lage "erschwert"[134]. Seit seiner Inhaftierung war Merton krank, am 23. März 1940 starb er in Edinburgh.

Nachdem ihre Vorlesung über Vererbungslehre 1933/34 boykottiert worden war, bat GERTRUD VON UBISCH darum, sie für ein Jahr zu beurlauben[135]. Der holländische Akademikerinnen- Verband hatte sie eingeladen, ein Semester in Utrecht zu leben und zu arbeiten. Für das Sommersemster 1934 erhielt sie ein Schweizer Stipendium. Als sie im Herbst nach Utrecht zurückkehrte, erging an sie ein Ruf nach Sao Paulo. Nach kurzem Aufenthalt in Heidelberg wanderte sie mit 52 Jahren im Februar 1935 nach Brasilien aus[136]. Die Stelle war ihr durch einen

---

133) S.o. S.85 ; Marie Baum, aaO, 104.
134) Formulierung von Frau Merton UAH A 219/Merton.
135) S.o. S.85. In der UBH sind ihre "Lebenserinnerungen" aufbewahrt (Heid.Hs 4029). Für diesen Hinweis danke ich M. Bopp.
136) Frau v.Ubisch deutet in den "Lebenserinnerungen" ihre Schwierigkeiten

Freund der Familie, den Zoologen Bresslau, vermittelt worden. Kurz nach ihrer Ankunft starb er- damit blieb sie ohne wesentliche Hilfe allein in Südamerika. Frau v.Ubisch nahm an, sie solle am Butantan-Institut (für Schlangenserum) eine Abteilung für Vererbungslehre einrichten und dort Medizinalpflanzen züchten, statt dessen fand sie eine Abteilung zur Zucht von Pferden und Hafer vor. Nicht nur beim Einrichten des Labors gab es Intrigen. Auch sonst türmten sich Schwierigkeiten. Sie wurde beauftragt, Weizen zu züchten, was ihrer Ansicht nach unter den gegebenen klimatischen Bedingungen unmöglich war. Ersatzversuche wurden nicht anerkannt. Um eine feste Anstellung zu erhalten -zunächst war sie auch mit Naturalien bezahlt worden-, erwarb sie die brasilianische Staatsangehörigkeit. 1938 wurde die Abteilung für Vererbungslehre aufgelöst. Erst im Mai 1939 fand sie für 1 Jahr wieder eine Anstellung in Sao Paulo. Seit 1940 hatte Frau v.Ubisch keine bezahlte Stelle mehr. In Skandinavien -bei der Familie ihres Bruders- wollte sie ihre drohende Netzhautablösung operieren lassen, doch brasilianische Behörden genehmigten die Ausreise nicht.

c. Privatdozenten

Das Ministerium hatte FRIEDRICH DARMSTÄDTER[137] nicht nur als Privatdozent der Juristischen Fakultät beurlaubt und ihm die Lehrbefugnis entzogen, sondern er hatte vor allem seine Stelle als Landgerichtsrat in Mannheim verloren. 1936 bat er offiziell um Erlaubnis, einen Studienaufenthalt in Rom antreten zu dür-

---

bei der Stellensuche: sie sei keine Volljüdin gewesen und deshalb von den Hilfsorganisationen nicht entscheidend unterstützt worden; in USA sei eine andere wissenschaftliche Richtung der Genetik vertreten worden, als sie sie verfocht. Für eine wissenschaftlich untergeordnete Stellung habe sie zu viel publiziert gehabt.
137) S.o. S.86.

fen. Der Antrag wurde in Berlin abgelehnt. Aber ein Oberrechnungsrat der Universität Heidelberg empfahl ihm, Ende des Jahres als "Privatmann" zu reisen, ohne die italienischen Dienststellen in Anspruch zu nehmen. Bevor das Ministerium ihm den Aufenthalt abgelehnt hatte, war er schon des öfteren zu Studienzwecken in Italien gewesen. 1936 arbeitete Darmstädter in Rom eng mit Giorgio del Vecchio zusammmen und übersetzte dessen Bücher ins Deutsche[138]. 1939 verließ Darmstädter Italien und reiste über die Schweiz (mit einem Durchgangsvisum für Frankreich) nach England aus. Für den 26. August 1939 war ihm die Landeerlaubnis in New Haven im Paß eingetragen worden. Im Oktober 1939 entrichtete er noch Reichsfluchtsteuer und Vermögensabgabe in Deutschland[139]. In England konnte er lange keine feste Anstellung finden. Erst gegen Kriegsende erhielt er in Cambridge einen Forschungsauftrag. 1944 erschien sein Buch: Germany and Europe, Political Tendencies from Frederic the Great to Hitler. Nach dem Krieg besserte sich seine Lage in England: April/Mai 1948 wurde ihm die britische Staatsangehörigkeit zugesprochen. 1949 richtete die Universität London für ihn eine "lectureship" für Deutsche politische Theorie und Geschichte ein[140].

ALFRED STRAUSS[141] hielt sich mit Billigung des Ministeriums nach seiner Entlassung als Leiter und Verwalter der psychiatrischen Poliklinik zu Gastvorlesungen in Barcelona auf. Im Auftrag der katalanischen Regierung gründete er die erste öffentliche Kinderberatungsstelle. Zum Sommersemester 1935 erhielt er eine Anstellung in Madrid. Seine Frau, die mit den Kindern in

---

138) Vgl dazu Radbruchs Brief vom 20.9.1936 an Gutzwiller. Radbruch, Briefe, 118, 283.
139) WG/EK 5427.
140) UAH H II 381/Darmstädter.
141) S.o. S.87. Wesentliche Informationen teilte seine Tochter mit (13.1.1988).

Mannheim geblieben war, kam im Sommer 1935 nach Spanien. Die Aufenthalte waren gegenüber den deutschen Behörden als "vorübergehend" deklariert worden[142]. Der Spanische Bürgerkrieg machte ihm eine weitere Arbeit an der Klinik unmöglich; er weigerte sich, mit Anarchisten zusammenzuarbeiten, und sah sich gezwungen, das Land zu verlassen. Familie Strauss zog im September 1936 nach Genf. Strauss arbeitete 1937 einen Bericht für ein "Privy Council" in London aus. Noch im selben Jahr erhielt er eine Einladung an die Wayne County Training School in Northville (Michigan). Im Oktober 1937 bekam Familie Strauss die notwendigen Papiere und wanderte aus. Zunächst war Alfred Strauss als "Research Psychiatrist" an der Schule beschäftigt; nach seiner Einbürgerung im September 1943 wurde ihm sofort die Schulleitung übertragen. Seit 1944 hielt er Vorlesungen an der Wayne Universität in Detroit ab. 8 Jahre lang lebte Strauss in Michigan. 1945 wurde er so krank, daß er zeitweise seinen Beruf aufgeben mußte. Im September 1947 begründete er in Racine/Wisconsin die "Cove Schools for Brain-Injured Children", 1948 entstand auf seine Initiative eine weitere Schule in Evanston (Illinois).

HERBERT SULTAN, der ebenfalls als Privatdozent der Universität entlassen worden war, sah sich nach den Pogromen zur Emigration gezwungen[143]. Seinen Plan, nach USA auszuwandern, mußte er aufgeben: da er in Thorn geboren war, wäre er der polnischen Quote zugeschlagen worden und hätte erst 1942 einreisen können. Frau Sultan fuhr nach England, knüpfte dort Beziehungen zu früheren Ferienkursteilnehmern wieder fester und erhielt innerhalb von 3 Wochen ein Visum für ihren Mann. Im April 1939 konnte Herbert Sultan einreisen. Seine Frau und

---

142) WG/EK 11408/A.
143) S.o.S.88.

Tochter galten als "nicht bedroht". Sie erhielten deshalb keine Einreisegenehmigung. Während des gemeinsamen Urlaubs in Holland brach der Krieg aus. Die Familie wurde getrennt. Herr Sultan konnte bald nach England zurückkehren, da er dort bereits polizeilich gemeldet war. Die Tochter wollte in Holland auf einer Quäkerschule bleiben, allein Frau Sultan kehrte nach Heidelberg zurück. Sultan fand in England keine Möglichkeit, in seinem Beruf zu arbeiten. Als "angelernter Hilfsarbeiter" und einfacher Arbeiter, zum Beispiel im Nachtschichtdienst am Paketschalter bei der Bahn[144] mußte er seinen Lebensunterhalt bestreiten. Erst 1943/44 erhielt er von der "Society for the Protection of Science and Learning" ein Stipendium, das es ihm ermöglichte, sich wieder ganz demographischen Arbeiten zuzuwenden. Er hatte nicht die Absicht, englischer Staatsbürger zu werden, sondern blieb als Deutscher in England. Sobald als möglich kehrte er nach Deutschland zurück.

3. Emigration kurz vor und nach Ausbruch des Weltkrieges

a. Emeriti

FRANZ WEIDENREICH[145], seit 1924 als planm. ao Professor emeritiert, setzte 1934 als Gastprofessor am "Department of Anatomy" in Chicago seine anthropologischen Forschungen fort. Da Weidenreich immer noch der Universität Heidelberg angehörte, gab er jeweils in Heidelberg seine neue Adresse an. Bis 31. Oktober 1941, als er nach der 11. Verordnung zum Reichs-

---

[144] Auskunft von Frau Barbara Sultan (10.6.1987): eine solche Erfahrung habe ihr Vater jedoch "durchaus positiv" bewertet.
[145] S.o. S.75; GLA 466/18912; WG/EK 13248.

bürgergesetz (25. November 1941) die deutsche Staatsangehörigkeit verlor, erhielt er Emeritierungsbezüge. Zur selben Zeit, als ihm in Deutschland die Lehrbefugnis entzogen wurde, begann die Rockefeller-Foundation seine Ausgrabungen in China und Java zu finanzieren. Sechs Jahre lang unterstützte sie seine Forschungen. Es gelang ihm in diesen Jahren der von Anthropologen als sensationell bewertete Fund eines vollständigen Schädels des sog. "Peking-Menschen" (Sinanthropus pecinensis). Bei Ausbruch der Kriegswirren in China 1941 mußte er nach USA zurückkehren[146]. Am "American Museum of Natural History" fand er sofort Arbeit. In Deutschland waren mittlerweile zwei Töchter im KZ gewesen, sein Schwiegersohn als italienischer Offizier wegen seines Widerstandes gegen Mussolini erschossen worden[147].

EUGEN TÄUBLER[148] konnte den Verfolgungen der Reichskristallnacht entgehen, da er rechtzeitig gewarnt worden war. Er blieb in Deutschland und lehrte an der Berliner Hochschule für die Wissenschaft des Judentums. Dort hielt er 1938 die fünfte Antrittsvorlesung seines Lebens ("Judentum als tragische Existenz"). Mit seinem Freund J. L. Magnes plante er die Einrichtung eines "Jewish Bible Institute" an der Universität Jerusalem. Der Ausbruch des Weltkrieges machte diese Pläne zunichte[149]. Seit Herbst 1940 betrieb er die "Verlegung seines Wohnsitzes ins Ausland". Im November wies ihn das Badische Finanz- und Wirtschaftsministerium in Karlsruhe an, ein "Sonderkonto Versorgungsbezüge" bei einer inländischen Devisenbank einzurich-

---

146) Wie sehr seine Arbeit davon beeinträchtigt war, geht aus dem Vorwort zu Giant Early Man from Java and South China, New York (1945) hervor.
147) IfZ MA 1500/62. Dort der Nachruf von W. K. Gregory, im: American Anthropologist (1949) 253.
148) S.o. S.54 und S.119.
149) Täubler, Aufsätze zur Problematik jüdischer Geschichtsschreibung, 47 und Einleitung VII, XXI f.

ten, auf das seine Ruhestandsbezüge überstellt werden sollten. Von da könnten allerdings nur "ausnahmsweise" Überweisungen ins Ausland vorgenommen werden. Jeden Monat habe Täubler der Landeshauptkasse ein "Lebenszeugnis" vorzulegen, am Schluß eines jeden Rechnungsjahres zudem ein vom zuständigen deutschen Konsulat ausgefertigtes Staatsangehörigkeitszeugnis[150]. Im März 1941 verließ er Deutschland. Seine Manuskripte konnte er nach USA retten. "Bible and Hellenistic Literature" lautete sein Lehrauftrag als research professor am Hebrew Union College in Cincinatti (Ohio), den er bis 1953 wahrnahm[151].

Als Täubler bereits drei Jahre im Exil lebte, zeichnete er ein "Heidelberger Gespräch" auf. Er gab darin als wörtliche Rede und Gegenrede Gedanken und Empfindungen wieder, die ihn und seine Freunde im Haus von Marianne Weber im März 1933 bewogen haben mögen[152]. Keiner unter denen, die Täubler als Gesprächsteilnehmer aufführte (Marianne Weber, Alfred Weber, Karl Hampe, Karl Jaspers, Arthur Salz; dazu gehörte wahrscheinlich auch Raymond Klibansky[153]) lehrte 1944 noch an der Universität. Die Ratlosigkeit, die Hoffnung, daß die "Wolke" bald vorüberziehen möge, ein "Zusammensein als eine Art von Totenmahl... mit der Osterstimmung des Wiederauferstehens"- das hielt Täubler elf Jahre nach der nationalsozialistischen Machtübernahme in seiner Erinnerung an die Heidelberger Freunde fest. Dieses als Fragment in seinem Nachlaß erhaltene Schriftstück ist keine kritisch-analytische Darstellung. Täubler versuchte hierin nicht, die politischen Probleme zu lösen oder philosophisch zu werten. Die Freundschaft untereinander er-

---

150) Nachricht vom 1.11.1940 in GLA 235/2577.
151) WG/EK 14402/A.
152) Täubler, Heidelberger Gespräch, 312 f.
153) Nach seiner Mitteilung (11.1.1988) entsprechen einige hier als Tatsachen vorgegebenen Dinge nicht den damaligen Gepflogenheiten.

schien ihm wichtig. Dies persönliche Band betonte er als den tragfähigsten Grund. Als Täubler 1944 das "Heidelberger Gespräch" niederschrieb, war der Freundeskreis auseinandergerissen. Doch was er ihm bedeutet hatte, läßt diese Niederschrift erahnen.

b. ao Professoren

HANS PHILIPP EHRENBERG hatte sich nach seinem Austritt aus dem Lehrkörper der Universität[154] bald der "Bekennenden Kirche" angeschlossen. Seit 1934 arbeitete er zudem im Weltkirchenrat. Als "Judenchrist" sah er sich gezwungen, zum 1. Juli 1937 sein Pfarramt aufzugeben[155]. Im November 1938 wurde seine Wohnung verwüstet, er selbst bis April 1939 im KZ Sachsenhausen inhaftiert und dort als Leichenträger eingesetzt. Englische Kirchenführer verhalfen ihm nach seiner Entlassung zur Emigration und zahlten ihm einen kleinen Unterhalt. Seine Familie folgte ihm einige Monate später nach England. Juni bis September 1940 wurde er in England interniert. 1943 - 1945 fand er im Deutschen Philosophischen Institut in London eine Anstellung[156].

HEINRICH ZIMMER hätte seine verschiedenen Auslandsaufenthalte schon früher dazu nutzen können, nicht mehr nach Deutschland zurückzukehren. Doch er arbeitete zunächst noch in Deutschland und zwar nicht nur an seinen eigenen indischen Forschungen, er war auch an der posthumen Herausgabe der Hofmannsthal-Schriften beteiligt und verwaltete den literarischen Nachlaß seines Schwiegervaters. Mit einem Vortrag:

---

[154] S.o. S.36.
[155] Röhm-Thierfelder, Evang. Kirche, 80 ff, darin Dokumente zur Niederlegung seines Pfarramts in Bochum.
[156] Ehrenbergs Angaben im IfZ MA 1500/12.

"Yoga-Überlieferungen in Indien" hatte er sich 1932 in den C.G. Jung-Kreis eingeführt. Das Treffen mit Jung wurde für Heinrich Zimmer von entscheidender Bedeutung. Er betrachtete es als ein großes Glück, Jung, den "maestro di color che sanno" (so die Widmung seines 1938 erschienen Buches "Weisheit Indiens"), unter die Menschen rechnen zu können, die an "den Dingen Interesse zeigten, die ich zu bieten hatte". Die Begegnung mit ihm war für Zimmer so wichtig, daß er noch auf dem Kontinent blieb, trotz des wachsenden Drucks und der Gefährdung[157]. Regelmäßig suchte er bei den Eranos-Tagungen Jung zu treffen und die psychologischen Clubs in Basel und Zürich zu besuchen. Im Herbst 1938 zeichnete sich für Heinrich Zimmer, vermittelt durch seinen Freund R. Klibansky[158], die Möglichkeit ab, eine unbezahlte Gastvorlesung in Oxford zu übernehmen[159]. Er nahm die Einladung an. Im März 1939 verließ die Familie Heidelberg. Zimmer bewarb sich in England um ein Einreisevisum nach den USA. Das Institute for History of Medicine an der Johns Hopkins University (Baltimore) hatte ihn eingeladen, im Wintersemester 1940/41 drei Gastvorlesungen über Hindu-Medizin zu halten. Kurz vor Kriegsausbruch stellte das amerikanische Konsulat relativ zügig Visa für "Quota-Immigrants" aus. Familie Zimmer durfte im Mai 1940 ausreisen- im Juni wäre Heinrich Zimmers Paß unwiderruflich abgelaufen[160]. Zunächst war die Familie mit Verwandten zusammengezogen. Im Oktober 1940 berichtete Heinrich Zimmer Frau v.Hofmannsthal in Ox-

---

157) Zimmer, Notizen zu einem Lebenslauf, 54; s.o.S.108.
158) Auskunft von R. Klibansky 5.8.1988.
159) Max Kommerell an Heinrich Zimmer, Briefe und Aufzeichnungen, 343.
160) Zimmer in einem undatierten Brief an Steiner, DLA, Marbach 74.4910/74 und 74.4910/77: "We have been told that the American Consulate General at L(ondon) is very busy in clearing its desks of the heaps of belated quota-immigrants and that we may expect to be called up rather earlier then we expected, ... we have the intention to sail as soon as possible". WG/EK 12593/A.

ford, daß Thomas Mann ihm eine Novelle, in der er auf seine Anregung hin ein indisches Thema bearbeitet habe, widmen werde ("Die vertauschten Köpfe"), "eine große Ehre, für die mich die Nazis vermutlich ausbürgern werden"[161]. Mit seiner Frau unternahm er im Frühjahr 1941 eine Autoreise nach Kalifornien. Auf dem Weg durch den Kontinent traf er Heidelberger Leidensgenossen (Salz, Bergstraesser, György, Meyerhof)[162]. In diesem Frühjahr eröffnete sich ihm die Möglichkeit, zum Winter ein Jahr lang an der Columbia-Universität zu lesen. "Das bedeutet leider noch nicht, daß sich die Universität besonders für mich interessiert oder die Absicht hat, mich dauernd irgendwie zu beschäftigen". Lediglich einige "generöse amerikanische Damen" hätten die nötigen Gelder aufgebracht und sie zu diesem Zweck der Universität zur Verfügung gestellt[163]. So sehr sich Zimmer über Thomas Manns Dedikation -und die damit verbundene Publizität- auch über die "Munifizenz meiner New Yorker Damen"[164] freuen konnte, "das Gefühl völliger Überflüssigkeit und Wertlosigkeit" war auch ihm "nicht fremd"[165]. Doch nach diesem ersten Jahr verlängerte die Columbia University seinen Lehrauftrag als "visiting lecturer in Philosophy" um ein weiteres Jahr, dh. die Universität war bereit, ihn auf ihre eigene "pay-roll" zu übernehmen - "genau der Fortschritt, den man sich maximal träumen konnte"[166]. Er hatte

---

161) Zimmer an Gerty v.Hofmannsthal 3.10. 1940 DLA, Marbach 77.2966/2. Thomas Mann konnte erst im Juni 1941 Verbindung mit ihm aufnehmen, da er Zimmers Adresse nicht kannte. DLA, Marbach 77.3018/5.
162) Zimmer an Gerty v.Hofmannsthal 6.3.1941 DLA, Marbach 77.2966/3.
163) Zimmer an Gerty v.Hofmannsthal (aus Santa Monica) 3.4.1941 DLA, Marbach 77.2966/10.
164) Zimmer an Steiner, 30.4.1941 DLA, Marbach 74.4907/5.
165) Zimmer an Steiner, undatiert DLA, Marbach 74.4910/13.
166) Zimmer in einem undatierten Brief (1942/43) an seinen Freund Otto Brendel, mitgeteilt von M. Rauch (5.8.1988).

die Absicht, seine New Yorker Vorlesungsreihe über indische Philosophie weiter auszubauen, als er völlig unerwartet am 23. März 1943 an einer Lungenentzündung starb. "Welch ein Verlust für Sie, für Ihre Kinder, für das künftige Deutschland, für dieses Land hier, für die ganze geistige Welt" schrieb Thomas Mann an Christiane Zimmer[167].

4. Probleme der Emigranten im Ausland

a. Suche nach Exilländern

Von 36 Emigranten der Universität Heidelberg fanden 12 in Großbritannien ihre erste Zuflucht (Ehrenberg, György, Klibansky, Laser, Lemberg, Mayer-Groß, Merton, Sachs, Salz, Sultan, Zade, Zimmer). Lediglich 5 Mitglieder der Universität gingen sofort in die USA (Bergstraesser, Levy, Steiner, Täubler, Weidenreich); bei Kriegsende hatten jedoch 17 (einschließlich der Familie des 1943 verstorbenen H. Zimmer) in den Vereinigten Staaten eine Bleibe gefunden, 10 (einschließlich der Familien der verstorbenen Merton und Zade) waren in Großbritannien geblieben. In der Folge der politischen Ereignisse und des Kriegsgeschehens mußten etliche Emigranten von einem Exil zum andern fliehen: Alewyn aus Österreich, Darmstädter und Olschki aus Italien, Meyerhof aus Frankreich, aus Belgien Hatzfeld, aus Spanien Strauss.

In den deutschsprachigen Ländern Österreich und Schweiz erhielt keiner der Heidelberger Dozenten eine Anstellung, ab-

---

[167] Th. Mann an Christiane Zimmer DLA, Marbach 77.3018/8. C. G. Jung trug dem Freund eine "Dankesschuld" (so Jung in seinem Vorwort) ab, und gab aus dem Nachlaß Zimmers Buch "Der Weg zum Selbst" Zürich (1944) heraus.

gesehen von Gutzwiller, der ohnehin die Schweizer Staatsangehörigkeit besaß. Der Kunsthistoriker Wölfflin, der Grisebach immer wieder Mut zusprach (4.7.1937: "Behalten Sie das alte Vertrauen zu mir"), warnte seinen Freund vor allzu großen Hoffnungen auf eine Basler Professur (5.8.1937): "Wie die Dinge heute liegen - begegnet jede deutsche Berufung nach der Schweiz den allergrößten Schwierigkeiten, sodaß Sie guttun, auf diese Karte keine besondere Hoffnung zu setzen"[168]. Auch der Germanist Alewyn fand -trotz Fürsprache- im deutsch-Schweizer Sprachraum keine Anstellung[169]. Die Schweiz war für die Emigranten lediglich eine Durchgangsstation, von der aus sie nach Palästina (Klopstock), USA (Alewyn, Bettmann, Levy, Strauss, Witebsky) oder England (Darmstädter) weiterwandern mußten. Lediglich Loewe arbeitete längere Zeit in Zürich im Büro der "Notgemeinschaft deutscher vertriebener Wissenschaftler". Exil fand er dann aber in den USA.

Deutsche Pläne von 1935, in Paris eine "Freie deutsche Hochschule" zu begründen[170], waren für keinen der Heidelberger Emigranten von Bedeutung. Der Lehrauftrag, den Alewyn mit Unterstützung durch die Rockefeller-Foundation in Paris 1933 wahrnahm, war zeitlich von vornherein begrenzt. Pagel (1933) und Meyerhof (1938) arbeiteten in Frankreich an großen finanzkräftigen französischen Instituten, um auf ihren Fachgebieten tätig sein zu können. Bei Kriegsende war nur ein Mitglied des Heidelberger Lehrkörpers in Frankreich: Leopold Perels. Er war nach Gurs verschleppt[171] und bis zum Mai 1945 in französischen Lagern festgehalten worden.

---

168) UBH Heid. HS 3717, 17.
169) S.o. S.140.
170) Fabian, Coulmans, Die deutsche Emigration in Frankreich, 52.
171) Über das Lager: Fabian, Coulmans, aaO, 72; Vgl. auch A. Kantorowicz, Exil in Frankreich.

Zunächst bot sich den Emigranten der Universität die Türkei als Zufluchtsort an. In Istanbul sollte eine neue Universität gegründet werden, für die erfahrene Wissenschaftler gesucht wurden[172]. In einer ersten Liste waren zwischen der türkischen Regierung und der "Notgemeinschaft deutscher vertriebener Wissenschaftler" fast 60 Personen aufgeführt, denen eine Lehrstelle angeboten werden sollte. Darunter waren 4 Heidelberger Namen: Lemberg, Loewe, Pagel, Weidenreich - tatsächlich wirkten dann Salomon-Calvi und Quincke in Ankara und Istanbul[173].

Der "Sklavenmarkt", auf dem man sich zur Schau stellte -so Alewyn-, fand auch in der Tschechoslowakei statt. Die Zahl der sich anbietenden Professoren war überaus groß, die Angebote überstiegen die offenen Stellen bei weitem. Damit unterlagen die Emigrationswilligen den Gesetzen der "Marktwirtschaft". Zur "Möglichkeit, reichsdeutsche Professoren /Emigranten/ an tschechoslowakischen Universitäten unterzubringen" wurde in der Kanzlei des Präsidenten der Republik am 22.5.1933 eine Aktennotiz angefertigt[174]: Aus Heidelberg bewarb sich der in Böhmen geborene Arthur Salz um die Berufung an eine tschechoslowakische Hochschule. Bei dieser Gelegenheit erwähnte der Präsident auch andere sich bewerbende Professoren (z.B. Nobel-Preisträger Franck). "In Fällen, wo es sich um hervorragende Fachleute handelt", solle nun versucht werden, "dieselben für unsere Hochschulen zu gewinnen. Es ist nicht nötig, alle zu berücksichtigen, sondern es wären nur die besten auszuwählen. Neben der wissenschaftlichen Bedeutung wirkt es auch in der ganzen Welt propagandistisch, wenn an unseren Schulen

---
172) Dazu Walter, Wissenschaftliche Emigration, 225 f.
173) Widmann, Exil und Bildungshilfe, 236. Hier ausführliche Darstellung der Probleme in der Türkei.
174) IfZ MA 1500/51.

mehrere hervorragende Persönlichkeiten untergebracht werden. Es ist nicht nötig, sie sofort auf systemisierte Posten zu ernennen. Sie können im Vertragsverhältnis stehen". Bezüglich der Sprachprobleme war man zu Entgegenkommen bereit: "Sie können auch deutsch vortragen". Für Arthur Salz -so die Aktennotiz- bestehe unter diesen Gesichtspunkten kaum Hoffnung auf eine Berufung. "Er sei in wissenschaftlicher Beziehung nicht von großer Bedeutung und könne daher kaum vorgeschlagen werden". Arthur Salz kam noch 1933 als Gast nach Cambridge.

Die USA und Großbritannien regelten den Zuzug von Emigranten nach Quoten: Von jeder Nation wurden pro Jahr einer bestimmten Personenzahl die Einreise genehmigt. Bei Kriegsausbruch änderte sich die Lage etwas: aus den besetzten Gebieten konnten keine Anträge mehr gestellt werden, die Emigranten hofften, daß die "unbenutzten Nummern" der "kleinen Menge (deutscher Flüchtlinge) in England, Portugal etc. zugute kommen" werde[175]. Vor Kriegsbeginn wurden jedenfalls zeitweilig in London rascher US-Visen ausgestellt[176]. Zur Einreiseerlaubnis in die USA waren Bürgschaften (affidavits of support) notwendig, die in den USA ansässige Bürger stellen mußten. Hochschullehrer durften sofort einreisen, wenn sie nachweisen konnten, daß sie mindestens für zwei Jahre fest angestellt waren. Die Rockefeller-Foundation finanzierte unendlich viele Lehraufträge und Professorenstellen, um diese Einreisebedingungen für die bedrohten Professoren zu erfüllen[177]. Wenigstens 7 Heidelberger Emigranten erhielten im Verlauf ihrer Exilzeit ein Stipendium

---

175) H. Zimmer an Gerty v.Hofmannsthal, 3.10.1940 DLA, Marbach 77.2966/2.
176) Familie Zimmer kam deshalb früher als ursprünglich geplant in die Staaten.
177) Vgl. Großmann, Emigration, 294 und 202; vgl. auch Herbert A. Strauss, Jewish Immigrants.

der Rockefeller-Foundation[178]: Zwei in England (Klibansky und Lemberg), einer in Frankreich (Alewyn), vier in USA (Loewe, Marschak, Meyerhof, Weidenreich). In dringenden Fällen -besonders nach der Besetzung von Frankreich- wurden Notvisen, dh. eigentlich "Besuchervisen", ausgestellt, um von Marseille oder Lissabon aus die Einreise in die Vereinigten Staaten zu ermöglichen. Von den ehemaligen Heidelbergern wurde so die Familie Meyerhof gerettet.

Die Rockefeller-Foundation gehörte zu den finanzkräftigsten Hilfsstellen. Doch sie war keineswegs die einzige, die zu vermitteln suchte[179]:

In London half die bei der Royal Society untergebrachte Society for the Protection of Science and Learning (anfangs: Academic Assistance Council) vielen, nicht nur deutschen Emigranten. Unter den Heidelberger ausgewanderten Dozenten kamen, soweit ersichtlich Klibansky[180] und Sultan in den Genuß ihrer Unterstützung.

Amerikanische katholische Bischöfe hatten im November 1936 das "Commmittee for Catholic Refugees from Germany"[181] gegründet, um in Zusammenarbeit mit der Katholischen Kirche in Deutschland katholische Flüchtlinge zu betreuen. Im Gründungsaufruf hieß es: die Notwendigkeit einer solchen Hilfsorganisation sei erwachsen, seit Katholiken auf Grund ihrer

---

178) Die angegebenen Zahlen erfassen nur die Personen, bei denen die Unterstützung durch die Rockefeller-Foundation bekannt wurde.
179) Dazu die Angaben bei Düwell, Hilfsorganisationen VI f.
180) Klibansky erinnert sich dankbar der aufopfernden Bereitschaft und Sorgfalt, mit der Walter Adams, 1933-1938 Generalsekretär des Academic Assistance Council, und seine Mitarbeiter jeden einzelnen Fall prüften und so gut als irgendmöglich halfen (Auskunft 11.8.1988). Zu Adams biographische Angaben in: The Annals of The American Academy of Political and Social Science, vol. 203 (May 1939) 36.
181) Mitteilung des Archivars Zito der Catholic University of America, Washington, vom 21.8.1987.

Abstammung und ihrer früheren politischen Zugehörigkeit - insbesondere zum Zentrum- gezwungen wurden, Deutschland zu verlassen und irgendwo Asyl zu suchen. Helmut Hatzfeld wandte sich an diese Organisation um Hilfe, die mit dem Oberlaender-Trust seine Professur finanzierte. Das "Jewish Refugee Committee" in Paris und London unterstützte 1933 Walter Pagel. Ernst Levy half die John-Simon-Guggenheim-Memorial-Foundation, ein Manuskript abzuschließen[182].

b. Staatsangehörigkeitsprobleme

In Deutschland regelte das Gesetz vom 14. Juli 1933 (RGBl I 480) das Staatsangehörigkeitsrecht. Nach § 1 konnten Einbürgerungen, die zwischen 9.11.1918 und 30.1.1933 erfolgt waren, widerrufen werden, wenn sie als "unerwünscht" galten. In Heidelberg wehrte sich 1933 das Rektorat mit Erfolg dagegen, daß diese Bestimmung bei dem 77jährigen von Waldberg angewandt wurde[183]. Den Deutschen, die sich im Ausland aufhielten, drohte der Entzug der Staatsangehörigkeit (§ 2), wenn sie "dort durch ihr Verhalten die deutschen Belange schädigen". Wer derartig eingestuft war, dessen Vermögen wurde eingezogen und verfiel dem Reich. In sog. "Ausbürgerungslisten" wurden die Namen der Expatriierten (meist im "Reichsanzeiger") veröffentlicht[184]. In diesen Listen erscheint nur ein Heidelberger Name, der des Strahlenbiologen Hans Laser (Liste vom 1.3.1939)[185].

---

182) Die Tätigkeit anderer Organisationen für Heidelberger Emigranten war aus den mir zugänglichen Quellen nicht zu belegen.
183) UAH A 219/v.Waldberg. Am 20.12.1933 teilte die Polizeidirektion Heidelberg mit, es werde von einer Ausbürgerung abgesehen. S.o. S.31.
184) Diese Listen sind neu von M. Hepp veröffentlicht. Auf der ersten Liste vom 25.8.1933 stand der mittlerweile in Frankreich lebende Julius Gumbel, bis 1932 Dozent in Heidelberg.
185) AaO. Liste Nr.65, 128.

Seit Ausbruch des Krieges wurde eine Neuregelung der Staatsangehörigkeitsfragen angestrebt. Am 25. November 1941 erging die 1. VO zum Reichsbürgergesetz (RGBl I 722ff). Danach verloren alle Juden die deutsche Staatsangehörigkeit, die ihren "gewöhnlichen Aufenthalt" im Ausland hatten. Mit dem Verlust der Staatsangehörigkeit verfiel ihr Vermögen dem Reich. Alle Abmachungen, wie sie zum Beispiel mit den emeritierten Ordinarien Rosenthal (1939) und Täubler (1940) getroffen worden waren, um ihnen ihre Gehaltsansprüche im Ausland zu sichern, besaßen bei Kriegsausbruch ohnehin nur deklaratorischen Wert. Durch die Verordnung vom November 1941 wurde ihnen auch der rechtliche Anspruch genommen.

Die Auswanderungswilligen hatten beim Verlassen des Deutschen Reiches eine sog. "Reichsfluchtsteuer" zu zahlen. Bereits unter dem Reichskanzler Brüning waren "Reichsfluchtsteuer und sonstige Maßnahmen gegen die Kapital- und Steuerflucht" als Notverordnung nach Art.48 WRV ergangen (8.12.1931, RGBl 1931 I 731). Die zunächst für knapp 2 Jahre vorgesehenen Maßnahmen verlängerte Reichskanzler Schleicher um weitere 2 Jahre. 1934 (18.5.1934, RGBl 1934 I 392) erhielt die Verordnung Gesetzeskraft. Noch war sie zeitlich begrenzt, wurde jedoch de facto immer wieder verlängert, zuletzt (1942) "bis auf weiteres". Die Freigrenze betrug nun nur noch 50.000 RM (zuvor 200.000 RM). Seit 1938 bestand zudem eine "Judenvermögensabgabe": Bei einem Vermögen von mehr als 5.000 RM mußte 20% des Vermögens an das Finanzamt entrichtet werden (RGBl 1938 I 1638).

Den Schwierigkeiten bei der Emigration aus Deutschland folgten die Schwierigkeiten beim Erwerb einer neuen Staatsangehörigkeit. Der Ausbruch des 2. Weltkriegs war für die Auswanderer ein entscheidender Einschnitt. Soweit sie nicht bis zum Kriegseintritt ihres Gastlandes eine neue Staatsbürgerschaft erlangt hatten, zählten sie als asylsuchende Deutsche plötzlich zu den "feindlichen Ausländern". Marschak verließ England, weil er Feindseligkeiten befürchtete. Hans Ehrenberg, der gerade in Deutschland aus dem KZ entlassen worden war, wurde im englischen Exil von Juni bis September 1940 interniert. Der Deutsche Herbert Sultan wurde in England offiziell noch nicht einmal zur "Brandwache" zugelassen[186]. In USA waren den Deutschen Reisebeschränkungen auferlegt (Alewyn) und zum Teil ihre Überwachung angeordnet. Der Ägyptologe Hermann Ranke wurde als Deutscher 1941 verhört und seine Manuskripte und Bücher (voller offenbar verdächtiger Hieroglyphen) zeitweise beschlagnahmt. Die eingeleiteten, aber vor Kriegsausbruch noch nicht abgeschlossenen Einbürgerungsverfahren ruhten. Von 17 nach den USA ausgewanderten Heidelberger Dozenten hatten nur 5 vor 1945 die US-Staatsbürgerschaft erlangt (György, Steiner, Strauss, Witebsky und wahrscheinlich auch Levy), 5 (Alewyn, Marschak, Olschki, Rosenthal) wurden unmittelbar nach Kriegsende eingebürgert[187], Meyerhof im Jahre 1949.

c. Arbeitsmöglichkeiten der Emigranten

Eine Anstellung im Ausland zu finden, war bei der schwierigen Weltwirtschaftslage mit großen Problemen verbunden. Die Konkurrenzangst der ortsansässigen Kollegen erzeugte in der Türkei wilde Gerüchte, die die Position der Ausgewanderten sehr erschwerte[188]. Eine erste Anlaufstelle bildete für viele Emigranten die "Notgemeinschaft Deutscher Wissenschaftler im

---

186) Auskunft von Frau B. Sultan, 10.6.1987.
187) Heinrich Zimmer hatte 1941 einen Einbürgerungsantrag gestellt (Brief an Gerty v.Hofmannsthal vom 6.3.1941 DLA, Marbach 77.2966/4). Die Staatsangehörigkeit der anderen Emigranten ist -soweit ersichtlich- nicht zu belegen.
188) Nissen, Erinnerungen, 192.

Ausland". Berliner Stellen informierten in der ihnen eigenen Sprachregelung 1935 "alle Dozenten" über die Tätigkeit der "Notgemeinschaft". Sie meinten, die Tätigkeit der "Notgemeinschaft" sei ziemlich "lahmgelegt", ausgewanderte Professoren könnten nur unter "wachsenden Schwierigkeiten" im europäischen Ausland untergebracht werden, "zumal wenn es sich um Juden handelt". Es werde nun versucht, "qualifizierte jüngere deutsche Gelehrte, namentlich Privatdozenten, die nicht der NSDAP angehören, ins Ausland zu ziehen, um auf diese Weise den Neubau der deutschen Hochschule zu sabotieren". Man versuche "jüngere Gelehrte zu gewinnen, die in wirtschaftlich schlechten Verhältnissen stehen und in nächster Zukunft noch nicht mit einer Berufung rechnen können". Der Reichs- und Preußische Minister für Wissenschaft, Erziehung und Volksbildung schloß seine Information mit der Aufforderung: "Die Tätigkeit der Notgemeinschaft ... im Ausland verlangt daher ... besonders sorgfältige Beobachtung"[189]. Tatsächlich stellte die Notgemeinschaft mit finanzieller Unterstützung der Rockefeller-Foundation und anderer Organisationen eine Liste der "displaced German Scholars" auf. Sie sollte unter den Hochschulen kursieren, die u.U. Dozenten übernehmen konnten. Da alle, deren Entlassung bekannt geworden war, auch ohne ihre ausdrückliche Zustimmung in der Liste aufgeführt wurden, sollte die Liste "strictly confidential" zirkulieren. In der ersten Liste vom Herbst 1936 fanden sich 36 Heidelberger Gelehrte. In der "Supplementary List" von 1937 waren 6 Heidelberger Dozenten genannt. 1941 brachte das Emergency Committee eine 3. Liste (mit 3 Heidelberger Namen) heraus[190]. Doch die Flut der Flüchtlinge

---

189) UAH Naturwissenschaftlich-Mathematische Fakultät, Verhandlungen 1934-35 II.
190) Alle Listen abgedruckt in: Emigration (1987).

war nach dem Kriegsausbruch, insbesondere nach der Besetzung der westeuropäischen Länder durch deutsche Truppen, sehr stark angewachsen[191]. Das mittlerweile nach New York verlegte Committee sah sich deshalb genötigt, unter den Stellen suchenden Dozenten hauptsächlich die zu vermitteln, die zwischen 35 und 58 Jahre alt waren. Um unter jungen amerikanischen Hochschulabsolventen keine Ressentiments aufkommen zu lassen, sollte bei gleicher Eignung Amerikanern der Vorzug bei der Stellensuche gegeben werden[192]. Mediziner mußten, wenn sie sich als Arzt niederlassen wollten, amerikanische Examina ablegen[193]. Viele Positionen setzten die volle Staatsbürgerschaft voraus[194].

Die Qualität des neuen Arbeitsplatzes hing wesentlich davon ab, wie gewichtig die bisherige Tätigkeit des Dozenten im Exil eingeschätzt wurde. Psychologen und Psychoanalytiker wie Mayer-Groß konnten in England eines großen Interesses an ihrer Arbeit sicher sein[195]. Der Nobelpreisträger Meyerhof hatte im Ausland einen leichteren Stand als Richard Alewyn, dessen Forschungsschwerpunkt lange bei der deutschen Barockdichtung gelegen hatte.

Für einige, die sich zur Emigration gezwungen sahen, tat sich bereits in Deutschland eine Berufungsmöglichkeit auf. Die einfachste Lösung bot sich Gutzwiller an: er kam als Schweizer auf

---

191) "The generous hospitality ... gives assurance that our (US-) country is aware of the opportunity to render a service comparable to that shown the Greek scholars by Western Europe when Constantinople fell to the invading Turks in 1453", aus dem Vorwort zur 1941 herausgegebenen Liste.
192) Vorwort zur Liste von 1941; dazu Holborn, Louise, Deutsche Wissenschaftler, 24.
193) Zu belegen bei Gabriel Steiner s.o. S.159.
194) Vgl. auch Quinckes Lage in Istanbul, s.o. S.150.
195) Born, The Effect of Scientific Environment, 34.

ein Ordinariat in die Schweiz (Fribourg). Salomon-Calvi[196] erhielt einen Ruf nach Ankara. Selbst als sich die politische Lage nach Atatürks Tod (1938) grundlegend geändert hatte, konnte er am Institut für Lagerstättenforschung seine deutschen Erfahrungen im Erforschen von Wasservorräten nutzen: er erstellte für die Türkei einen Quellenkatalog und im "tektonischen" Zusammenhang damit einen Bebenkatalog- beides grundlegende Arbeiten für die türkische Siedlungspolitik. Otto Pächt widmete sich in Oxford der Bodleian Bibliothek und wurde darüber zur Autorität auf dem Gebiet der illuminierten Handschriften[197]. Dagegen endete Frau von Ubischs anfangs vielversprechende Berufung nach Brasilien in Krankheit und Arbeitslosigkeit[198].

Es gelang nicht allen, in der neuen Umgebung Fuß zu fassen. Herbert Sultan[199] ermöglichte erst 1943/44 ein Stipendium, ausschließlich wissenschaftlich zu arbeiten. Als Deutscher erhielt er während seines Exilaufenthalts keine festbesoldete wissenschaftliche Arbeit. Salz lebte mit seiner Frau -wie Heinrich Zimmer es beschrieb- "eher unglücklich" in Ohio[200]. Richard Alewyn umschrieb seine Tätigkeit: "statt Gelehrter hauptamtlich Sprachlehrer" (für US Soldaten)[201]. Leonardo Olschki blieb bis 1944 ohne festes regelmäßiges Einkommen. Auch er mußte Sprachunterricht (spanisch und italienisch für Soldaten) erteilen. Ohne feste Anstellung nutzte er in Berkeley die Möglichkeit, selbst noch chinesisch zu lernen, was seinen Interessen -und seiner Arbeit über Marco Polo- entgegenkam.

---

196) Pfannenstiel, Gedenkrede (1968) 264 f und ders., Gedenkrede (1958) 165 ff.
197) Er publizierte u.a. 3 Kataloge der Bodleian Bibliothek; Fürst, Vorwort (1972).
198) S.o. S.161.
199) S.o. S.164.
200) S.o. S.146.
201) IfZ MA 1500/1.

Nach oftmals 12jährigem Exil fanden doch die meisten Emigranten -sieht man von den zu Praktikern gewordenen Medizinern ab (Quincke-Istanbul, Stern-Tel Aviv, Strauss- Michigan, später Racine/Wisconsin)- bis zum Ende des Krieges eine Anstellung an einer Universität. Bis dahin mußten Hatzfeld, Meyerhof und Olschki zweimal, Marschak sogar dreimal sämtliche Brücken hinter sich abbrechen.

Der Romanist Ernst Levy nahm einen Lehrauftrag der "University of Washington" wahr, der mit "Law, History and Political Science" umschrieben war. Dennoch konnte er sich mit seinem eigentlichen Forschungsgebiet, dem römischen Recht, befassen. 1944 drückte Levy in seinem Vorwort zu "Pauli Sententiae" seinen Dank aus: "This university has enabled me to return to my research which otherwise I might have been forced to abandon"[202].

Raymond Klibansky hatte in Deutschland nicht nur die Herausgabe der Cusanus-Werke im Auftrag der Heidelberger Akademie zusammen mit Ernst Hoffmann betreut. Seine Arbeiten für die Meister Eckart Ausgabe waren bereits so weit gediehen, daß der erste Band noch 1934 bei Meiner in Leipzig erscheinen konnte[203]. Klibansky faßte im April 1934 in London das Vortwort dazu ab. Er dankte darin Ernst Hoffmann und dem Warburg-Institut ("nunc Londoniensi"). Wenn diese Ausgabe fertiggestellt werden konnte, so Klibansky, schulde er Dank "viris doctis Britanniae". Sie seien "qua magnanimitate, studia omni modo promovent, litterarum vere fautores". In seinem Vortrag

---

202) Pauli Sententiae. A Palinginesia of the Opening Titles as a Specimen of Resarch in West Roman Vulgar Law. Ithaca (1945).
203) Mitherausgeber der Cusanus-Ausgabe war der Dominikaner Gabriel Théry. Das Konkurrenz-Unternehmen erschien 1936 ff bei Kohlhammer. Dazu Besprechung der von Klibansky besorgten Ausgabe in: Isis XXIV (1935/36) 134.

über Meister Eckart umschrieb Seeberg (1934)[204] die Schwierigkeiten der Eckart-Edition[205] aus seiner Sicht: "...Dazu kamen Rivalitäten und Eifersüchteleien... (wer die Geschichte großer Ausgaben kennt,) weiß auch ohne Belege, daß an ihrem Weg immer eine Reihe von Leichen, auch moralische Leichen liegen. Heute steht es so, daß die französischen und italienischen Dominikaner unter Führung des Pater Théry und des Dr. Klibansky an einer Ausgabe der lateinischen Werke ... sitzen, während die Notgemeinschaft der deutschen Wissenschaft ein Unternehmen stützt, das die deutschen und lateinischen Werke ... dem deutschen Volk vorlegen will und das lediglich von deutschen Gelehrten, Protestanten und Katholiken, getragen wird." 1936 wurde der ebenfalls von Klibansky bearbeitete dritte Band (in der geplanten Ausgabe Nr.13) herausgebracht, danach mußte der Meiner Verlag das ganze Unternehmen einstellen. Doch die in diesen Jahren bei der Cusanus- und der Eckart-Ausgabe erarbeiteten editorischen Grundlagen übernahm Klibansky im 5 Jahre später fertiggestellten ersten Band des Corpus Platonicum Medii Aevi.

Eine andere wissenschaftliche Arbeit, die auch im Umfeld des Warburg-Instituts entstand, spiegelt in ihrer Entstehungsgeschichte die Wirren der Zeit. Nach der Veröffentlichung von "Dürers Melancolia" faßten E. Panofsky und F. Saxl den Plan, zusammen mit R. Klibansky ein Buch über Saturn und die Melancholie zu verfassen. Die Arbeit mußte in Deutschland abgebrochen werden, da alle drei Autoren 1933 emigrierten. In England griffen sie das Thema wieder auf, sie schlossen ihre Arbeit 1939 ab und gaben das Manuskript in Glückstadt zum Druck. Während des Krieges wurden alle Druckplatten in Deutschland

---

204) Erschienen in: Philosophie und Geschichte, Bd. 50 Tübingen (1934) 10.
205) S.o.S.40.

zerstört. Lediglich eine Kopie der Korrekturabzüge war erhalten geblieben. Danach sollte eine englische Übersetzung angefertigt werden. Im März 1948 starb Fritz Saxl. Erst 1964 erschien der Band in London[206].

d. Verhältnis der Emigranten zu Deutschland

Klibansky empfand sich als "Bewahrer des anderen Deutschland"[207]. Er wollte die Emigration "positiv" wenden: sie sollte keine Abwanderung in alle Welt werden, vielmehr sollten sich die bedeutendsten Gelehrten zusammenfinden. Als er mit Saxl den Entschluß zur Emigration faßte und beide die Verlegung des Warburg-Instituts empfahlen, waren sie zugleich von der Idee getragen, außerhalb Deutschlands eine Forschungsstelle (Center of Learning) einzurichten, in der die alte Tradition des deutschen Humanismus gewahrt (perserved) werden sollte[208].

Für Klibansky wie für viele andere Emigranten (z.B. die Heidelberger Olschki, Pächt, Zimmer) war das Warburg-Institut in London ein neuer Mittelpunkt der Arbeit, Forschungszentrum oder wenigstens Begegnungsstätte im Exil geworden. Selbst den Nationalsozialisten erschien diese Institution der Erwähnung wert. Die Veröffentlichung des ersten Bandes der Warburg-Bibliographie (nach Saxl "an enterprise as dry and non-political as any humanistic institute could produce") nahm der "Völkische Beobachter" 1934 zum Anlaß, ausführlich darüber zu berichten (Saxl: "equally outstanding for ignorance and insolence"[209]).

---

206) Angaben im Vorwort zu R. Klibansky, E. Panofsky, F. Saxl, Saturn and Melancholy, London (1964) V.
207) So seine eigene Formulierung (4.9.1986).
208) Saxl, History, 336.
209) AaO.

Nicht nur in London, auch in Chicago gab es mit Bergstraesser eine Persönlichkeit, die trotz ihrer leidvollen Erfahrung in Deutschland im Exil die Verpflichtung empfand, deutsches Erbe zu bewahren. In einem 1943 verfaßten Brief an Herbert Steiner, den mittlerweile auch in USA lebenden Herausgeber der Werke von v.Hofmannsthal, brachte Bergstraesser das zum Ausdruck: "Der Abend bei Ihnen wird mir in getreuer Erinnerung bleiben, nicht nur wegen des Persönlichen, sondern auch besonders wegen der Gemeinsamkeit im Bewahren als Aufgabe. Sie scheint... wahrscheinlich das Wichtigste, wenn auch wenigst Sichtbare... das heute geschehen soll"[210]. Als Bergstraesser 1944 nach Chicago kam, bestand dort seit mehr als 12 Jahren die "Literary Society of Chicago by the Department of Germanic Languages and Literatures at the University of Chicago", die sich ihrerseits auf eine Vorläuferin beziehen konnte. 1947 erschien in Chicago mit tatkräftiger Unterstützung dieser Gesellschaft ein erster Band -in deutscher Sprache- unter dem Titel: Deutsche Beiträge zur Geistigen Überlieferung. Hier wurden Vorträge publiziert, die in regelmäßiger Folge vor der Gesellschaft gehalten worden waren. Vortragende waren u.a. Hans Rothfels, Ulrich Middeldorf, Otto von Simson und Bergstraesser selbst. Auch einen (nachgelassenen) Aufsatz von Heinrich Zimmer veröffentlichte Bergstraesser[211]. Bergstraesser faßte als Herausgeber das Vorwort zum ersten Band ab. Er schrieb darin: In der deutschen Überlieferung seien Kräfte enthalten, die als "edle und unentbehrliche Teile" zur geistigen Welt des Abendlandes gehörten. Zu ihrer Deutung und ihrem Fortleben wolle das Buch beitragen. In seinen Beiträgen werde die Mannigfaltig-

---

210) Bergstraesser an Steiner (22.4.1943) DLA, Marbach 74.2435.
211) Der Aufsatz erschien 1953 im 2.Band der "Deutschen Beiträge". Nachdem Bergstraesser 1954 nach Deutschland zurückgekehrt war, erschienen weitere Beiträge in loser Folge (7. und letzter Bd. 1972).

keit und die vielfache Spannung sichtbar, die sich im Schicksal des deutschen Geistes auspreche. Sein universaler Gehalt in der abendländischen Bildungsgeschichte solle erfaßt werden. "Wenn inmitten der Katastrophen der Gegenwart diese Beiträge es unternehmen, aus dem Reichtum des deutschen geistigen Erbes zu schöpfen, so geschieht es in dem Vertrauen auf seine fortdauernde Fruchtbarkeit und seine unzerstörte Gemeinschaft mit der abendländischen Ökumene". Die Einsicht in die geistig-ethischen Ursachen der Krisen verpflichte den geschichtlichen Betrachter, die Frage nach dem überzeitlichen Gehalt zu stellen. Die goldene Kette der Bildung sei dem Menschen nicht allein als Geschenk gegeben, sondern als Aufgabe hinterlassen.

Während sich Bergstraesser im Osten der USA um die Weitergabe der deutschen Geistesgeschichte und Sprache bemühte, weigerte sich Leonardo Olschki an der Westküste, noch in deutscher Sprache zu schreiben. Olschki publizierte in italienischer, spanischer, französischer, englischer Sprache und verfaßte sogar chinesische Gedichte. Nach 1931 veröffentlichte er nichts mehr auf deutsch. Es erschien nur noch ein Artikel von ihm in einer deutsch-sprachigen Schweizer Fachzeitschrift- geschrieben in englischer Sprache[212].

---

212) Evans, Olschki, 34. Der letzte deutsche Aufsatz: Der Brief des Presbyters Johannes, in: Historische Zeitschrift Bd 144 (1931) 1 f, nach dem Krieg erschien: Manichaeism, Buddhism and Christianity in Marco Polo's China, in: Asiatische Studien. Zeitschrift der Schweizer Gesellschaft für Asienkunde. Bern, Bd.5 (1951) 1ff.

C. Der Lebensweg der vertriebenen Dozenten nach 1945 und ihre Beziehungen zur Universität Heidelberg

I. Die Universität Heidelberg 1945

1. Die Lage unmittelbar nach Kriegsende

Am 1. April 1945 war die Universität Heidelberg durch die amerikanische Besatzungsmacht geschlossen worden. Der Energie, Zielstrebigkeit und Hartnäckigkeit Karl Heinrich Bauers war es zu danken, daß die Universität relativ rasch nach dem Krieg den Lehr- und Forschungsbetrieb wieder aufnehmen konnte[1]. Die in Heidelberg lebenden aus dem Universitätsdienst entfernten Lehrer (ganz besonders der ständig um Rat gefragte Walter Jellinek) und auch bis 1945 an der Universität lehrende Professoren (wie Freudenberg, Dibelius, Ernst) trafen sich zu vorbereitenden Gesprächen erstmals bei Jaspers, dann wöchentlich bei Radbruch[2]. Am 8. August 1945 fanden die ersten Universitätswahlen statt, sieben Tage später begannen die Medizinerkurse für kriegsapprobierte Jung-Mediziner. 800 Teilnehmer hatten sich zu den Vorsemesterkursen gemeldet[3]. Zum Winter-

---

[1] Zur Wiedereröffnung der Universität vgl. vor allem F. Ernst, Wiedereröffnung, 1 ff; de Rosa, Der Neubeginn, 544 ff; Jaspers Brief vom 23.8.1964 an K.H. Bauer, Briefwechsel, 74 ff; Mumper, Reopening.
[2] Freudenberg, Lebenserinnerungen und Ernst, Wiedereröffnung, 5.
[3] Bauer an den Physiologen Rein (Göttingen) 14.12.1945, UAH Akten Bauer,

semester 1945/46 konnten die Medizinische und die Theologische Fakultät ihren Lehrbetrieb aufnehmen. Im Januar 1946 begannen die anderen Fakultäten wieder mit Vorlesungen[4].

Die Wissbegierde und die Anstrengung über die Grenzen des eigenen Studienfachs hinaus zu lernen und einen Grund zu legen, der Freiheit und Wahrheit der Wissenschaft begreifen und sichern kann, war unter Lehrenden und Lernenden gleich groß. Die Vorlesungen, die solche Orientierungshilfen versprachen, besuchten nicht nur Studenten der Philosophischen Fakultät. Jaspers hatte noch vor Eröffnung der Philosophischen Fakultät begonnen, in der Theologischen Fakultät zu lesen[5]. Während seiner Vorlesung über die "Geistige Situation in Deutschland" konnte die Alte Aula die Hörer -Studenten und Dozenten- kaum fassen[6]. Der Senat sah sich (Sitzung vom 5.2.1946) dazu veranlaßt, "die Kontrolle der Vorlesungen ... zur Vermeidung von Störungen" zu besprechen. Zu dieser Beratung sollte Jaspers hinzugezogen werden, da "dessen Vorlesungen bes. stark von Stadtpublikum besucht werden"[7]. Dozenten und Studenten versuchten, gemeinsam zu lernen und zu arbeiten[8], einen "lebendigen Geist" zu pflegen und dem "Semper apertus" gerecht zu werden. Im Januar 1946 legte der Rektor den Dekanen ein von

---

Besetzung von Lehrstühlen der Medizinischen Fakultät.
  4) Die amerikanische Militärbehörde in Berlin hatte die Satzung der Universität im Oktober 1946 immer noch nicht gebilligt. Vgl. Radbruchs Brief vom 5.10.1946 an Rheinstein OMGUS, in UAH H II 381/Darmstädter.
  5) Sein Thema "Gottesbeweise", Brief Nr. 32 vom 2.12.1945 an Hannah Arendt, in: Arendt/Jaspers, Briefwechsel, 62.
  6) Gedruckt als "Die Schuldfrage". Jaspers selbst empfand als Dozent die Menge der Zuhörenden als "breite, stumpfe Masse". Im kleinen Seminarkreis traf er eifrige, verständnisvolle Studenten, "eine unverwüstliche deutsche Jugend, wenn auch verschwindend an der Zahl". Brief vom 12.3.1946, aaO., 69. Ähnlich Jaspers Klage (etwa 1932) gegenüber Golo Mann, in: Mann, Erinnerungen, 308.
  7) UAH B 1266/4 (2).
  8) Becke-Goehring, Rückblicke, 55 f.

Jaspers entworfenes Gelöbnis vor, das alle Professoren, Privatdozenten, Lehrbeauftragte und Lehrberechtigte, Lektoren oder wissenschaftliche Assistenten ablegen sollten: "Ich gelobe, mit allen meinen Kräften der Wahrheit zu dienen, mich bedingungslos für die Freiheit von Forschung und Lehre einzusetzen, der akademischen Körperschaft in Solidarität mich zu verbinden, die Ehre der Universität als meine eigene Sache zu wahren"[9].

Als der Rektor Bauer wegen der Freigabe der Universitätsbibliothek verhandelte, richtete er an den zuständigen amerikanischen Colonel Winning folgendes Schreiben (25.6.1945), das einen Appell an die Besatzungsmacht und die Verpflichtung der Besiegten zugleich ausdrückte: "Deutschland ist auf Gnade und Ungnade den Siegern in die Hand gegeben. Und doch gibt es eine Magna Charta Novae Germaniae: das feierliche Wort des Präsidenten Roosevelt, daß das deutsche Volk nicht vernichtet würde... Der Prozeß der Läuterung ist das Kernproblem der Stunde". Doch ohne neue Führungsschicht lasse er sich nicht denken. Bauer blieb nicht bei allgemein gehaltenen Deklarationen, sondern bezog sich sofort auf die praktischen Notwendigkeiten und Erfordernisse der Universität und erklärte: "Die geistige Existenzfrage der Universität (spitzt sich) zunächst ganz zu auf die frühestmögliche Freigabe der Bibliothek"[10].

Dem Willen, endlich wieder frei Forschen und Lehren zu können, standen 1945 außerordentlich schwierige äußere Bedingungen und ungeklärte politische Probleme entgegen. Heidelberg war zwar nicht durch Bomben zerstört, aber die Universi-

---

[9] Der Rektor an Senatsmitglieder 15.1.1946, UAH ungeordn. Bestand Naturwissenschaftlich-Mathematische Fakultät Zuschriften von auswärts 1946, Bd. 55. Die Verpflichtungsformel der neu immatrikulierten Studenten abgedr. z.B. in: Ruperto Carola, Sonderband zum 575jährigen Bestehen der Ruprecht-Karls-Universität Heidelberg, 39.
[10] Abgedruckt in: Bauer, Vom neuen Geist, 2.

tätsgebäude[11]) und viele Privathäuser[12]) hielten die Amerikaner besetzt. Jeglicher Zuzug nach Heidelberg war untersagt[13]). Die Wohnungsfrage blieb in Heidelberg für lange Zeit ein schwieriges Problem. In Heidelberg wohnende Professoren legten dem Wohnungsamt ärztliche Atteste und "Schutzbriefe für die vom Naziregime Verfolgten" vor, um gegen die Beschlagnahme einzelner Zimmer zu protestieren[14]). Die Schwierigkeiten bei der Beschaffung von Wohnraum betrafen nicht nur Heidelberger. Sie fielen vor allem ins Gewicht, wenn es um die Berufung Auswärtiger an die Heidelberger Universität ging. Die Philosophische Fakultät appellierte deshalb an das Rektorat, doch für eine Erleichterung der Wohnungslage Sorge zu tragen, denn verschiedene Berufungsverhandlungen waren an der Wohnungsfrage gescheitert, so daß sich die Fakultät unter den gegenwärtigen Beschränkungen in ihrer Existenz bedroht sah[15]). Wie kritisch die Lage war, zeigen die Pläne der Stadtverwaltung[16]): alle im-

---

11) Z.B. die "Neue Universität", das Haupt-Vorlesungsgebäude, die UB. Das amerikanische Hauptquartier lag im Juni 1945 in der Altstadt. Vgl. Jaspers, Brief an Bauer vom 24.6.1945, Briefwechsel, 25 f.

12) Betroffen waren davon vielfach die Häuser der Emigranten: Sie hatten vor ihrem Weggang ihre Wohnungen vermietet; 1941 gingen sie in Staatseigentum über, nach 1945 wurden sie beschlagnahmt. Erst spät erhielten die Emigranten ihr Eigentum zurück, Olschki-1951 (Evans, Olschki, 54 Anm. 37), ähnliches gilt für Mayer-Groß.

13) UAH Akten Bauer, Hilfe für vertriebene Kollegen 1945/46. Brief vom 23.10.1945 an Geheimrat Helfritz.

14) UAH A 219/Radbruch 7.4.1945 mit der Bitte um Schutz von Haus und Bibliothek; UAH A 219/Hoffmann, datiert vom 5.11.1948; ähnlich UAH A 219/Regenbogen. Schreiben vom 31.1.1949.

15) Fakultätsprotokoll vom 26.5.1948 UAH H IV 201/3. Der Romanist Curtius hatte sich zu Gastvorlesungen bereit erklärt, falls ihm eine Wohnung beschafft werden könne. Die Fakultät sah sich dazu nicht in der Lage, Senats-Protokoll 13.4.1948, UAH B 1266/5 (2). Ähnlich Philosophische Fakultät 16.6.1948 aaO.

16) Senatsprotokoll vom 16.7.1946, in: UAH B 1266/4 (2). In Absprache mit der Stadtverwaltung wurden alle studentischen Zimmer doppelt belegt. Wolgast, Universitätsgeschichte, 173. Vgl auch: Universität Heidelberg und Heidelberger Gewerkschaften. Tatsachenbericht aus dem Nachlaß Bauer, abgedr. als Anhang in:

matrikulierten Studenten sollten zum 1. August 1946 grundsätzlich in Heidelberg das Wohnrecht verlieren und jeder einzelne durch das Wohnungsamt geprüft und eingeschätzt werden. Nahrungsmittel waren knapp; vereinzelt gab es durch Auswanderer (Strughold) oder durch Emigranten (Otto von Simson)[17] Hilfe für die Mensa in Heidelberg. Ebenso kritisch war die Kohlenlage für die Universität. Der Senat beschloß schon im Juni 1946 lange Weihnachts- und Kohleferien und begann deshalb das Wintersemester 1946/47 bereits am 20. September[18]. Dem entsprachen die Schwierigkeiten bei der Stromversorgung.

Abgesehen von diesen wirtschaftlichen Problemen in der Stadt und Universität war es unmittelbar nach Kriegsende schwierig, Kontakte über die Zonengrenzen zu knüpfen. Zu einer Zeit, da Postkarten nur "in deutscher oder englischer Sprache und in lateinischer Schrift"[19] abgefaßt werden durften, blieb die Postzustellung unzuverlässig, erst recht in die sowjetisch besetzte Zone (nach Potsdam zu Grisebach) oder ins Ausland[20].

Neben solchen üblichen Nachkriegsproblemen belastete die Universität das gespannte Verhältnis zur Landesbezirksver-

---

Jaspers, Erneuerung der Universität, 458.

17) Hubertus Strughold war urspr. als Physiologe auf den Heidelberger Lehrstuhl berufen worden. Dann nahmen ihn die Amerikaner in Dienst. Er gab den Lehrstuhl auf und ging in die USA. Dort organisierte er 1948/49 Lebensmittel für die Mensa, UAH A 219/Strughold. Ähnlich Otto von Simson in Chicago, UAH B 1266/5 (2) Senatssitzung vom 3.11.1948.

18) Senatssitzungen vom 18.6.1946 und 16.9.1947 UAH B 1266/4 (2). Für den Winter 1947/48 waren der Universität 300 Tonnen Kohlen zugesagt worden, 1200 Tonnen machten den unbedingt notwendigen Bedarf aus, 100 Tonnen wurden ausgeliefert.

19) So der Aufdruck auf einer von Hoffmann 1945 verwendeten Postkarte UAH H IV 329/189.

20) Darmstädter erhielt in Cambridge einen Brief des Heidelberger Dekan vom 8.3., Heidelberger Poststempel 22.3., am 6.4.1947. Frau Sultan schickte 1946 Post an ihren Mann in England über die Schweiz.

waltung, bzw Landesregierung. Die lange ungeklärte Frage der Neugliederung des Landes[21] hatte sicher nicht zur Vereinfachung der Verhältnisse beigetragen. Fünf Instanzen lagen zeitweise zwischen Rektorat und der Stuttgarter Kultusbehörde. Doch der Rektor Bauer war entschlossen, die Widerstände zu überwinden und nicht nur die offensichtlich notwendige Ausbildung von Medizinern, sondern den gesamten Lehrbetrieb wieder aufzunehmen[22].

Seine Furcht vor einer erneuten Politisierung der Universität bestimmte ihn in seiner heftigen Auseinandersetzung mit den Heidelberger Gewerkschaftlern. Er wurde darin vom Kollegium unterstützt[23]. Jaspers -damals die große moralische Autorität der Universität- appellierte in seiner "Bitte um Gerechtigkeit für die Universität" an alle, die Universität beim Aufbau mit konkreten Voschlägen zu unterstützen. Doch erklärte er unmißverständlich, "der Sinn der Hochschule schließt aber aus die aktive Politik an der Hochschule selbst[24]. Sie ist ein Raum der Wahrheitserforschung. Diskussionen sollen stattfinden im Sinne der Untersuchung, nicht im Sinne der Propaganda". Jaspers sprach sich allerdings "bei näherer Vergegenwärtigung" gegen die Veröffentlichung seines Aufsatzes zu diesem Thema aus[25]. Als der sogenannte Dreizehner-Ausschuß bei Radbruch tagte, diskutierten seine Mitglieder die Ansprüche der Gewerkschaften[26], in

---

21) Dazu Reinhard Mußgnug, Die Anfänge Baden-Württembergs, 373 ff.

22) Die Amerikaner billigten die Eröffnung der medizinischen Fakultät. Die anderen Fakultäten sollten dagegen noch geschlossen bleiben. UAH Akten Bauer, Besetzung von Lehrstühlen der Medizinischen Fakultät, Brief an E. Freudenberg vom 5.7.1945.

23) UAH H II 381 (Handakte Radbruch).

24) Vgl. Jaspers Brief an Bauer, 17.7.1945, Briefwechsel, 30.

25) Abgedr. in: Jaspers, Erneuerung der Universität, 453. Dazu Jaspers an Bauer, 22.7.1946, Briefwechsel, 42.

26) In den Kliniken wollten sie durch Betriebsräte eine institutionalisierte Mitbestimmung erreichen und die "Denazifizierung" vorantreiben.

der Personalpolitik der Universität durch eigene Fragebogenaktionen[27] und deren Auswertung entscheidend mitzubestimmen. Alexander Mitscherlich[28] bejahte die Mitwirkung der Gewerkschaften - Alfred Weber dagegen verwies auf ihren Totalitätsanspruch und auf die Gefahr der "Majorisierung der wirklichen Könner durch den Durchschnitt oder durch die Masse"[29].

Die Auseinandersetzungen mit dem Betriebsrat und der "Heidelberger Arbeitsgemeinschaft der Geistig Schaffenden" überschatteten noch das Sommersemester 1946[30]. Sie fielen nicht nur anfangs zeitlich mit dem Widerstand der Landesregierung Nordbaden gegen die rasche Wiedereröffnung der Universität zusammen, im Wintersemester 1945/46 kamen dazu die Auseinandersetzungen mit dem örtlichen amerikanischen CIC Agenten Penham.

Daniel F. Penham (geb. 1914 in Bad Hersfeld, lebt in New York[31]) betrieb die Denazifizierung in der Universität nicht nur rigoros, sondern auch mit zweifelhaften Mitteln[32]. Seine Beschuldigungen gingen so weit, daß er empfahl, die Universität

---

27) Jaspers: "Die Methoden der Prüfung aller Deutschen mit den immer umfangreicher werdenden Fragebogenverfahren machen sich nun auch unsere Mitbürger zu eigen". Er hatte die Diskussion im 13er-Ausschuß angeregt. Brief an Bauer vom 14.9.1945 in: Briefwechsel, 36.
28) Geb. 20.9.1908 in München, gest. 26.6.1982 in Frankfurt/Main 1946; Heidelberger Privdoz. für Neurologie und Psychotherapie, 1952 Prof. für Psychologie/Psychosomatik an der Universität Heidelberg, 1967 als Ordinarius nach Frankfurt.
29) Nachlaß Bauer, Tagebuch, Eintrag 2.10.(1945) UAH.
30) Bauer hatte bereits im November 1945 einen Bericht "Gewerkschaften und Universität" für Major Crum ausgearbeitet. UAH Nachlaß Bauer, Tagebuch. Ein sicher nach den neuen Angriffen vom 16.7.1946 in der Rhein-Neckar-Zeitung verfaßter "Tatsachenbericht: Universität Heidelberg und Heidelberger Gewerkschaften" ist abgedruckt als Anhang zu Jaspers, Erneuerung, 455.
31) Jaspers-Bauer, Briefwechsel, Kommentar de Rosa, 99; Mumper, Reopening.
32) Auskunft H. Hoepke und W. Doerr: durch fingierte Anrufe und unwahre Unterstellungen suchte Penham seine Beweisketten zu schließen. Ebenso kritisch Freudenberg, Lebenserinnerungen, Heidelberger Jahrbücher (1988).

nochmals zu schließen und vor der Wiedereröffnung Lehrkörper und Studenten gründlich zu säubern (22.2.1946). Sein Vorgesetzter äußerte sich in einem Begleitschreiben: Das bisherige Benehmen des Rektors Bauer rechtfertige ein Erhängen, man solle ihm aber noch einen Monat zur wirklichen Denazifizierung Zeit geben und ihn andernfalls wegen Sabotage verurteilen[33]. Bauer bot seinen Rücktritt an, doch der Universitätsoffizier Major Crum setzte sich für den Rektor ein. Major Steiner (Leiter der Erziehungsabteilung der Militärregierung in Stuttgart) glättete die Wogen[34]. Auch Professoren, die nach dem Kriegsende wiedereingesetzt worden waren, waren -wie zum Beispiel der Chemiker Karl Freudenberg- auf Betreiben von Penham ohne Angabe von Gründen verhaftet und ihres Amtes enthoben worden[35].

Die Verhältnisse an der Heidelberger Universität waren 1946 außerordentlich verwirrend, die Kompetenzen unklar und die Arbeitsbedingungen höchst mangelhaft. Auswärtige Professoren, die einen gesicherten Arbeitsplatz besaßen, waren für Heidelberg kaum zu gewinnen. Der in Göttingen tätige Physiologe Rein lehnte 1946 den Ruf nach Heidelberg ab, nachdem er die "personell-politischen" Schwierigkeiten kennengelernt habe. "Welchen gewaltigen Aufwand an Zeit und seelischer Kraft

---

33) Zitiert nach de Rosa, Politische Akzente, 411.
34) UAH B 1266/4 (2) Sitzung des Engeren Senats vom 15.2.1946. "Lack of stability of judgement" konstatierte man bei Penham. Er wurde auf Befehl von General Clay nach New York entlassen, de Rosa, aaO., 413 f. Der Bericht über das Interview, das er der Zeitschrift "Communale" gab (16.10.1986), zeichnet sich vor allem durch Halbwahrheiten und Unvollständigkeiten aus.
35) UAH Naturwissenschaftlich-Mathematischen Fakultät, ungeordn. Bestand, Ordner 54, 55; GLA 235/29896; Freudenberg wurde am 14.2.1946 verhaftet, bis zum 28.2.1946 erhielt er noch Gehalt; seiner einstweiligen Wiederverwendung wurde am 16.9.1946 zugestimmt. Am 11.8.1947 bestätigte die Militärregierung die Spruchkammerentscheidung und hob sämtliche Beschäftigungsbeschränkungen auf. Vgl. Freudenbergs Lebenserinnerungen, aaO.

würde es mich kosten, wertvollste Menschen meines Mitarbeiterkreises vor dem Schicksal einer unverdienten Diffamierung auf der Grundlage einer formellen, schematischen Säuberung zu bewahren. ... Die ganze Unsicherheit der Zeit, die in Heidelberg noch sehr viel offensichtlicher wird als hier in Göttingen, scheint mir im Hinblick darauf, daß man bei 1000 Calorien sich keine nutzlose Belastung zumuten darf, den schwerwiegenden Entschluß, hier zu bleiben in erster Linie zu rechtfertigen"[36].

Radbruch erfaßte in seiner für die amerikanischen Behörden geschriebenen "Lebensbeschreibung" die von vielen geteilte Stimmung: "Die Wiederaufnahme der Lehrtätigkeit, die Arbeit als Dekan der Juristischen Fakultät, die Zusammenarbeit im Senat der Universität (gab mir) neue Lebensfreude, die ich als Glück bezeichnen würde, wenn die Zeiten und die Zukunft für Deutschland nicht so düster wären"[37].

2. Die Wiedergutmachungsgesetzgebung

Noch vor der Kapitulation ließen insbesondere die Amerikaner erkennen, daß über die im Völkerrecht gängigen Reparationsleistungen hinaus auch innerstaatlich geleistete Entschädigungen zu den Grundsätzen ihrer Besatzungspolitik gehörten. Die Bekanntmachung Nr.2 des Alliierten Kontrollrats übernahm diesen Gedanken[38]. Im Gegensatz zu anderen Besat-

---

36) UAH Akten Bauer, Besetzung von Lehrstühlen der Med. Fak. 1945/46. Brief vom 8.4.1946. Danach wurde bekannt, daß die Besatzungsbehörden einem Weggang aus Göttingen nicht zugestimmmt hätten.
37) Gedruckt in: Gedächtnisschrift für G. Radbruch, 25.
38) "Die deutschen Behörden werden die Weisung der Alliierten Vertreter auszuführen haben, die das Vermögen, das Eigentum, die verbrieften und unverbrieften Rechte und die Interessen derjenigen betreffen, die von einer diskriminierenden Gesetzgebung wegen ihrer Rasse, Sprache oder politischen An-

zungsmächten bezogen die Amerikaner die deutschen Verwaltungsstellen vergleichsweise früh in die Politik mit ein[39]. Das Württemberg-Badische Beamtengesetz vom 19. November 1946[40], sah in seinem Artikel 67 grundsätzlich die Wiedereinsetzung der vorwiegend aus politischen Gründen zur Ruhe gesetzten Beamten als Beamte vor. Auf eine gemeinsame Entschädigungsregelung konnten die Besatzungsmächte sich nicht einigen[41]. Die amerikanische Besatzungsmacht verordnete deshalb für ihr Gebiet eine Sonderregelung, die am 10. November 1947 in Kraft trat[42].

In Württemberg-Baden erging das erste Gesetz zur Wiedergutmachung am 16. August 1949[43]. 1950 unternahm die Bundesregierung eine eigene Gesetzesinitiative, um in Anbetracht der Vielfalt mittlerweile ergangener Gesetze und Verordnungen zu einer einheitlichen Regelung zu kommen[44]. Grundgedanke aller Überlegungen war, den Entlassenen die Versorgungsansprüche zukommen zu lassen, die ihnen beim Eintritt in den öffentlichen Dienst vor 1933 zugesichert worden waren. Sie sollten deshalb wieder in den Staatsdienst einge-

---

schauung benachteiligt worden sind". Zur Entstehungsgeschichte und den damit verknüpften Rechtsfragen vgl. W.Schwarz, Rückerstattung, 7 ff, 24 ff.
39) Für Heidelberg von bes. Gewicht Holborns Beobachtungen und Empfehlungen in: Hahn, Holborn, 144 ff. Der Historiker Hajo Holborn (geb.18.5.1902, gest.20.6.1969) kannte Heidelberg aus seiner Privatdozentenzeit (1926 ff) sehr gut. Er war verheiratet mit Anne Marie Bettmann, der Tochter des zwangsemeritierten Heidelberger Dermatologen, S.o. S.63 und S.152.
40) Regierungsblatt Württemberg-Baden 1946, 249.
41) Förmliche Mitteilung an den Länderrat vom 3.10.1947. Schwarz, Rückerstattung, 49 ff.
42) US Militärgesetz Nr. 59: Rückerstattung feststellbarer Vermögensgegenstände.
43) Regierungsblatt Württemberg-Baden 1949, 187 ff.
44) Gesetz zur Regelung der Wiedergutmachung nationalsozialistischen Unrechts für Anghörige des öffentlichen Dienstes vom 11.5.1951 (BWGöD), BGBl (1951) I 291. Zu den Motiven Gnirs, Wiedergutmachung, 265 ff.

gliedert werden und zwar in der Rechtsstellung und der Besoldungsstufe, die bei "regelmäßigem Verlauf" der Dienstlaufbahn voraussichtlich erreicht worden wäre[45]. Immer gingen die gesetzlichen Bestimmungen davon aus, daß Wiedergutmachung nur auf Antrag gewährt werden sollte. Zuständig war der letzte unmittelbare Dienstherr, dem auch die fälligen Ermittlungen oblagen. Gegen den Entscheid stand der Verwaltungsgerichtsweg offen. Zunächst bezogen sich die Voraussetzungen zur Wiedergutmachung nur auf beamtete, in Deutschland lebende Personen. Für die im Ausland lebenden ehemaligen Beamten war von vornherein eine Sonderregelung vorgesehen[46] und durch das Bundesgesetz vom 18. März 1952[47] verabschiedet worden. Die Entscheidung darüber, ob eine Wiedereingliederung oder eine finanzielle Entschädigung erfolgen sollte, lag letztlich beim Geschädigten[48]. Im Laufe der Jahre wurde der Kreis der Antragsberechtigten erheblich erweitert und die Antragsfristen verlängert[49]. 1955 gestand der Bundesgesetzgeber auch den ehemaligen Privatdozenten und nichtbeamteten Professoren Wiedergutmachungsansprüche zu, sofern ihr "regelmäßiger Verlauf der Dienstlaufbahn" zu einer Professur oder sonstigen beamteten Stelle geführt haben könnte[50]. Als Eingang in diese

---

45) BWGöD 11.5.1951, §9 Abs.1 und 2. Ruhegehaltsempfänger waren entsprechend einzustufen.
46) Abgesehen von der Frage der Zumutbarkeit einer Wiedereingliederung in den öffentlichen Dienst (§ 22 Württem. - bad. Gesetz vom 16.8.1949) empfahl sich das schon auf Grund der Schwierigkeiten, die sich im Devisenverkehr auftaten.
47) BGBl (1952) I 137 ff.
48) Etwa 80% aller Entschädigungsleistungen gingen und gehen ins Ausland. Schwarz, Recht der Wiedergutmachung, 436.
49) Der Personenkreis wurde um Flüchtlinge, Rückkehrer etc. ausgedehnt. Vgl. im einzelnen Gnirs, Wiedergutmachung, 268 f, 288 f.
50) 3. Änderungsgesetz zum BWGöD vom 23.12.1955, § 21 b der Anlage BGBl (1955) I 827; vgl. H. Thieme, Der Hochschullehrer in der Wiedergutmachungsgesetzgebung, 205.

Dienstlaufbahn wurde zunächst die Habilitationsleistung angesehen, bis Hannah Arendt in einem Verfahren vor dem Bundesverfassungsgericht (1971) erstritt, daß auch Habilitanden einzubeziehen seien[51].

Um den voraussichtlichen Berufsweg im Wiedergutmachungsverfahren einzuschätzen, wandte sich das Kultusministerium an die Universität. Insbesondere dann, wenn die Vertriebenen mittlerweile selbst im Ausland ein Ordinariat erlangt hatten, war es für die Fakultäten kein Problem, solche Voraussagen abzugeben. Doch wenn der Geschädigte Heidelberg am Beginn seiner wissenschaftlichen Laufbahn verlassen mußte (wie H. Quincke) oder am Kaiser-Wilhelm-Institut gearbeitet und sich auf einem Spezialgebiet (Experimentelle Pathologie) habilitiert hatte (wie H. Laser), waren Prognosen zur möglichen Übernahme eines Lehrstuhl außerordentlich schwierig. In aller Regel bestätigten die Fakultäten, daß die Kollegen mindestens eine planmäßige ao Professur erreicht hätten.

II. Rückkehr der Entlassenen

Mit der Wiederaufnahme der Vorlesungen mußten an der Universität praktische Fragen sofort gelöst werden. Die nach 1933 entlassenen bzw. in den Ruhestand versetzten Mitglieder des Lehrkörpers sollten sofort wieder in den Lehrkörper eingegliedert werden. Ihre Wiedergutmachungsansprüche waren of-

---

51) Die Angehörigen des öffentlichen Dienstes waren im Vergleich zu den in ihrem freien Beruf geschädigten Personen wesentlich besser gestellt. Zur Kritik daran Gnirs, Wiedergutmachung, 271.

fenbar, und die Universität wollte ihnen Rechnung tragen, noch bevor die zuständige Landesregierung detaillierte Regelungen getroffen hatte.

65 Universitätsangehörige waren am 7. April 1933 vom Gesetz zur Wiederherstellung des Berufsbeamtentums oder den späteren Rassegesetzen betroffen gewesen. Drei unter ihnen, die 1933 bereits emeritiert waren, bzw. im Ruhestand lebten, starben wenige Monate später (die ordentlichen Honorarprofessoren Altmann, Goldschmidt und der Emeritus Neumann). Die anderen mußten die Rassenpolitik in ihren Auswüchsen ertragen. Bis zum Kriegsende starben 18 der vertriebenen Dozenten, 44 überlebten den Krieg. Im Jahre 1945 wohnten 12 in den durch die Westmächte besetzten Zonen, Grisebach in Potsdam, Perels war aus den französischen Lagern nie herausgekommen und befand sich 1945 in Frankreich. 30 ehemals Heidelberger Dozenten lebten im Exil.

1. In Heidelberg anwesende Dozenten

Der Anglist Johannes Hoops (geb. 20. Juli 1865 in Rablinghausen/Bremen, gest. 14. April 1949 in Heidelberg) war vom Rektor Schmitthenner vor dem Einmarsch der Amerikaner mit der Wahrnehmung der Geschäfte beauftragt worden. Er übte deshalb im Sommer 1945 das Amt eines stellvertretenden Rektors der Universität aus. Alle nach 1933 aus dem Universitätsdienst Entlassenen, die für ihn erreichbar waren, und das waren zunächst diejenigen, die in Heidelberg wohnten, bat er, ihre alten akademischen Rechte wieder auszuüben. So selbstverständlich, wie er erhofft hatte, erteilte die Besatzungsbehörde jedoch ihre Zustimmung nicht. Am 8. Juni mußte er seine Bitte zurückziehen. Die amerikanische Besatzungsmacht erklärte: Das sei der Beginn einer Rehabilitierung und die könne nur mit Zustimmung der Besatzungsbehörde erfolgen. Zu diesem Zweck mußten alle Angeschriebenen Fragebogen ausfüllen und mit dem Vermerk zurückreichen: "Dismissed for political reasons, desires to be rehabilitated"[52]. Der Engere Senat beriet am 17. August 1945, wie in Rehabilitationsfällen zu verfahren sei. Da die Verwaltungswege noch ziemlich unklar waren, konnte keine Entscheidung darüber getroffen werden, "in welcher Form die Rehabilitierungen den deutschen Behörden vorgeschlagen werden sollen" (17. August 1945). Alle Dekane wurden aufgefordert, dem Rektor eine Liste "der in Frage stehenden Personen" einzureichen[53]. Nach den später laufenden Verfahren zu schließen, war die Rehabilitierung der nach 1933 Entlassenen allen selbstverständlich[54]. Nur selten wird auf diese Senatssitzung ausdrücklich Bezug genommen[55]. Im übrigen berief man sich auf allgemeinen Konsens darüber, daß "auf Wunsch" des Vertriebenen eine Rehabilitierung eingeleitet werde. Als der Engere Senat Grisebachs Reaktivierung besprach (30.11.1945), wurde in den Protokollen vermerkt: "Grundsätzlich ist die Rehabilitierung auch für im Ausland befindliche, aber erreichbare Kollegen auszusprechen[56]".

Am 7. September 1945 kam auch von der deutschen Regierung -H. Köhler fungierte damals als Präsident des Landesbe-

---

52) Rundschreiben vom 8.6.1945 z.B. in: UAH A 219/Hoffmann.
53) UAH B 1266/4 (2), Bitte wiederholt am 3.1.1947. Die Protokolle der Senatssitzungen enthalten keine ausführlichen Formulierungen.
54) In der Sitzung der Phil. Fak. vom 16.2.1946: "...Der Senat (hat) grundsätzlich beschlossen, (Rückkehrgesuche) positiv zu behandeln". S. auch unten S.225 Radbruchs Brief an Darmstädter.
55) Z.B. in dem wenige Tage darauf eingeleiteten Rehabilitationsverfahren von v.Eckardt.
56) UAH B 1266/4 (2).

zirks Mannheim- die förmliche Rücknahme der Entlassungen: ".. der Genannte (wird) mit Wirkung vom 1. April 1945 unter Berufung in das Beamtenverhältnis auf Lebenszeit mit allen früheren Rechten und Pflichten in das Amt wieder eingesetzt, das er vordem bekleidet hat". Soweit wie die Universität wollte die Landesregierung aber in ihren Rehabilitierungsmaßnahmen nicht gehen. Der Rektor berichtete dem Engeren Senat (12.3.1946), die Regierung stehe auf dem Standpunkt, daß die zu Rehabilitierenden lediglich einen Anspruch auf Pension bzw Emeritierung hätten. Die Universität dagegen wollte auch ihre älteren Mitglieder vollständig in den Lehr- und Forschungsbetrieb eingliedern[57]. Damit war in den kommenden Monaten der Grund beständiger Auseinandersetzungen zwischen Universität und Landesregierung gelegt.

Bei der Wiedereinsetzung in die alten akademischen Rechte erkannte die Regierung die Zeit der Entlassung als "ruhegehaltsfähige Dienstzeit" an. In Deutschland lebten -bis auf Karl Geiler, Hermann Hoepke und Hans v.Eckardt- damals nur ehemalige Ordinarien der Universität, denen 1945 wieder ein Lehrstuhl zugesprochen werden mußte. Eine Entscheidung darüber, welche Lehrstühle durch die Reaktivierung besetzt wurden, behielt sich die Regierung vor, denn die Entlassenen waren nicht ohne weiteres in ihre alten Lehrstühle wiedereinzusetzen: Radbruchs Lehrstuhl war mit seiner Zustimmung[58] ordnungsgemäß an Karl Engisch weitergegeben worden. Auf Levys Lehrstuhl für Römisches Recht saß seit 1943 sein Freund[59] Wolfgang Kunkel. In der Philosophischen Fakultät war die in den vergangenen 12 Jahren vollzogene Verschiebung der Lehrstühle nicht

---

57) Dazu jeweils im einzelnen weiter unten.
58) UAH H II 381/Radbruch.
59) So Levys wiederholte Formulierungen.

mehr zu rekonstruieren- zumal die Akten unvollständig vorlagen. Das zweite und dritte Ordinariat für Philosophie waren aufgegeben und umgewandelt worden, der neu ad personam (H. Schrade) eingerichtete Lehrstuhl für Kunstgeschichte seit 1942 mit Walter Paatz besetzt, der ursprünglich Grisebachsche Lehrstuhl aufgegeben. Wo Rankes Extraordinariat für Ägyptologie abgeblieben war, ließ sich nicht herausfinden. Der Universitätssenat ging, unter Vorsitz von Bauer, von der Lehrstuhlverteilung im letzten Haushaltsjahr aus. Der Rektor konstatierte zwar, noch sei die Kompetenzverteilung zwischen dem künftigen Ministerium und dem Oberpräsidium unklar. Unabhängig davon beantragte der Senat "zunächst" (28.8.1945)[60] die Übertragung des Lehrstuhls Krieck ("Philosophie und Pädagogik") an Jaspers, Fehrle ("Volkskunde") an Regenbogen, Schmitthenner ("Kriegsgeschichte") an Radbruch, Bilfinger ("Öffentliches Recht") an Jellinek. Während der Bleibeverhandlungen Regenbogens erklärte das Ministerium (Mai 1947): "die Wiederherstellung des Personalbestandes der (hier: Philosophischen) Fakultät erfolgt nach Maßgabe der augenblicklich gebotenen Möglichkeiten und der sachlichen Bedürfnisse unter Würdigung der Wünsche der Fakultät"[61]. Die Unterrichtsverwaltung sei zur Vervollständigung der Fakultät entschlossen. Aber die finanziellen Grenzen waren rasch erreicht. Der 21. Juni 1948 war der Stichtag der Währungsreform, der die bisherige Inflation stoppte, zugleich jedoch die öffentlichen Mittel drastisch verringerte. Dem Ministerium blieb nur ein zeitweiliger allgemeiner Einstellungsstopp (1948)[62].

---

60) UAH B 1266/4 (2).
61) UAH H IV 329/376.
62) UAH A 219/Geiler.

a. Juristische Fakultät

GERHARD ANSCHÜTZ, der sich bereits 1933 emeritieren ließ[63], war nun 78 Jahre alt. Eine von schwierigen Verwaltungsaufgaben begleitete Universitätstätigkeit war ihm nicht mehr zuzumuten. Er behielt seinen Status als Emeritus bei. Am 14. April 1948 starb er in Heidelberg.
Ohne die noch ausgelagerten Personalakten einsehen zu können, wurde "aus dem Gedächtnis" in der Juristischen Fakultät am 9.Mai 1945 eine Liste der Entlassenen aufgestellt, auf der nach Möglichkeit auch der Verbleib der Dozenten festgehalten wurde[64]. Die beiden in Heidelberg anwesenden ehemaligen Ordinarien Jellinek und Radbruch wurden sofort in den Stellenplan eingegliedert.

WALTER JELLINEK übertrug das Ministerium am 14. September 1945 wieder seinen alten Lehrstuhl[65]. Auf Beschluß der Fakultät sollte Jellinek bis zur Erreichung der 70. Lebensjahres seine ordentliche Professur wahrnehmen[66]. Wenige Wochen vor diesem Geburtstag starb er (9. Juni 1955).

GUSTAV RADBRUCH erhielt auf Vorschlag des Rektors den Lehrstuhl "Kriegsgeschichte" aus der Philosophischen Fakultät unter dem Vorbehalt, daß der nächste freiwerdende juristische Lehrstuhl der Philosophischen Fakultät zur Verfügung gestellt werde. Als "unconditionally accepted" von der Militärregierung eingestuft, übernahm er trotz seiner 67 Jahre 1945 die turbulenten Dekanatsgeschäfte. Im Juli 1945 gratulierte er Jellinek zum

---

63) S.o.Seite 19.
64) UAH H II 356/1.
65) UAH A 219/Jellinek, Ministerentscheid am 14.9.1945; vgl. o. S.61.
66) Bewilligt am 9.5.1953.

60. Geburtstag[67]. Er wünschte ihm reiche Schaffenszeit, nun da sich die Tür der Universität wieder aufgetan habe- für ihn selbst zu spät, wie er bedauernd hinzusetzte. Ende Januar 1948 stellte Radbruch sein Emeritierungsgesuch: Mit dem Ende des Sommersemesters werde er die Studentengeneration, die nach dem Waffenstillstand ihr Studium begann, bis zur Referendarprüfung geführt haben. Danach wolle er zurücktreten und jüngeren Kräften Platz machen. Radbruch dankte der Unterrichtsverwaltung dafür, daß sie ihm nach 12 Jahren der Unterbrechung seiner Lehrtätigkeit über die übliche Altersgrenze hinaus einen neuen Abschnitt der Lehrtätigkeit gewährt habe[68]. Noch ein Jahr lebte Radbruch hochgeachtet als Emeritus in Heidelberg. Am 23. November 1949 starb er.

KARL GEILER war ebenfalls von Hoops aufgefordert worden, seine alten akademischen Rechte -dh. seine Honorarprofessur- wieder auszuüben. Doch übernahm er sofort in (Groß-) Hessen das Amt des Ministerpräsidenten. Der Universität gehörte er deshalb zunächst nur nominell an. Nach Beendigung seiner Amtszeit in Hessen wurde er auf Antrag der Juristischen Fakultät zum "persönlichen Ordinarius für Internationales Recht" ernannt. Da er wirtschaftlich unabhängig war, die Fakultät hatte in ihrem Gesuch ausdrücklich darauf hingewiesen, übertrug das Ministerium ihm dabei keine Beamtenstelle. In den Jahren 1948/49 vertrat er die Universität als Rektor. Zu Zahlungen während des Rektorats war das Ministerium nicht ohne weiteres bereit (der Ministerialrat: "ich habe gewarnt"), leistete sie dann aber aus "Billigkeitsgründen". Eine Verpflichtung sollte daraus nicht abgeleitet werden können[69]. Kurz vor seinem Tod

---
67) UAH H II 381/Jellinek; zu Radbruchs Entlassung s.o.S.47.
68) UAH A 219/Radbruch.
69) UAH A 219/Geiler; s.o. S.104.

(14. September 1953) verlieh die Universität Heidelberg ihm die Würde eines Ehrensenators.

b. Medizinische Fakultät

HERMANN HOEPKE war der einzige in Heidelberg anwesende entlassene Mediziner. Gegen Kriegsende hatte er sich eine so große Praxis aufgebaut, daß er dem amerikanischen CIC Agenten Penham und seinen Mitarbeitern verdächtig vorkam: Sie verhörten ihn, nahmen eine Haussuchung vor, sperrten sein Konto[70]. Nachdem Hoepke mit Wirkung vom 1. November 1945 zum ordentlichen Professor für Anatomie ernannt worden war[71], stand er zu Beginn des neuen Jahres unter der Anklage nationalsozialistischer Gesinnung und wurde zum 16. Februar 1946 auf Befehl der Militärregierung entlassen. Damit die Studenten das Semester nicht verloren, setzte der Rektor Bauer durch, daß die Vorlesungen des Wintersemesters beendigt werden durften. Der Rektor beantragte auch ihre Fortsetzung im Sommersemester, denn der Universität stand kein anderer Anatom zur Verfügung[72]. Im Juli 1946 erging der Bescheid der deutschen Spruchkammer: Hoepke sei vom "Gesetz zur Befreiung von Nationalsozialismus und Militarismus" nicht betroffen. Im Oktober 1947 wurde er fast 2 Jahre nach seiner ersten Ernennung nochmals förmlich als planmäßiger ordentlicher Professor für Anatomie ins Beamtenverhältnis berufen. Bis zu seiner

---

70) Nach Auskunft von Hoepke (17.2.1987) führte Penham eine "übelste Vernehmung" durch. Hoepke mußte unter anderem Auskunft über seine Haltung in der sog. Gumbel-Affäre (1932) erteilen, UAH B 1266/4 (2).
71) Bei seiner Entlassung war er 1. Prosektor der Anatomie gewesen und hatte etatmäßig eine Assistentenstelle inne; s.o. S. 107.
72) UAH B 3099 Fasc. II und B 1266/4 (2).

Emeritierung (1957) behielt er diesen Lehrstuhl, übernahm danach bis 1961 auch noch die Lehrstuhlvertretung.

c. Philosophische Fakultät

An der Philosophischen Fakultät beantragte ERNST HOFFMANN (65 Jahre alt) am 3. September 1945 über den Rektor, als aktiver Professor wieder in seine alten akademischen Rechte eingesetzt zu werden[73]. Mit Wiedereröffnung der Philosophischen Fakultät übernahm er ein volles Semesterprogramm. Hoffmann ging dabei davon aus, daß er seinen Lehrstuhl (Philosophie und Pädagogik) vertrete[74]. Formal war ihm das jedoch von der Unterrichtsverwaltung nicht bestätigt worden. Auch sein Gehalt wurde zunächst nicht ausgezahlt. Auf wiederholte Anfrage erklärte das Ministerium (26.4.1946): zur vollständigen Rehabilitierung fehlten bislang die Akten, auch in der letzten Sendung der in der französischen Zone ausgelagerten Bestände sei keine Information über den Verbleib seines Lehrstuhls enthalten gewesen. Da Hoffmann jedoch als Emeritus bereits im vergangenen Semester eine volle Lehrtätigkeit ausgeübt habe, sei es dem Ministerium "wesentlich, seine Reaktivierung nunmehr zu beschleunigen"[75]. Im Juli 1946 wußte man im Ministerium, daß es 1945 nur noch einen Lehrstuhl für Philosophie gab, und zwar den, den jetzt Jaspers innehatte. Die Wiedererrichtung eines 2. Ordinariats sei im neuen Stellenplan vorgesehen. Auf den neu eingerichteten Lehrstuhl sollte "Prof. Hoffmann im Wege der Wiedergutmachung reaktiviert" werden. Der Minister bat die Fakultät darum, diesen 2. Lehrstuhl genauer zu bezeichnen, "damit mehrere

---

73) UAH H IV 189, Antrag des Dekan vom 4.11.1945; vgl.o. S.66.
74) Fakultätssitzung vom 4.12.1945; UAH H IV 201/2.
75) Alle Akten UAH A 219/Hoffmann.

Richtungen (der Philosophie) in Heidelberg dauernd gepflegt werden". Hoffmann wurde jedoch aus Alters- und Krankheitsgründen nicht mehr "reaktiviert". Am 22. Oktober 1947 einigte sich die Philosophische Fakultät auf eine Liste zur Wiederbesetzung der zweiten Philosophischen Professur[76]. Hoffmanns Besoldung blieb ungeklärt, bis er 1950 das Ministerium um eine Besserstellung bat. Das Ministerium empfahl ihm (15. November 1950) einen förmlichen Wiedergutmachungsantrag einzureichen, darin rechnete das Ministerium die Jahre der zwangsweisen Emeritierung auf die Dienstzeit an und ging davon aus, daß seine Entpflichtung Ende März 1948, dh. mit 68 Jahren, kraft Gesetzes eingetreten sei. Am 28. Januar 1952 starb Ernst Hoffmann.

KARL JASPERS war durch seinen Freund, den Sozialdemokraten Emil Henk, den Amerikanern als Verbindungsglied zur Universität benannt worden[77]. Zugleich mit der (vorläufigen) amerikanischen Bestätigung K.H. Bauers als Rektor, wurde Jaspers zum "Senator" der Universität bestellt (9. August 1945, im Juli 1946 ernannte ihn der Universitätssenat zum "Ehrensenator"). Während des Nationalsozialismus mußte Jaspers verschiedene Einladungen in die Schweiz ausschlagen. Im September 1946 erhielt er die Ausreiseerlaubnis nach Genf zu einem Vortrag bei den "Rencontres Internationales" -für das Ehepaar Jaspers eine Gelegenheit, Freunde und Verwandte in der Schweiz wiederzutreffen[78]. Die gleichzeitige Einladung nach Basel wurde auf den Sommer 1947 verschoben. Jaspers ließ sich von seinen

---

[76] Auf der Liste standen: 1. Erich Frank, 2. Hans Georg Gadamer, 3. Gerhard Krüger. Die Wiederbesetzung des Lehrstuhls war schwierig, weil in der Philososphischen Fakultät keine Klarheit darüber herrschte, ob die mittlerweile vom Ministerium vorgesehene Pädagogische Professur auf Hoffmanns Lehrstuhl "verrechnet" würde. Seit Dezember 1947 verhandelte Jaspers wegen seines Rufs nach Basel.
[77] Vgl dazu de Rosa, Politische Akzente, 361 ff; s.o.S.98.
[78] Vgl Brief an Hannah Arendt aus Zürich vom 18.9.1946, Briefwechsel, 93 ff.

Heidelberger Vorlesungsverpflichtungen für Juli 1947 entbinden, um die Termine in Basel wahrnehmen zu können ("Eine Absage ... würde dort "wie eine Katastrophe" wirken")[79]. Seine Vorlesungen fanden große Resonanz und trugen ihm eine neue Einladung für April 1948 ein[80]. Der Sommer 1947 war für ihn auch mit anderen Ehrungen verbunden: Dr. hc Lausanne und im August der Goethepreis der Stadt Frankfurt. Am 22. Dezember 1947 informierte er das Rektorat förmlich darüber, daß er einen Ruf nach Basel erhalten habe. Die Universität bemühte sich sehr, ihn in Heidelberg zu halten[81]. Auch seine Freunde baten Jaspers zu bleiben (Radbruch: "Wenn Deine Stimme gehört werden soll, dann nur von den Trümmern Deutschlands aus"[82]). Auf den Appell des Großen Senats (21. Januar 1948), den der Rektor Kunkel ihm überbrachte, erwiderte Japers: die innere Bindung an Heidelberg sei für ihn unlösbar, er bleibe Heidelberger, wo immer er auch sei (26. Januar 1948). Während in Heidelberg die Entscheidung noch offen schien, wähnte Hannah Arendt das Ehepaar bereits mit einem Fuß in Basel[83]. Sie hoffte, daß Jaspers dort endlich wieder zu der Ruhe komme, die er für seine weitere Arbeit brauchen werde. In seiner Antwort (30. Januar 1948) meinte Jaspers, alles werde schwierig, da er nicht wisse, "ob die Amerikaner die

---

79) Die Papiere kamen jedoch eine Woche zu spät aus Berlin, so daß Jaspers später nach Basel reiste. Brief an H. Arendt, 20.7.1947, aaO, 129. In dem noch in der Schweiz, d.h. unzensiert geschriebenen, Brief eine ausführliche Schilderung der Basler Eindrücke.
80) AaO, 130.
81) Die Berufungszusagen des Ministeriums enthielten neben einer überaus großzügigen finanziellen Abfindung (Zusicherung des jeweiligen Höchstgehalts) u.a. auch die Zusage, lediglich 2 Wochenstunden lesen zu müssen, jedes 4.Semester ein Freisemester zu nehmen, Befreiung von Staatsexamina, Angaben bei Saner, Jaspers, 55.
82) Auskunft Friedrich Weber (2.2.1987).
83) Brief vom 25.1.1948, Briefwechsel, 136.

Ausreise erlauben. Es kann wirklich sein, daß ich zwangsweise hier gehalten werde. Ich sollte es für unmöglich halten, aber man sagt mir, daß ein auf meine Freizügigkeit ausgeübter Zwang doch noch unerwünschter sein müßte. Nun müssen wir wochenlang warten in der Spannung. Alles übrige, was Basel angeht, ist phantastisch in Ordnung"[84]. Ende Februar erhielt Jaspers das "Exit-Permit". Das Basler Ministerium war damit einverstanden, daß er seine Entscheidung erst bekannt gab, nachdem er mit seiner Bibliothek in Basel eingetroffen war. Heidelberg verließ er heimlich in einem Wagen der Kantonsregierung[85]. Die Abschiedsbriefe an Rektor und Dekan, dazu eine für die Presse bestimmte öffentliche Erklärung, ließ er in Heidelberg zurück. Sie sollte erst 2 Tage nach seinem Auszug bekannt gemacht werden[86]. In diesen Briefen betonte er, bei seiner Entscheidung handle es sich nicht um etwas Grundsätzliches. "Die Weite Europa's, die Verfügbarkeit der Literatur der ganzen Erde und damit neue Antriebe für die Entfaltung meiner Arbeit. Es zieht mich in die geliebte Welt der Schweizer Freiheit und Humanität... Meine Frau und ich, beide alt und körperlich leidend, werden es in Basel materiell leichter haben und vielleicht Ruhe zur Arbeit finden". Freunde und vor allem die studentische Jugend hätten ihn an Heidelberg gebunden, "Studenten, denen ich glauben darf, daß sie eine innere Teilnahme an dem vollziehen, woran ich arbeite. Ich dachte aber auch, daß diese wenigen mich schon bald verlassen, wenn ihr Studium beendigt ist, daß persönliche Anwesenheit immer nur auf einen sehr kleinen Kreis beschränkt ist, und daß beste Jugend nicht nur in Heidelberg, sondern auch in Basel ist". Sein Fortgang sei

---

[84] AaO, 138.
[85] Sternberger, Karl Jaspers, 295.
[86] Veröffentlichung in der Rhein-Neckar-Zeitung Heidelberg am 24.3.1948.

kein Bekenntnis. Er vertraue vielmehr "den Möglichkeiten dieser (Heidelberger) Universität, an der ich mit Zuversicht weitergewirkt hätte, wenn nicht dieser erstaunliche Ruf aus Basel wie eine Weisung des Schicksals zu mir gekommen wäre"[87]. Die Heidelberger Schwierigkeiten, die er selbst ein Jahr zuvor überaus eindringlich geschildert hatte[88], waren über dem Brand der Universitätsgebäude, vor allem aber über der Währungsreform nicht geringer geworden. Der Rektor klagte ihm (25. Juni 1948) über die Not der Studenten. Die Universität besitze noch keinen Pfennig neues Geld. Deshalb müsse auch der Brief an ihn zunächst liegen bleiben. Jaspers veröffentlichte seine Rede anläßlich der Verleihung des GoethePreises noch in der Heidelberger Zeitschrift "Die Wandlung"[89]. Seine Heidelberger Freunde verteidigten ihn gegen die danach publizierten Angriffe[90]. Auf Einladung der Studenten kam er im Juli 1950 nochmals zu Gastvorlesungen nach Heidelberg. Die Philosophische Fakultät verlieh ihm zu seinem 70. Geburtstag 1953 das Ehrendoktorat[91]. Wenn auch der Kontakt zu einzelnen Kollegen erhalten blieb[92], seine Distanz zu Deutschland und damit auch zu Heidelberg wuchs im Laufe der Jahre. Bis zu seinem Tod

---

87) Hans Saner nennt zwei Gründe für Jaspers Weggang: "Er wollte seiner jüdischen Frau, die unter den Gespenstern der Vergangenheit ... unendlich litt, nicht zumuten, länger in Deutschland zu leben" (Zitat aus dem von Saner verwalteten Nachlaß), nach der hektischen Zeit des Wiederaufbaus habe Jaspers 1948 "Ruhe und Freiheit und nichts als Philosophieren" gesucht, Saner, Jaspers, 56.
88) Brief an H. Arendt vom 19.4.1947, aaO 117 ff. Hannah Arendt hatte um Rat für eine Kollegin gefragt, die sich mit dem Gedanken trug, von USA nach Deutschland zurückzukehren.
89) Die Wandlung. Eine Monatsschrift, hrsg. von Dolf Sternberger.
90) E. R. Curtius hatte die "diktatorischen Ansprüche dieses Philosophen", seinen Ton des "Besserwissers" und "Alleswissers" moniert, die Kollegen wandten sich gegen diesen "unsachlichen und beleidigenden Angriff"; Rhein-Neckar-Zeitung 7.5.1949/17.5.1949.
91) Dazu H.G.Gadamers Laudatio, 52 ff.
92) S. Briefwechsel mit K.H.Bauer.

(26. Februar 1969) wohnte er in Basel. In dem von ihm selbst verfaßten Nekrolog schrieb er über sich: "Der Verlust des politischen Vaterlandes drängte ihn in eine Bodenlosigkeit, in der ihn mit seiner Frau nur auffing der Ursprung des Menschseins überhaupt. ... In Basel, in europäischer Überlieferung in der Freiheit als Gast die Ruhe eines Asyls zu finden, war ihm das letzte Geschenk"[93].

OTTO REGENBOGEN wurde 1945 der Lehrstuhl für Volkskunde überschrieben, den bislang Eugen Fehrle, urspünglich Altphilologe, innegehabt hatte. Regenbogen übernahm 1945 als erster das Dekanat der Philosophischen Fakultät. Im August 1946 teilte er dem Rektor mit, daß er einen Ruf nach Berlin auf den Lehrstuhl seines Lehrers Hermann Diels erhalten habe, mit dem auch wichtige Aufgaben im Rahmen der Berliner Akademie verbunden seien. Das Karlsruher Ministerium gestand der Altphilologie ein Lektorat zu und eine Aufstockung der Sachmittel "im Rahmen der verfügbaren Mittel". Regenbogen sollte sogar ein Freisemester erhalten[94]. Im Sommer 1947 lehnte er den Ruf ab. Als der Rektor ihm 1956 zum 65. Geburtstag gratulierte, bedankte Regenbogen sich: er habe immer das Bewußtsein gehabt, der Universität Heidelberg in einer ganz besonderen Weise verbunden zu sein. "In Freud und Leid, als ihr Angehöriger und als ihr Verbannter habe ich mich immer als zu ihr gehörig betrachtet, und so wird das bleiben, solange ich auf dieser Erde wandle"[95]. Nach seiner Wiedereinsetzung wirkte er noch 14 Jahre als Ordinarius in Heidelberg. Der Universität blieb er bis zu seinem Tod (8. November 1966) verbunden.

---

93) Jaspers, Nekrolog, 4.
94) Dieser Wunsch erschien in Karlsruhe allerdings einigermaßen verwunderlich, da Regenbogen doch gerade 8 Jahre lang an der Ausübung seiner Lehrtätigkeit gehindert worden sei UAH H IV 329/376; s. auch S.102.
95) UAH A 219/Regenbogen.

1945 war ALFRED WEBER 77 Jahre alt geworden[96]. Er stand seinen Kollegen, insbesondere im sogenannten "Dreizehner-Ausschuß" beratend zur Seite. Doch er blieb Emeritus der Philosophischen Fakultät. Aber auch als "inaktiver ordentlicher Professor" kündigte er sofort nach Wiedereröffnung der Universität regelmäßig Vorlesungen (z.B. "Sinn und Gestalt der Universalgeschichte"), Kolloquien und Arbeitsgemeinschaften (insbesondere mit Walter Jellinek) an. Noch im WS 1957/58 wollte er ein Kolloquium abhalten. Am 2. Mai 1958 starb er in Heidelberg.

Auch MARIE BAUM lebte (zusammen mit Marianne Weber) bei Kriegsende in Heidelberg. Im Herbst 1945 war sie gebeten worden, wieder einen Lehrauftrag an der Universität zu übernehmen. Als das Ministerium sie finanziell nicht angemessen honorieren wollte, empörte sich der Dekan Ranke[97]: Man wisse offenbar nicht, um wen es sich handle. "Frau Dr. Baum gehört zu den Pionieren ... der praktischen Sozialfürsorge und Wohlfahrtspflege". Aus der Geschichte der Sozialfürsorge und der politischen Bewegung der Jahrzehnte vor dem Dritten Reich sei sie nicht wegzudenken. Die Universität schulde ihr großen Dank dafür, daß sie sich trotz ihres Alters in schwierigen Zeiten wieder zur Verfügung stelle. Die finanzielle Regelung des Ministeriums "einer solchen Persönlichkeit gegenüber (ist) weder mit der Würde der Universität noch der Unterrichtsverwaltung vereinbar". Das Ministerium wies diese Kritik zurück[98]: es sei ihm erneut zur Pflicht gemacht, bei der Ausgabe von Staatsgeldern die Tatsache nicht aus dem Auge zu verlieren, "daß wir einen schweren Krieg verloren haben. Für Leute ohne diese Verant-

---

96) S. oben Seite 20.
97) Schreiben vom 4.7.1947, UAH A 219/Baum; s.o. S.23.
98) UAH H IV 509/18.

wortung ist es leicht, die Maßnahmen der Unterrichtsverwaltung zu kritisieren". Was die verletzte Würde der Universität anlange, so "wird die Philosophische Fakultät... darauf aufmerksam gemacht, daß sie es uns schon überlassen muß, diese Frage selbst zu prüfen und zu verantworten. Der Ton des Schreibens... ist unangebracht". Im Frühjahr 1949 verlieh der Senat Marie Baum zu ihrem 70.Geburtstag die Würde eines Ehrenbürgers der Universität[99]. Bei der Einrichtung von Arbeitsgemeinschaften und Vorlesungsreihen wurde sie um Rat gefragt und um Beteiligung gebeten[100]. 1951 legte sie ihren Lehrauftrag nieder, ihren Sitz im Verwaltungsrat der Studentenhilfe behielt sie bis 1956 bei. 8 Jahre später verstarb sie (8. August 1964).

2. Rückkehr aus deutschen Gebieten

a. Medizinische Fakultät

Der frühere ordentliche Professor für Psychiatrie KARL WILMANNS lebte bei Kriegsende in Wiesbaden. Am 7. Juli 1945 schrieb ihm K.H. Bauer, als Dekan mit der Wahrnehmung der Geschäfte beauftragt, und bat ihn, seine früheren Rechte wieder wahrzunehmen. Er habe ihn -vorbehaltlich seiner Zustimmung- bereits als Vortragenden für das Fach Psychiatrie vorgeschlagen. Wenige Wochen später teilte Frau Wilmanns mit, daß ihr Mann am 23. August- im Alter von 72 Jahren- verstorben sei[101].

---

99) Senatssitzung vom 14.3.1949, UAH B 1266/5. Die eigentlich geplante Verleihung eines Ehrendoktorats ließ sich in der Kürze der Zeit nicht mehr verwirklichen.
100) Senatsprotokoll vom 16.7.1946 UAH B 1266/4 (2) und 20.1.1948 UAH B 1266/5.
101) Akten Bauer, Besetzung von Lehrstühlen der Medizinischen Fakultät; vgl.oben S. 51.

b. Philosophische Fakultät

AUGUST GRISEBACH wohnte 1945 in Potsdam[102]. Angesichts der Gefahren bei einem Grenzübergang rieten amerikanische Offiziere in Westberlin der Familie Grisebach, mit dem Aufbruch nach Heidelberg zu warten, bis genauere Regelungen getroffen seien. Grisebachs erste Versuche in den Westen zu reisen scheiterten. Weiter als Erfurt konnte er ohne Papiere nicht kommen. Mittlerweile lag den amerikanischen Offizieren in Zehlendorf die Aufforderung aus Heidelberg vor, Grisebach solle sein Amt an der Universität wieder übernehmen. Er brauchte jedoch eine schriftliche Bestätigung des für Heidelberg zuständigen Military Government darüber, daß er beim Aufbau der Universität dringend gebraucht werde und unter Mitnahme seiner Bibliothek übersiedeln solle. Familie Grisebach bekam die Ausweise, doch die naheliegende Bitte, Bibliothek und Hausrat gemeinsam nach Heidelberg zu transportieren, stieß auf ungeahnte und letztlich unüberwindliche Schwierigkeiten[103]. Anfang Februar 1946 kam Familie Grisebach nach Heidelberg. Sie wohnte zunächst bei Jaspers[104]. Eine sofortige Wiedereinsetzung Grisebachs auf seinen alten Lehrstuhl war nicht möglich, da der Lehrstuhl während des Nationalsozialismus eingezogen worden war. Das Ministerium hatte deshalb bereits im Januar 1946 Bedenken gegen eine "Reaktivierung" Grisebachs

---

102) Vgl. dazu die eindrückliche Schilderung seiner Frau (Hanna Grisebach, Potsdamer Tagebuch, 52 ff) vom zerstörten, von Epedemien und Hungersnöten heimgesuchten Potsdam, über die Schwierigkeiten Nachrichten nach dem Westen gelangen zu lassen; vgl.o. S. 96.
103) Der Hausrat ging verloren. Als Ernst Gall bei seinem Umzug Grisebachs Hausrat beiladen wollte, wurde ihm erklärt, alles sei aus Berlin weggegangen. UBH Heid. Hs 3717, Fasc 15.
104) Auskunft von Frau Grisebach (7.10.1986).

angemeldet und mit Rücksicht auf sein Alter, am 4. April 1946 wurde er 65 Jahre alt, eine Emeritierung empfohlen. Er sollte mit der Abhaltung von Vorlesungen an der Universität beauftragt werden (der Ordinarius für Kunstgeschichte Paatz war noch nicht aus englischer Gefangenschaft nach Heidelberg zurückgekehrt), "wodurch (Grisebach), wie ich hoffe die Ausreise aus Berlin und der Zuzug nach Heidelberg ermöglicht wird"[105]. Die Fakultät beriet im Februar ausführlich ihre Verhandlungsposition gegenüber der Regierung. Die "Reaktivierung als solche" war allen selbstverständlich. Jaspers stellte den Grundsatz auf: das frühere Recht gehe vor, jede Besetzung eines Lehrstuhls nach 1933 trage "das Risiko minderen Rechts in sich". Jaspers wollte, wie er im Verlauf der Fakultätssitzung meinte, eine theoretische Entscheidung für den Konfliktfall gewinnen. Die Fakultätsmitglieder äußerten Bedenken gegen einen solch weitführenden Grundsatz: Nach diesem Prinzip müßte bei den Kunsthistorikern Herr Paatz weichen. Die Gesamtfakultät schloß sich dem nicht an, denn die Wiederherstellung des Rechts durch Reaktivierung (Grisebachs) sollte nicht durch Unrecht (an Herrn Paatz) belastet werden. "Nicht die Person (Herr Paatz) sondern der Staat müßte Verantwortung für nationalsozialistisches Unrecht tragen"[106]. Der Dekan schlug dem Ministerium vor, für Grisebach ein persönliches Ordinariat für Kunstgeschichte einzurichten, das als "künftig wegfallend" eine zeitlang neben dem planmäßigen geführt werden sollte. Dies sei dann die genaue Umkehrung zu den Vorgängen nach 1933. Als die Philosophische Fakultät von

---

105) UAH A 219/Grisebach.
106) Jaspers stimmte dieser Formulierung (von W. Panzer) zu, hielt aber am Gedanken fest, daß alle Handlungen der nationalsozialistischen Regierung geringeren Rechtscharakter trügen, UAH H IV 201/2 Fakultätssitzung vom 16.2.1946.

der Juristischen Fakultät die Überlassung des 2. Lehrstuhls für Öffentliches Recht für Grisebach forderte, widersprach Jellinek namens der Juristischen Fakultät und schaltete sich in die Verhandlungen zwischen Ministerium und Philosophischer Fakultät ein. Um Grisebach zu "seinem vollen Rechte zu verhelfen", empfahl Jellinek der Philosophischen Fakultät, die Landesregierung darum zu bitten, die seinerzeit ausgesprochene Versetzung in den Ruhestand in eine Emeritierung umzuwandeln und Grisebach mit der Verwaltung seines alten Lehramts zu betrauen[107]. Das Unterrichtsministerium sah die Bitte um Reaktivierung wohl als begründet an. Grisebachs vorgeschrittenes Lebensalter, vor allem aber die Feststellung, daß der Lehrstuhl besetzt war, brachten das Ministerium dazu, das Gesuch abzulehnen. "Einen zweiten Lehrstuhl eigens für Grisebach einzurichten, läßt sich gegenwärtig (20.8.1946) nicht rechtfertigen". Das Ministerium empfahl die nationalsozialistische Pensionierung in eine Emeritierung umzuwandeln[108]. Zur Sicherung seines Einkommens nahm Grisebach eine Emeritierungsurkunde entgegen (Oktober 1946). Die Fakultät betrieb, unterstützt durch Jellinek, weiterhin seine volle Reaktivierung. Nach einem vermittelnden Gespräch stellte Jellinek fest: die Regierung fürchte, die Philosophische Fakultät werde bei seinem Lösungsvorschlag nach Grisebachs Entpflichtung Ansprüche auf einen zweiten kunstgeschichtlichen Lehrstuhl erheben. Jellinek räumte diese Bedenken in Karlsruhe aus. Im März 1947 wurden Grisebach als emeritiertem Professor die "akademischen Rechte und

---

107) Schreiben vom 25.2.1946 in UAH H II 356/1, vgl. die Protokolle des Engeren Senats, in denen diese Fragen laufend erörtert wurden UAH B 1266/4 (2).
108) GLA 235/29880. Die Ministerialbürokratie glaubte hinzufügen zu müssen: "G. ist zwar in der Zeit der nationalsozialistischen Herrschaft zu unrecht... vom Amt entfernt..., aber (es ist) auch erwiesen, daß er niemals irgendwie Stellung gegen den Nationalsozialismus genommen. Infolgedessen komme ich zu einer ablehnenden Haltung gegenüber dem Antrag der Fakultät".

Pflichten eines aktiven ordentlichen Professors mit Sitz und Stimme in der Fakultät bis auf weiteres zuerkannt". Der Rektor von Campenhausen informierte ihn darüber und gab seiner Freude Ausdruck, "daß die für uns alle tief beschämenden Schwierigkeiten, die Ihre Restitution so lange aufgehalten haben, nun endlich behoben sind"[109]. Drei Jahre später starb Grisebach (24. März 1950).

HERMANN RANKES Schwierigkeiten waren ganz ähnlicher Art. Es blieb ungeklärt, wohin das Extraordinariat, das Ranke als persönliches Ordinariat verwaltet hatte, verschoben worden war. Ranke hatte sich in die Nähe von Freiburg zurückgezogen. Er erklärte sich bereit -Ranke war 67 Jahre alt-, seine Vorlesungen wieder zu beginnen, "sobald die dafür notwendigen Voraussetzungen gegeben sind"[110]. Die Fakultät bat das Ministerium, "für ihn eine Form zu finden, in der es ihm möglich wäre, seine ... dringend erwünschte Lehrtätigkeit wieder aufzunehmen", und ihm "gegenüber seiner früheren Situation kein Schaden erwächst". Der Kultusminister Schnabel bestätigte der Fakultät die feste Absicht der Unterrichtsverwaltung, den Lehrstuhl für Ägyptologie wiederherzustellen, denn seine Beseitigung sei "ohne Zweifel ein Akt mit politischer Tendenz" gewesen. In Karlsruhe wurde jedoch Ranke -zusammen mit Grisebach- als inaktives Mitglied des Lehrkörpers eingestuft und mit der Verwaltung des Instituts beauftragt[111], was er selbst nicht als "ausreichende Wiedergutmachung" gelten lassen wollte. Rektor, Senat und Fakultät unterstützten ihn (und Grisebach) in dieser Bitte und hoben hervor, daß Ranke die bedeutende Ägyptische Sammlung am Institut aus dem Nichts aufgebaut habe. Die volle

---
109) UAH A 219/Grisebach.
110) UAH H IV 329/371; dort die weiteren Schriftstücke; vgl. o. S. 100.
111) Das Ministerium wollte "beim Alter des Gelehrten" keine Reaktivierung betreiben (25.5.1946) GLA 235/1566.

Wiederherstellung seiner Position sei "schlechterdings notwendig. Ohne sie würde das Ansehen unserer Universität vor der Hochschulwelt und dem Auslande einen schweren Schlag erleiden". Dennoch wurde Ranke zum 1. Juni 1946 "im Wege der Wiedergutmachung" emeritiert. Seine Vorlesungstätigkeit wurde über einen Lehrauftrag geregelt[112]. Jellinek schaltete sich auch für Ranke in die Verhandlungen zwischen Universität und Regierung ein. Er bat in Karlsruhe darum, alles zu tun, um den Antrag auf Reaktivierung Rankes zu erfüllen. "Das bißchen Kolleggeldgarantie, das Sie aufwenden müßten, kann doch sicher kein Grund dafür sein, um diese dringend nötige Wiedergutmachung geschehenen schweren Unrechts zu verzögern oder zu verhindern"[113]. Entsprechend der für Grisebach getroffenen Regelung, wurden im Sommersemster 1947 auch Ranke als Emeritus "ausnahmsweise die akademischen Rechte und Pflichten eines aktiven ordentlichen Professors mit Sitz und Stimme in der Fakultät bis auf weiteres zuerkannt". 1947/48 übernahm Ranke die Dekanatsgeschäfte. 1948 erhielt er eine Einladung nach Philadelphia, 1950 zu Gastvorlesungen nach Alexandria (an die Faruk Universität), die bis 1952 verlängert wurden. Am 22. April 1953 starb er in Freiburg. In seinem Kondolenzschreiben meinte der Dekan, es sei der sehnlichste Wunsch der Fakultät gewesen, Hermann Ranke zu seinem 75. Geburtstag (das wäre der 5. August 1953 gewesen) die Wiedereinrichtung des alten Lehrstuhls für Ägyptologie zu vermelden. Kurze Zeit darauf trat Eberhard Otto Rankes Nachfolge an.

---

112) Da 1947 die Zahl der Studenten mit dem Studienfach Ägyptologie sehr klein war, wollte das Ministerium, wie in solchen Fällen üblich, das Lehrauftragshonorar kürzen, erklärte sich aber zu einem Dispens bereit.
113) Jellinek am 14.11.1946 an den zuständigen Ministerialrat GLA 235/1566.

Der ao Professor HANS VON ECKARDT hatte 1933 eine Stiftungsprofessur für Publizistik verloren. Nach Kriegsende nahm er die Stellung eines "Vertrauensmanns der Militärregierung in Bayern" ein. Seit 1. September 1945 war er Delegierter des bayerischen Ministerpräsidenten im Kultusministerium[114]. Alfred Weber setzte sich nachdrücklich für Hans von Eckardt ein und beantragte, ihm seine nach dem Senatsbeschluß[115] vollzogene Rehabilitierung offiziell zu übermitteln[116]. Im Dezember bat der Rektor von Eckardt, seine alten akademischen Rechte "vorbehaltlich der endgültigen Zustimmung der Besatzungsbehörde und der Genehmigung von seiten des Präsidenten der Landesverwaltung Baden" wieder auszuüben[117]. Um nach Heidelberg zurückkommen zu können[118], mußte von Eckardt eine ausdrückliche Erklärung über seine Rehabilitierung vorlegen. Die Philosophische Fakultät beriet ausführlich (Sitzung vom 16. Februar 1946), in welcher Form von Eckardt wieder einzugliedern sei. Die Stiftungsgelder, aus denen seine Professur finanziert worden war, waren so zusammengeschmolzen, daß von Eckardt daraus -insbesondere in Anbetracht der erwarteten "Geldumstellung"- keine Bezüge mehr erhalten konnte. Die Fakultät wollte ihm deshalb ein freies Extraordinariat aus den Restbeständen der Staatswissenschaftlichen Fakultät zur Verfügung stellen[119]. Das Kultusministerium lehnte eine solche Stellenverschiebung ab. Das Extraordinariat müsse wieder zur

---

114) In GLA 235/29855 liegt ein kurzer Lebenslauf von v.Eckardt; vgl. o. S. 52 und 137.
115) 17.8.1945 UAH B 1266/4 (2).
116) Schreiben vom 27.8.1945, in: UAH A 219/v.Eckardt.
117) "Die Universität sieht es als ihre Pflicht an, Sie zu bitten... " UAH A 219/v.Eckardt.
118) Er lebte mit seiner Frau Marianne, geb. Jaffé in München.
119) Dekan an die Abt. für Kultus und Unterricht, Karlsruhe, ohne Datum UAH H IV 329/88.

Wirtschaftshochschule nach Mannheim geschlagen werden, da es die einzige für Betriebswirtschaft ausgewiesene Stelle sei[120]. Bei der Benennung des Lehrauftrags ergaben sich Schwierigkeiten. Die Fächer, die von Eckardt nach Ansicht der Fakultät am besten vertreten konnte (Publizistik, Soziologie und Osteuropäische Geistesgeschichte) wollte die Fakultät nicht zu Prüfungsfächern aufwerten, bzw. sie überschnitten sich mit dem Lehrfach eines anderen Dozenten[121]. Doch angesichts der Tatsache, daß die Fakultät die Reaktivierung von Eckardts als eine "Forderung der Gerechtigkeit" ansah, einigte man sich schließlich auf die Umschreibung des Lehrauftrags "Kultur Osteuropas und Soziologie". Mit einem Gutachten Alfred Webers reichte die Fakultät das Rehabilitierungsgesuch beim Ministerium ein. Im Juni 1946 übernahm von Eckardt wieder das Zeitungswissenschaftliche Institut. Das Ministerium wandelte die ehemalige ao Professur für Zeitungswissenschaft in eine ao Professur für Soziologie um und betraute ihn damit. Ihm persönlich sollte -so die Überlegung des Kultusministers- daneben noch die Befugnis zugesprochen werden, auch Geschichte und Kultur Osteuropas zu behandeln[122]. Das Ministerium begründete seine Entscheidung: Statt eines Berufungsvorschlags der Philosophischen Fakultät kann angesichts des großen Mangels von politisch unbelasteten Bewerbern der (Wiedergutmachungs-)Antrag der ... Fakultät ... gelten". Mit diesem raschen einseitigen Vorgehen war die Fakultät nicht einverstanden. Sie fürchtete unter anderem, die dritte Staatswissen-

---

120) GLA 235/29855.
121) Von Bubnoff war in Heidelberg Honorarprofessor mit einem Lehrauftrag für Russische Literatur und Geistesgeschichte.
122) UAH A 219/v.Eckardt. Präs. Landesbez. Baden Abt. Kultus und Unterricht Schnabel am 12.6.1946.

schaftliche Professur könne verloren gehen[123]. Insbesondere Jaspers richtete sich entschieden gegen die Einrichtung einer Professur für Soziologie: "Soziologie (ist) kein eigentliches Fach"[124]. Die Fakultät nahm schließlich die Einrichtung der planmäßigen ao Professur für Soziologie als "fait accompli" hin[125], verwahrte sich aber gegen eine solche Praxis.

Von Eckardts finanzielle Lage war schwierig. Nach 1933 hatte er von sehr unregelmäßigen Einkünften und Krediten gelebt. Die Einnahmen, die ihm aus der amerikanischen Publikation seines Buches "Iwan der Schreckliche" eigentlich zugestanden hätten, waren dem Reparationsfonds zugewiesen worden[126]. 1951 stellte sich heraus, daß wohl die Heidelberger Philosophische Fakultät und von Eckardt davon ausgegangen waren, er habe ein planmäßiges Extraordinariat, also eine beamtete Stelle, inne. Formal war er aber in Karlsruhe nicht zum "Beamten auf Lebenszeit" ernannt worden. Erst im April 1957 erhielt von Eckardt mit 66 Jahren seine Versorgung als Beamter formgerecht zugesprochen. Am Weihnachtstag desselben Jahres verstarb er in Heidelberg.

---

123) Fak. Sitzung vom 22.6.1946 UAH H IV 201/2.
124) Fak. Sitzung vom 6.7.1946 aaO. Jaspers: Soziologie setze konkrete Forschungen in eigentlich wissenschaftlichen Disziplinen voraus, "wenn ein Forscher sich darin ausgewiesen hat, kann ihm, wie Max Weber, ein Lehrstuhl für Soziologie übertragen werden". Auf der anderen Seite sei "nicht zu bestreiten, daß eine Tradition der Soziologie in Heidelberg fortgesetzt werden müsse".
125) Fak. Sitzung vom 30.7.1946.
126) WG/EK 6269, Erklärung vom 10.8.1950.

3. Remigranten

Unter den früheren Angehörigen der Universität, die bei Kriegsende im Ausland lebten, gab es nur wenige, die sofort ihre Rückkehr nach Deutschland bzw. Heidelberg anstrebten.

a. Juristische Fakultät

Besonders dringend wäre die Rückkehr für den alleinstehenden LEOPOLD PERELS[127)] gewesen, der ohnehin nicht zu den Emigranten gerechnet werden kann. Zunächst war der Juristischen Fakultät nur bekannt, daß Leopold Perels nach Frankreich deportiert worden war. "Auf Umwegen" -so Perels am 29.Mai 1946[128)]- erhielt er, mittlerweile 71 Jahre alt, in Périgueux (Dordogne) Radbruchs "Anfrage wegen meiner Heimkehr". Er bedankte sich für die "freundliche Empfangsbereitschaft". Radbruch als dem damals amtierenden Dekan teilte er mit, daß er "seit langem" an der Beschaffung seiner Reisepapiere arbeite. Er hoffte, "in einigen Monaten" alles zusammenzuhaben[129)]. Als Deutscher im siegreichen Frankreich war seine Lage schwierig, seine persönlichen Umstände überaus deprimierend[130)]. Seine Wirtin sei nach Paris zurückgegangen ("wie gerne arbeitete ich in

---

127) S.o. S.122.
128) UAH H II 381/Perels. Dort die weiteren Schriftstücke.
129) Im Juli 1946 rechnete er mit einer Ausreisebewilligung für das Jahr 1947.
130) In diesem seinem ausführlichsten Brief fährt Perels fort: "Die Stadt ist südländisch schmierig, verfallen und mir zu klettrig, hierin stellenweise an Genua erinnernd; ein Dorado für Bauhistoriker, nicht für sonstige Ästheten. Einige "intellektuelle" Einheimische habe ich kennengelernt, doch keinen Verkehr mit ihnen. Ein gewisses Nutrimentum spiritus liefert nur die Stadtbücherei, obschon sie gar Manches zu wünschen übrig läßt. Lauter wichtige Gründe zur Sehnsucht nach Heidelberg, den Freunden und den dort so getreulich aufbewahrten Bücherschätzen". Er schließt den Brief mit Grüßen "für Sie , die Gattin und alle, "die es angeht".

der Hauptstadt"). "Nun sitze ich, dauernd Wohnung suchend notgedrungen in dem kostspieligen Gasthaus, das immerhin sauber ist... glücklich, wer wie ich, nach jahrelangem Hungern, sich dank ausländischer Freunde und hierländischen, gemeinnützigen Einrichtungen doch schließlich einigermaßen satt essen kann". Radbruch wandte sich nach diesem ersten Lebens-zei-chen an den Landesdirektor für Kultus und Unterricht (27. Juni 1946). Er habe Perels bereits mündlich mitteilen lassen, daß er "wie alle nach 1933 Entlassenen auf Wunsch in seine Rechte und Bezüge wieder eingesetzt werde". Er bat nun um die förmliche Erlaubnis, dieses Angebot schriftlich und detailliert wiederholen zu dürfen. "Angesichts seiner vorgeschrittenen Taubheit und seines hohen Alters komme eine Lehrtätigkeit in größerem Umfang für Perels wohl nicht mehr in Frage", meinte der Dekan, doch im Institut für Auslandsrecht und am Deutschen Rechtswörterbuch[131] könne er wie früher wertvolle Arbeit leisten. In einer seiner letzten Amtshandlungen informierte ihn der Dekan Radbruch über die förmliche Zusage des Ministeriums. "Ich darf... hoffen, Sie bald persönlich hier begrüßen zu können", und verabschiedete sich "in alter Treue" von Perels. Dem neuen Dekan Jellinek dankte Perels für die Fürsorge wegen seiner geretteten Bücher, mußte jedoch zugleich mitteilen, daß selbst eine von ihm geplante Reise zu Freunden nach Dänemark auf "behördliche Schwierigkeiten" stieß und unmöglich wurde. Eine Gratulation der Fakultät zu seinem 75. Geburtstag überschnitt sich mit einem sorgenvollen Brief, den Bekannte über Umwege an die Fakultät gelangen ließen: Perels war schwer erkrankt und hatte kaum genügend zu essen. Um die Fristen zu wahren,

---

131) Im Jahresbericht vom 21.5.1950 erwähnte der Präsident der Akademie der Wissenschaften Heidelberg Wolfgang Kunkel, daß mit Perels' Hilfe die Korrekturen zum Rechtswörterbuch gelesen wurden. Jahresbericht der Akademie für die Geschäftsjahre 1944/55, Jahreshefte (1959), 76.

reichte der Dekan Engisch vorsorglich für Perels einen Antrag auf Wiedergutmachung ein (30.3.1950). Einige Papiere konnten von Heidelberg aus angefordert und vorgelegt werden[132], andere mußte Perels selbst beschaffen. Er bedankte sich in einem offenbar sehr mühsam abgefassten Brief (30.8.1950) für die Glückwünsche zu seinem Geburtstag und nahm das Angebot der Fakultät, ihm in seinem Entschädigungsverfahren zu helfen, dankbar an. Immer noch denke er an die Heimkehr und an eine gewisse berufliche Wirksamkeit da, wo man ihm "so verständnisinnig die Tore zu eröffnen bereit ist". Sein Wiedergutmachungsantrag kam nur schleppend vorwärts[133]. Eine Entschädigung konnte ihm 1951, weil er noch im Ausland lebte, lediglich aus "Mitteln für übergesetzliche Leistungen" zuge-sprochen werden. Andere finanzielle Ansprüche wurden ihm grundsätzlich zugesagt. Als Perels auch 1953 noch nicht nach Deutschland zurückkehren konnte, seine Notlage in Frankreich jedoch immer größer wurde, beantragte der "Öffentliche Anwalt" beim Amtsgericht Heidelberg[134], Perels einen Vorschuß in der Form einer laufenden Beihilfe auf ein Sperrkonto einzuzahlen. Die Wiedergutmachungsbehörde kam der Bitte nicht nach: der Antrag werde ohnehin bereits bearbeitet und alsbald entschieden. Zur weiteren Bearbeitung erging vielmehr von der Wiedergutmachungsbehörde an Perels die Frage, welches Einkommen er im Schadenszeitraum 1933 - 1950 gehabt habe- obgleich eigentlich den Akten zu entnehmen war, daß er nach seiner Haftzeit arbeitslos geblieben und von französicher Sozialhilfe lebte. Die

---

132) Zum Beispiel Geburtsurkunde, Spruchkammerbescheid etc.
133) WG/EK 11531/A.
134) Seine Aufgabe war es, die Verfolgten zu betreuen und ihre Entschädigungsansprüche unentgeltlich zu vertreten. VO Nr. 162 des Staatsministeriums über den Aufbau der Wiedergutmachungsbehörden vom 14.6.1947 §2 Abs. 1+2, Württ.-Bad. RegBl. 1947, 57. Für diesen Hinweis danke ich Landgerichtspräsident Dr. Laschitza.

Fakultät war 1954 wiederum auf den "trostlosen Zustand" von Perels aufmerksam gemacht worden. Der Dekan bat ihn darum mitzuteilen, wie das Wiedergutmachungsverfahren ausgegangen sei, damit die Fakultät die weiter notwendigen Schritte einleiten könne[135]. Am 25. März 1954 starb Perels. Der Brief des Dekan kam mit dem Vermerk "verstorben" zurück. Auf die Rückfrage der Fakultät antwortete der Hotelier, bei dem Perels gewohnt hatte[136]. Nach 1933 hatte die Fakultät Perels als einzigem der Entlassenen an der Universität eine bezahlte Stelle sichern können. Nach 1945 war ihm die Rückkehr nach Deutschland nicht mehr möglich. Er blieb ohne die für ihn lebensnotwendige Hilfe.

FRIEDRICH DARMSTÄDTER[137] hielt noch während seines italienischen Exils Kontakt zu Radbruch[138]. Doch über dem 1939 erzwungenen Wechsel nach England und dem Kriegsausbruch war die Verbindung zu ihm unterbrochen. Erst 1946 erhielt Radbruch die englische Anschrift Darmstädters. Der Dekan schrieb ihm (11. Juli 1946)[139]: "Ich möchte Ihnen sofort mitteilen, daß wir allen aus ihrem Universitätsamt Entlassenen die Wiedereinsetzung in ihre früheren Rechte erteilen und daß Universität und Ministerium darin einig sind". Zumal die Wiedereingliederung in den Justizdienst -Darmstädter war ja hauptamtlich Richter am Landgericht Mannheim gewesen- schien Radbruch in Anbetracht der großen Lücken im Richterstand keine Frage. Er setzte jedoch hinzu: Bei der Schwierigkeit und Unübersehbarkeit der deutschen Lage rate er den Kollegen, die

---

135) Brief des Dekan F. Weber vom 3.3.1954.
136) Auch durch einen Neffen wurde die Universität über Perels Tod informiert. Zu ihm hatte die Fakultät -soweit ersichtlich- bis dahin keinen Kontakt.
137) S.o. S.162.
138) Vgl. Radbruch, Brief vom 2.4.1936 an del Vecchio, Briefe, 116 und öfter.
139) UAH H II 381/Darmstädter.

im Ausland eine befriedigende Position besitzen, "nicht ohne weiteres hierher zurückzukehren, sondern zunächst, ohne ihre Brücken abzubrechen, durch einen vorübergehenden Besuch sich einen Eindruck von den hiesigen Verhältnissen und Aussichten zu verschaffen". Radbruch hielt es auch für möglich, daß Darmstädter unter Umständen nach Rom zurückkehren wolle[140]. In seiner Antwort dankte Darmstädter dem Dekan, daß er so verständnisvoll "auf alle Eventualitäten" eingehe. "In der Tat kann ich es nicht riskieren, die Brücken hier abzubrechen und muß dabei besonders vorsichtig sein, da meine Position hier sehr wenig gesichert ist". Zu diesem Zeitpunkt lief noch sein Antrag, als englischer Staatsbürger anerkannt zu werden[141]. Er fragte an, ob die Fakultät ihn nicht zu Vorträgen einladen könne, "ohne daß von weitern Plänen die Rede sein müßte". Er wolle so erproben, ob er im Lehrfach "noch zu etwas nützlich sei". Vor allem aber könne er dann "einen unverfänglichen Reiseantrag stellen". Er sehne den Augenblick herbei, "wo ich Sie wiedersehen und die alte Heidelberger Luft atmen kann"[142]. Einem in England lebenden Deutschen war es nicht ohne weiteres möglich, die Einladung einer deutschen Stelle anzunehmen, denn die Reise nach Deutschland zog erhebliche Folgen nach sich. Darauf machte das Büro des Universitätsoffiziers die Fakultät aufmerksam: Darmstädter hätte als Deutscher wohl die Ausreise aus England erhalten, aber die Rückkehr wäre ihm verweigert worden[143]. Es war allen Beteiligten unklar, was taktisch rascher

---

140) Radbruch schloß den offiziellen Brief: "Verzeihen Sie bitte, wenn ich diesem sachlichen Brief Persönliches heute nicht hinzufüge. Über schwere Schicksale redet man nicht gern beiläufig". Er hoffe, Darmstädter werde bald nach Deutschland kommen.
141) Im Mai 1948 erhielt er einen britischen Paß.
142) Zitate aus einem Brief vom 24.7.1946.
143) Als englischer Staatsangehöriger könne er zwar grundsätzlich zu Gastvorlesungen kommen, jedoch seien "erhebliche" Schwierigkeiten zu überwinden, UAH

zum Ziel führen werde: Zuerst die Einladung der Fakultät auszusprechen oder als erstes die Genehigung des home-officer einzuholen. Im Juli 1947 sandte die Fakultät eine offizielle Einladung nach Cambridge und sprach zugleich die Bitte aus, daß Darmstädter sich an einer Festgabe zu Radbruchs 70. Geburtstag beteiligen möge. Auf Darmstädters Wunsch wurden die Gastvorlesungen auf das Sommersemester 1948 verlegt. Bei der Durchführung eines solchen Gastaufenthalts ergaben sich weitere praktische Schwierigkeiten. Da weder bei der amerikanischen noch der englischen Militärregierung Gelder zur Verfügung standen, mußte Darmstädter mit deutscher Währung auskommen, das hieß, das Ministerium übernahm lediglich die Reisekosten samt Unterkunft und Verpflegung innerhalb Deutschlands -unter dem Vorbehalt, daß die Finanzlage des Landes nicht durch eine Währungsreform völlig unübersichtlich werde. Doch Darmstädter blieb bei seiner Reiseabsicht. Um die Besuchserlaubnis rascher zu erreichen, gaben britische Stellen in Cambridge Darmstädter folgenden Rat: Er solle die Heidelberger Fakultät darum bitten, ihrerseits die dortigen amerikanischen Dienststellen ausdrücklich dazu aufzufordern, an das Londoner Permit office zu telegraphieren: "Write Mr. Weber[144] to get U.S. authorities in Germany to sponsor the invitation und wire to the office here". Der Dekan erreichte, daß der Heidelberger amerikanische Universitätsoffizier die Einladung in Berlin befürwortete, in diesem Sinn auch seine vorgesetzte Berliner Behörde benachrichtigen und sie zu einem Telegramm nach London veranlassen wollte. Ende April kam die Reiseerlaubnis. Im Mai 1948 hielt Darmstädter die geplanten Gastvorträge[145]. Während

---

H II 381/Darmstädter.
144) Friedrich Weber war Dekan der Juristischen Fakultät.
145) Der "Cultural Exchange Branch" kam Ende Mai nochmals auf die Bitte um Reisegelder zurück und ließ Darmstädter wissen: "As you are presently in

des Sommersemesters wollte Darmstädter auch die "Titelfrage" klären. Er meinte, da der englischen Verwaltung "honorary professor", im Gegensatz zu "extra ordinary professor", ohne weiteres verständlich sei, zöge er die Titulatur Honorarprofessor vor. Das Ministerium hegte Bedenken, ob es Darmstädter als mittlerweile britischem Staatsangehörigen erlaubt sei, einen deutschen Titel anzunehmen. "Gerade die Engländer sind in der Frage des "trading with the enemy" außerordentlich zurückhaltend und empfindlich", meinte am 9.Mai 1949 auch Dekan Wahl zur Anfrage des Ministeriums. Doch er schloß : "Die Verzögerung der Ernennung Darmstädters hat vielleicht den Vorteil, daß inzwischen auch formell der Kriegszustand mit England zu Ende geht, wodurch die Bedenken Karlsruhes automatisch hinfällig werden". Im Juli 1949 vollzog die Fakultät die Ernennung zum Honorarprofessor[146]. Darmstädter dankte der Fakultät dafür, daß dieser lang gehegte Wunsch nun in Erfüllung gegangen und er in ein engeres Verhältnis zu Fakultät und Universität getreten sei[147]. 1950 nahmen Darmstädters Pläne, nach Heidelberg zurückzukehren genauere Gestalt an: Seit 1949 las er im Winter in London, im Sommersemester übernahm er Gastvorlesungen in Heidelberg. Seine deutschen Pensionsgelder (als Landgerichtsdirektor aD) konnte er nicht ohne weiteres nach England überführen, so daß es günstiger für ihn war, nach Deutschland zurückzukehren, auch wenn er sich in Heidelberg völlig neu einrichten mußte. Die Universität verschaffte ihm nicht nur -auf bürokratisch verworrenen Wegen- die Einreiseerlaubnis nach

---

Heidelberg it can be assumed that you were able to finance your own trip and hence need no further consideration".

146) Im November 1949 wurde Darmstädter als Landgerichtsrat aD. von den Justizbehörden eingestuft.

147) Darmstädter schloß seinen Dank: Dies sei umso wertvoller, "als ich bei meinen Besuchen in Heidelberg einer überaus wohltuenden Freundlichkeit und Hilfsbereitschaft bei den Mitgliedern der Fakultät begegnet bin".

Deutschland. Sie besorgte die Zuzugsgenehmigung und vor allem eine Wohnung. 1951 zog Darmstädter endgültig nach Heidelberg um. Seinen Lehrauftrag, oft über rechtsvergleichende Themen für Hörer des Dolmetscher-Instituts, erneuerte das Ministerium immer wieder, so daß er noch im Alter von 73 Jahren Vorlesungen abhielt. Am 23. Januar 1957 starb er in Heidelberg.

b. Philosophische Fakultät

Vier Angehörige der Philosophischen Fakultät kehrten aus dem Exil nach Deutschland zurück: Richard Alewyn, Arnold Bergstraesser, Hans Ehrenberg und Herbert Sultan.

RICHARD ALEWYN[148] nahm bei Kriegsende die Stelle eines associate professor am Queens College im Staat New York ein. Als amerikanischer Staatsbürger unternahm er 1947 und 1948 eine Forschungsreise nach Europa, wozu er die finanzielle Unterstützung der Guggenheim Stiftung und auch seines Colleges erhielt. Im Wintersemester 1947/48 kam er zu Gastvorlesungen an die Universitäten Marburg[149] und Köln. Die Kölner Kollegen baten ihn, ein ganzes Semester in Köln zu lesen. Der Rektor Kroll schrieb ihm: "...(wir empfinden) sehr stark den Mangel an Persönlichkeiten, die nicht unter der geistigen Einschnürung des Nazi-Regimes und des Krieges gelitten haben..., nach Männern, die von der Atmosphäre der freien Welt mit getragen sind. Denn nur solchen können wir die Erziehung der akademischen Jugend von heute anvertrauen"[150]. Alewyn -mittlerweile in Paris- dankte für die Einladung: "Es

---
148) S.o. S.139.
149) Mitteilung von Prof. Dr. Arthur Henkel (4.11.1986).
150) Universitätsarchiv Köln, Zugang 197/54. Für Auskünfte aus dem Archivbestand habe ich Frau G. Schütz zu danken.

hätte Ihres eindringlichen Appells nicht bedurft. Die Schwierigkeiten, mit denen Sie zu kämpfen haben, sind mir wohl bewußt, und die Aussicht, für mein Teil einen kleinen Beitrag zu ihrer Lösung liefern zu dürfen, hat für mich viel anziehendes". Er war, wie er in dem Brief betonte, von seinem College, laut Bestimmung der Guggenheim-Stiftung, lediglich zu wissenschaftlicher Arbeit beurlaubt und durfte ohne besondere Genehmigung keine anderweitigen Verpflichtungen übernehmen. Er habe jedoch sofort nach Amerika geschrieben und um Dispens gebeten. "Ich habe keine Ahnung, wie der Bescheid ausfallen wird, werde mich aber sehr freuen, wenn er mir erlaubte, Ihre Einladung anzunehmen". Während Alewyn in Europa seine Fühler ausstreckte, beurlaubte ihn das amerikanische College[151]. Die Kölner Fakultät lud ihn zum Sommersemester 1948 ein und beschloß, ihn auf Platz 1 der Berufungsliste für das Ordinariat "Neuere deutsche Literaturgeschichte" zu setzen[152]. Am 2. Mai 1949 wurde Alewyn zum ordentlichen Professor ernannt[153]. Es folgten Rufe an die FU Berlin (zum WS 1955/56) und nach Bonn (1959). 1967 ließ er sich emeritieren. Eine Verbindung zur Universität Heidelberg suchte Alewyn nicht. Selbst ein Treffen in Heidelberg mit dem neu hierher berufenen Arthur Henkel[154], lehnte er zunächst ab und wollte lieber nach Schwetzingen kommen. Daran änderte sich auch nichts, als Alewyn 1956 Mitherausgeber der in Heidelberg publizierten Zeitschrift "Euphorion" wurde. Die Philosophische Fakultät erwog 1967, ihm den Titel Dr.hc zu verleihen. Doch die

---

151) Andeutungen über die Schwierigkeiten in einem Brief an Dr. Hebert Steiner vom 27.5.1951 DLA, Marbach 74.2258.
152) Entscheidung der Berufungskommission vom 17.6.1948, Universitätsarchiv Köln Zugang 197. Sitzungsprotokolle 1919-1950.
153) 1953 nahm er wieder die deutsche Staatsangehörigkeit an.
154) Arthur Henkel hatte er bei seinem Aufenthalt 1947/48 in Marbach kennengelernt. Auskunft von A. Henkel (4.11.1986).

Fakultät hatte bereits früher den Standpunkt vertreten, sie könne diejenigen, denen sie bereits, den Dr. phil. verliehen habe, nicht zum Ehrendoktor promovieren. Der Antrag wurde zurückgezogen[155]. Alewyn kam lediglich zu einem Gastvortrag an seine alte Fakultät zurück. Ehrungen wurden ihm an anderen Orten zuteil[156]. Noch kurz vor seinem Tod war er voller Pläne. Er wollte -wie er am 6. Juni 1979 schrieb- Projekte verwirklichen, "deren Konzeption fast ausnahmslos vor ... der Zäsur von 1933 liegt"[157]. Am 14. August 1979 starb er, 77 Jahre alt.

Der erste (erhaltene) Briefwechsel zwischen ARNOLD BERGSTRAESSER und dem Dekan der Philosophischen Fakultät, damals Hermann Ranke, stammt aus dem Jahre 1947. Darin mußte ihm aus Heidelberg mitgeteilt werden, daß die Mittel seiner alten Gothein-Professur nahezu aufgebraucht waren[158]. In seinem sehr persönlichen[159] Brief versicherte der Dekan ihm aber, "daß wir Sie nicht vergessen haben und im stillen weiter zu den unseren rechnen". Im Sommersemster 1950 übernahm Bergstraesser Gastvorlesungen an der Universität Frankfurt. Der Heidelberger Rektor Freudenberg war über den Besuch informiert. Er wußte auch, daß Mitglieder der Philosophischen Fakultät Vorbehalte gegenüber Bergstraesser hegten. Freudenberg schrieb Bergstraesser zur Begrüßung nach Frankfurt: "...Ich hoffe, daß diese Zeilen zu dem Ersten gehören, das Ihnen beim Eintreffen in der alten Heimat begegnet. Ich würde mich sehr freuen, wenn ich Sie bald aufsuchen dürfte ..."[160]. Bergstraesser verabredete eine Zu-

---

155) Brief an die Rektorin Becke vom 16.2.1967 UAH H IV 767/2.
156) Eine Übersicht in Dict. Emigrés II 1, 16.
157) Zitiert bei Gruenter, Alewyn, 247.
158) 1947 stand (vor der Währungsreform !) lediglich ein monatlicher Zinsertrag von 100 Mark zur Verfügung UAH H IV 329/25. Zu Bergstraesser s.o. S.160.
159) Ranke hatte Bergstraesser im Exil in den USA getroffen.
160) UAH B 7038/1 Brief vom 24.4.1950; die Juristische Fakultät wollte ihn zu

sammenkunft mit dem Rektor (8. Mai 1950), sicher um auch seinerseits zu den ihm gemachten Vorwürfen Stellung zu nehmen. Der Dekan Paatz teilte dem Rektor die Bedenken mit, die seine Kollegen "im Hinblick auf das Verhalten von Prof. Bergstraesser in der Gumbel-Affaire" äußerten. 1932 war Bergstraesser in den Gumbel-Untersuchungsausschuß gewählt worden. Zu der Sitzung der Philosophischen Fakultät am 2. Juli 1932, in der über Gumbel beraten wurde, hatte der Dekan E. Hoffmann den Ausschußvorsitzenden Gerhard Anschütz eingeladen, um über das Verfahren zu berichten. Laut Fakultätsprotokoll erläuterte Anschütz: "Die Stellung des H(errn) B(ergstraesser) ist schwer zu charakterisieren. Es war ihm keine Anklagevertretung zuge-wiesen. Er hatte den Tatbestand, wie er von der Kommission als festgestellt erachtet wurde, doch ohne Votum. Prozeßstoff vorzutragen: alles was Beweisgrund sein sollte. Dies alles hat der Angeschuldigte und sein Vertreter gehört"[161]. 1950 fürchtete die Mehrheit der Fakultätsmitglieder, daß "durch eine offizielle Einladung in USA Presseangriffe gegen die Universität ausgelöst werden könnten". Diese Einwände ließ der Senat nicht gelten. Es wurde vielmehr der Beschluß gefaßt, Bergstraesser im Namen des Senats zu einem Vortrag nach Heidelberg einzuladen[162]. In

---

einem Gastvortrag einladen.
161) Am Ende der Sitzung faßte der Dekan zusammen: "1. Sämtl. Herren des Ausschusses haben den Grad von Mitleid oder Achtung (?) erlangt, den Dekan selbst beim ersten Verhör erlangt hat. Er (=Gumbel) könne von Natur nicht anders als sich frei ausdrücken. Großes Maß von Mut u. Hingabe an s e i n e Idee. 2. Prof. Gumbel hat sich des Vertrauens als akadem. Lehrer nicht würdig gezeigt. Sein "Gedächtnis". Tatsache, daß er bei jeder Gelegenheit sagt, er wisse es nicht mehr. Ferner er nimmt sich das Recht freier und verletzender Formulierungen... 3. Furchtbare Lage, wenn der Untersuchungsausschuß gegen die Studenten versage. Er behalte sich für den Fall jede Separation vor. Notfalls Rekurs an die Öffentlichkeit". Diese drei Punkte nahm die Fakultät "in bejahendem Sinne einstimmig" an. UAH H IV 102/155 fol 43 ff.
162) UAH B 1266/5 (2) Sitzung des Engeren Senats vom 9.5.1950 und 23.5.1950. Der Vortrag fand am 9.6.1950 im Rahmen der sog. "Professorenvorträge"

der nächsten Fakultätssitzung (24. Mai 1950) teilte der Dekan dies mit und deutete an, daß damit eventuell eine Wiederberufung nach Heidelberg verknüpft sei. Es kam darauf erneut "die seinerzeitige Auseinandersetzung" zwischen Gumbel und Bergstraesser zur Sprache. Herbert Sultan berichtete aus seinem im Exil mit Gumbel geführten Briefwechsel über die "damalige Haltung" Bergstraessers[163]. Der Dekan entschloß sich, nach dem Vortrag Bergstraesser privat zu empfangen und dabei interessierte Fakultätsmitglieder[164] einzuladen. Bergstraesser bedankte sich beim Rektor Freudenberg: "Die Möglichkeit, während meines Aufenthalts in Deutschland alte Bekannte und Freunde begrüßen zu können, verdanke ich Ihrer Initiative"[165]. Nach reiflicher Überlegung stelle er die Frage, ob nicht die "formale Seite" seines Verhältnisses zur Universität Heidelberg geklärt werden könne. Er wolle nicht den Eindruck erwecken, als dränge er sich der Fakultät auf. "Aber der einfache Umstand, daß doch von manchen Leuten auf den Fall Gumbel immer noch Bezug genommen wird, in dem ich eine Ihnen durchaus klare Funktion ex officio ausübte, legt es nahe, die Frage einer solchen formalen Klärung wenigstens zu stellen". Die Philosophische Fakultät konstatierte, daß die Gelder von Bergstraessers Stiftungsprofessur erschöpft seien. Mitglieder der Fakultät hoben die Verfolgung Bergstraessers durch die Nationalsozialisten hervor, unterstrichen aber auch seine "ideologische Verwandtschaft zu ihnen"[166]. Die Fakultät kam zu dem Ergebnis: der Rektor solle Bergstraessers Brief beantworten. Freudenberg,

---

statt; Thema: "Hofmannsthal und der europäische Gedanke" UAH B 7038/1.
163) UAH H IV 201/3.
164) Sultan hatte in dem von ihm geführten Protokoll zunächst vermerkt, daß nur er sich der Zusammenkunft anschließen solle.
165) Brief vom 3.7.1950 an Karl Freudenberg, Abschrift in: UAH H IV 329/25.
166) Sitzung vom 19.7.1950.

mittlerweile Prorektor, erwiderte sehr dezidiert dem Dekan (12.8.1950), aus Bergstraessers Brief gehe klar hervor, daß er selber wieder zur Heidelberger Fakultät gehören möchte. Freudenberg meinte, es lasse sich dafür vielleicht doch eine Lösung finden, auch wenn keine bezahlte Stelle vorhanden sei. Der Prorektor fuhr fort: "Es ist völlig abwegig, seinen Fall mit dem des Herrn Gumbel zu vergleichen. Auch braucht die Universität nicht zu fürchten, daß Gumbel bei ernsthaften Amerikanern Gehör findet, wenn er gegen eine Wiederanknüpfung mit Bergstraesser seine Stimme erheben sollte". Es sei notwendig, die beiden Fälle endgültig von einander zu trennen. "(Ich) darf die Fakultät bitten, die "formale Seite des Verhältnisses zur Universität" in dem Sinne zu erörtern, wie ihn Herr Bergstraesser zweifellos versteht"[167]. Im November 1950 stand der "Fall Bergstraesser" wieder auf der Tagesordnung der Philosophischen Fakultät[168]. Zwar war man sich darüber einig, daß Bergstraesser nur ein "ehrenvolles Angebot" -etwa eine Honorarprofessur- gemacht werden könne. Aber "über die Gefahr unerwünschter Folgen durch den Präzedenzfall, ferner durch das Kämpferische in der Natur Herrn Bergstraessers, sodann über seine fachliche Einordnung konnte keine hinreichende Klarheit gewonnen werden". Man beschloß, eine Kommission zu bilden, und möglichst auch Alfred Weber zur Mitarbeit zu gewinnen. Damit wurde Bergstraessers Antrag zunächst vertagt. 1952 kam Bergstraesser wieder zu Gastvorlesungen nach Deutschland. Während des Sommersemesters 1953 las er in Erlangen. Bei einem Besuch in Heidelberg bat er den Dekan darum, abzuklären, ob seine Venia legendi noch bestehe. Die Fakultät meinte, vor zweieinhalb Jahren sei sein Wiedergutmachungsantrag im "Hinblick auf die Ge-

---

167) UAH H IV 329/25.
168) Fakultätssitzung vom 8.11.1950, UAH H IV 201/3.

fahr eines Wiederauflebens des Falles Gumbel" "dilatorisch" behandelt worden. Aus grundsätzlichen Erwägungen wollte man - dem Antrag des Dekan entsprechend- die Venia als "nicht beamteter ao Professor der Staatswissenschaft" erneuern. Zudem sollte Walter Jellinek sich zu dieser Frage gutachtlich äußern. Jellinek meinte[169], es sei nicht ganz einfach für die Universität, die rechte Form der Wiedergutmachung zu finden. Eine einfache Erneuerung der Venia würde Bergstraesser zum Privatdozenten degradieren, was ihm, zumal er in USA ein Ordinariat bekleide, nicht zuzumuten sei. Er empfahl der Philosophischen Fakultät, Bergstraesser zum Honorarprofessor zu ernennen. Die Fakultät beschloß, Bergstraesser "wie früher" als nichtbeamteten ao Professor mit dem Zusatz "(Beurlaubt)" im Vorlesungsverzeichnis zu führen[170]. Das Ministerium genehmigte den Antrag der Fakultät (25. Februar 1953). Im Laufe des Jahres zeichnete sich ab, daß Bergstraesser einen Ruf auf den neu eingerichteten Lehrstuhl für Wissenschaft von der Politik und Soziologie der Universität Freiburg erhalten sollte. Bergstraesser verband seinen Dank für die Aufnahme ins Vorlesungsverzeichnis mit der Ankündigung[171], daß er in kurzer Zeit endgültig nach Deutschland übersiedeln werde. Von Freiburg aus entfaltete er nicht nur eine große wissenschaftliche Aktivität, als Präsident der deutschen UNESCO-Sektion übernahm er auch politisch wichtige Ämter[172]. Bis zu seinem Tod (24. Februar 1964) blieb er der Freiburger Universität verbunden. Zu offiziellen Anlässen kam

---

[169] UAH H IV 329/25. Jellinek erteilte auch Ratschläge, wie das komplizierte Wiedergutmachungsverfahren für Auslandsdeutsche einzuleiten sei.
[170] UAH H IV 201/5 Fakultätssitzung vom 11.2.1953. Zuvor wurde nochmals das Verfahren erörtert, in dem Gumbel 1932 die Venia entzogen worden war. Die Gefahr "einer Komplikation" erachtete der Dekan jetzt geringer als unmittelbar nach 1945.
[171] Bergstraesser schrieb aus Chicago 1.1.1954, UAH H IV 329/25.
[172] cf. Dict. Emigrés II 1, 93 mit weiteren Nachweisen.

Bergstraesser, soweit festzustellen, nur noch einmal nach Heidelberg: Er übernahm es, bei der Gedenkfeier für seinen Lehrer Alfred Weber zu sprechen[173].

HANS EHRENBERG[174] veröffentlichte während seiner Exilzeit in London 1943 ein Buch mit dem Titel "Autobiography of a German Pastor"[175]. Es wird darin deutlich, daß Ehrenberg seine eigentliche Aufgabe darin sah, bei einem Ende der nationalsozialistischen Herrschaft sobald als möglich wieder in Deutschland zu wirken. Auf die Frage: "Of which achievement in your life are you most proud?" antwortete Ehrenberg: "Fight against Nazi-opression of the church.- Return to Germany after the war to work in the church again"[176]. 1947 kehrte er nach Deutschland zurück und arbeitete in der Westfälischen Volksmission[177]. Heidelberger Freunde beteiligten sich 1953 an einer "Gabe der Freundschaft" zu seinem 70. Geburtstag[178]. Die Theologische Fakultät der Universität Bonn verlieh ihm 1956 ein Ehrendoktorat. Etwa 1954 kehrte er nach Heidelberg zurück und wohnte bis zu seinem Tod (31. März 1958) in einem Haus mit Viktor v.Weizsäcker. Zu seiner Rückkehr aus der Emigration schrieb er[179]: Trotz zahlreicher Enttäuschungen sei er "keinen

---

173) 8.November 1959, UAH B 7030/7.
174) S.o. S. 168.
175) Er verfaßte diese Lebensbeschreibung in der Form von Briefen u.a. an einen Gestapo Beamten, an Niemöller, an seine Kinder, an seine Frau usw. In seinem Vorwort schrieb er: "To transplant one's experience is a thankless business, for they can take roots in fresh ground only if most of all they are accepted as facts and further if they are brought into relationship with those eternal facts of human experience to which it makes no difference on what part of god's earth one happens to be standing".
176) Antwort auf den vom IfZ und Leo Baeck Institut versandten Fragebogen, um die Angaben für das Dict. Emigrés zu erstellen, IfZ MA 1500/12.
177) Bauks, Evang. Pfarrer, Artikel: Ehrenberg, 113.
178) Der Titel lautete: Kraft und Innigkeit, erschienen 1953 in Heidelberg, mit Beiträgen ua. von v.Bubnoff, W.Kütemeyer, R.Siebeck, V.v.Weizsäcker.
179) Ehrenberg, Heimkehr, 102.

Augenblick... in die Versuchung verfallen, die Heimkehr bereut zu haben". Denn bereute er heimgekehrt zu sein, dann hätte er "den Teil mehr geliebt als das Ganze, die Liebe verraten... ".

HERBERT SULTANS[180] Familie war bei Kriegsende auseinandergerissen: Er selbst lebte ohne festes Einkommen in England, seine Frau war in Heidelberg zurückgeblieben, die Tochter besuchte eine holländische Quäkerschule. Auch im Exil hatte sich Sultan immer als Deutscher gefühlt, die Rückkehr an die Universität Heidelberg war für ihn selbstverständlich, er wollte zum Wiederaufbau Deutschlands beitragen. Frau Sultan meldete sich am 2. Februar 1946 (nach der Wiedereröffnung der Philosophischen Fakultät) beim Dekan und dem stellvertretenden Rektor Fritz Ernst. Sie bat darum, die akademischen Rechte ihres Mannes -er war als Privatdozent entlassen worden- wiederherzustellen[181]. Die Philosophische Fakultät übernahm das Gesuch von Frau Sultan. "Da der Senat grundsätzlich beschlossen" habe, solche Bitten "positiv zu behandeln", lag hier der Fall "eines einfachen Wiederauflebens der Venia" vor[182]. Seine Rückberufung mußte ihn in England offiziell über die amerikanischen Behörden erreichen. Unter dem 25. Juni 1946 bestätigte das Military Government Office: "Return of Dr. Sultan to Heidelberg hereby approved. Request that the necessary papers for his travel to Heidelberg be granted". Dieses Papier hatte der Dekan verschiedentlich angemahnt, bis Sultan ihm aus London erklärte, daß das Dokument über die Berliner Zentrale der amerikanischen Sektion der Kontrollkommission zur Erteilung der militärischen Einreiseerlaubnis gehen mußte und deshalb 6

---

180) S.o. S.164.
181) Es ging ihr auch darum, Bibliothek und Arbeitszimmer ihres Mannes in Anbetracht der bevorstehenden Rückkehr vor der Beschlagnahme zu sichern UAH A 219/Sultan.
182) Fakultätssitzung vom 16.2.1946.

Wochen unterwegs war. Ende Oktober 1946 war Sultan wieder in Heidelberg und meldete sich zur Wiederaufnahme seiner Lehrtätigkeit beim Dekan[183]. Das Ministerium erneuerte Ende November die Venia für Sozialwissenschaft und erteilte ihm einen Lehrauftrag, der auf Antrag der Fakultät in einen "Dauerlehrauftrag" auf dem Gebiet der Finanzwissenschaft umgewandelt wurde[184]. Im Februar 1947 beantragte die Fakultät für ihn beim Ministerium die Ernennung zum ao Professor. "Wenn Herbert Sultan nicht durch die Emigration aus der akademischen Bahn gestoßen wäre, so wäre (er), falls er nicht eine Berufung erhalten hätte, in der Zwischenzeit unzweifelhaft mit dem Charakter als außerplanmäßiger ao Professor versehen worden. Es ist nicht mehr als billig, daß nach dem langen Exil, in dem die akademische Möglichkeit für ihn abgeschnitten war, dieser Titel ihm jetzt gewährt wird"[185]. Wenige Monate vor seinem 53. Geburtstag gab das Ministerium dem Antrag statt. 1951 wurde in der Philosophischen Fakultät eine Diätendozentur frei, die das Ministerium gem. dem Antrag der Fakultät Herbert Sultan übertragen wollte[186]. Zugleich hatte Sultan einen Wiedergutmachungsantrag eingereicht. In solchen Verfahren wurde grundsätzlich über die Wiedereingliederung der Geschädigten in den öffentlichen Dienst und ihren Dienstrang (dh. vor allem Besoldungshöhe) befunden. Das Ministerium wollte deshalb erst nach dem Entscheid im Wiedergutmachungsverfahren die Diätendozentur vergeben. Solange sollte er aus Lehrauftragsmitteln bezahlt werden. Sultan strengte sein Wiedergutmachungsverfahren zu einem Zeitpunkt an, zu dem nach den geltenden Landes- und Bundesgesetzen lediglich frühere Beamte

---

183) UAH A 219/Sultan.
184) Bestätigt durch das Ministerium am 22.1.1947, UAH H IV 329/475.
185) UAH H IV 329/475.
186) Fakultätssitzung vom 18.7.1951, UAH H IV 201/4.

zum Kreis der Wiedergutmachungsberechtigten gehörten. Da er vor 1933 durchaus als Privatgelehrter leben konnte, sich deshalb auch erst relativ spät habilitierte, hatte er eine "Beamtenlaufbahn" überhaupt nicht angestrebt[187]. Nun traf ihn eine solche Systematik. Sein Antrag mußte vom Ministerium abschlägig beschieden werden[188]. Es sah "keine Möglichkeit, den ... entstandenen Schaden in dem von uns gewünschten Umfang wiedergutzumachen". Man wollte im Ministerium jedoch versuchen, mit Unterstützung des Staatsbeauftragten für die Wiedergutmachung eine tragbare über das Gesetz hinausgehende Regelung zu finden. Sultan verwahrte sich (Oktober 1951) gegen die Koppelung ungewisser Entschädigungsansprüche mit der Einweisung in die Diätendozentur. Sein eingeklagter Schaden beziehe sich auf die Vergangenheit, mit der Übernahme der Dozentur wolle er seine Zukunft sichern. Der Präsident des Landesbezirks Baden legte den Antrag in Stuttgart vor. Im Dezember wurde Sultan zum Dozenten ernannt und dabei in das Beamtenverhältnis auf Widerruf übernommen. 2 Jahre später erlag er im Alter von 60 Jahren einem Herzinfarkt (27. Oktober 1954).

c. Naturwissenschaftlich-Mathematische Fakultät

Als sich GERTRUD VON UBISCH 1952 wieder in Heidelberg meldete, hatte sie eine wahre Odyssee zwischen Brasilien, Norwegen und Deutschland zurückgelegt[189]. Im Juni 1950 erkundigte sich das Rektorat bei der Naturwissenschaftlich-Mathematischen Fakultät nach Gertrud von Ubisch. Doch das Dekanat

---
187) Auskunft seiner Tochter am 10.6.1987.
188) UAH A 219/Sultan, Bescheid vom 28.9.1951.
189) S.o. S.161.

war bis dahin noch ohne Nachricht von ihr[190]. Frau von Ubisch wollte nach Beendigung des Krieges aus Brasilien zu ihrem Bruder nach Norwegen kommen. Doch zunächst erhielten nur Skandinavier ein Visum in die durch die deutsche Besetzung schwer getroffenen skandinavischen Länder. Im Oktober 1946 konnte sie schließlich in Norwegen einreisen und erhielt eine Aufenthaltsgenehmigung für ein Jahr. Danach wollte sie nochmals versuchen, in Brasilien eine Anstellung zu finden. Sie ließ sich deshalb auf einem portugiesischen Schiff als Dolmetscherin für die Fahrt nach Rio anheuern, was ihr -als brasilianischer Staatsbürgerin auf einem Ausländerschiff- in Brasilien erneute Schwierigkeiten eintrug. Erst im Mai 1952 fand sie eine Gelegenheit über Norwegen nach Heidelberg zurückzukommen, mittlerweile fast 70 Jahre alt. Völlig mittellos, allein auf die Hilfe ihres Bruders angewiesen, bat sie um Unterstützung durch die Universität, bzw des Landes. Ihre Anfrage war zunächst liegen geblieben, da man in Karlsruhe irrtümlicherweise davon ausging, sie habe ihre ao Professur nach 1933 freiwillig aufgegeben. Allen, die sich für sie einsetzten, war klar, daß sie als nichtbeamtete Dozentin keine Ansprüche geltend machen konnte. Zunächst mußte sie jedoch "glaubhaft" nachweisen, daß sie ohne ihr Verschulden bislang verhindert war, den Wiedergutmachungsantrag fristgerecht einzureichen. Der Rektor vertrat ihre Sache vor dem Hochschulreferenten[191]. Das Kultusministerium wies ihren Antrag ab: Wiedergutmachungsberechtigt seien derzeit nur die Personen, die zum Zeitpunkt ihrer Entlassung einen Versorgungsanspruch erworben hätten. Frau von Ubisch habe einen solchen Anspruch weder durch ihre ao Professur

---

190) 1.6.1950, UAH Naturwissenschaftlich-Mathematische Fakultät, Schriftverkehr mit dem Rektorat.
191) 14.1.1953 UAH A 219/v.Ubisch, dort alle weiteren Schreiben. Vgl. auch die Lebenserinnerungen UBH Heid. Hs 4029.

noch als Assistentin begründet. Die Assistentenstelle hätte sie vielmehr -auch ohne nationalsozialistische Verfolgungsmaßnahmen- nach der mehrfachen Verlängerung nicht länger behalten können. Frau von Ubisch erwiderte: Bei der Übernahme der Assistentenstelle sei sie finanziell unabhängig gewesen. Durch die Inflation habe sie jedoch ihr Vermögen verloren. Sie sei gewiß, daß die Fakultät sie ohne Einbruch der nationalsozialistischen Verfolgung nach Beendigung ihrer Assistentenzeit nicht einfach auf die Straße gesetzt hätte. "Sollte es nicht möglich sein, einen menschlichen Gesichtspunkt geltend zu machen, der die bei jedem Gesetz sich ergebenden Ungerechtigkeiten mildert?" bat Frau von Ubisch. Walter Jellinek und der Rektor Eberhard Schmidt unterstützten ihr Ersuchen: Es gehe nicht an, sie einfach zu den "freiberuflich tätigen Personen" zu rechnen[192]. Mit größter Wahrscheinlichkeit sei anzunehmen, daß Frau von Ubisch mindestens eine Diätendozentur erhalten hätte. Sie als langjährige Angehörige des öffentlichen Dienstes nicht in den Ruhestand zu versetzen, wäre -nach Jellinek- ein grober Ermessensmißbrauch gewesen. Deshalb bat er darum, Frau von Ubisch ein Ruhegehalt auszuzahlen. Das Kultusministerium lehnte den Antrag ab (12. März 1953). Die Universität gewährte ihr zwar Beihilfe aus einem Unterstützungsfonds, und die Naturwissenschaftlich-Mathematische Fakultät wollte für sie einen Lehrauftrag erwirken, um ihr zu einer laufenden Einnahme zu verhelfen. "Der Senat hofft mit mir dringend", so der Rektor Eberhard Schmidt an Frau von Ubisch (28. März 1953), "daß Ihnen noch geholfen werden kann. Bitte verlieren Sie nicht die Geduld. Solche Angelegenheiten sind immer sehr schwierig.

---

[192] Jellineks Argumentation, 2.3.1953: Wenn die Privatdozenten für ihre Unterrichtsgelder Lohnsteuer entrichten mußten, so seien sie als Angestellte zu betrachten.

Aber es sind noch nicht alle Versuche erschöpft". In ihrem Namen und als ihr Interessenvertreter stellte der Rektor namens der Universität einen Entschädigungsantrag. Das Rektorat beriet sie auch weiterhin. Eberhard Schmidt meinte im nachhinein, es wäre vielleicht ganz gut gewesen, sich nochmals an den Minister persönlich zu wenden, "damit er nicht auf den Gedanken kommt, als ob sich die Universität um Frau von Ubisch nicht kümmere". Was das Ergebnis seiner Bemühungen sein mochte, blieb ungewiß. "Es ist das Trostlose, daß man als Rektor in solchen Fällen nur Anträge stellen, nicht aber selbst die erforderlichen Maßnahmen anordnen kann" (1. April 1953). Der Leiter des Botanischen Instituts, August Seybold, wandte sich auf die Bitte des Rektors an den Minister Schenkel persönlich. "Nach §§§ vergangener Zeiten und der Gegenwart mag man Frl. v.Ubisch die Bitte verweigern, Unrecht wiedergutzumachen· menschlich gesehen, wird das niemand wollen und Sie, hochverehrter Herr Minister, werden am ehesten einen Weg finden, daß Fräulein von Ubisch für die Zukunft ein ausreichender Lebensunterhalt gewährt wird, um ihr aus der dringenden Notlage zu helfen". Der Rektor entwarf -manu propria- eine Klage, die Frau von Ubisch über einen Rechtsanwalt einreichen sollte[193]. Zur gleichen Zeit wurde dem Rektorat mitgeteilt, Frau von Ubisch -noch immer brasilianische Staatsangehörige[194]- müsse ihren Entschädigungsantrag, da sie zum Stichtag in Norwegen gewohnt habe, bei der deutschen Botschaft in Oslo

---

[193] Der Rektor brachte im wesentlichen vor: Privatdozenten seien mit ihrer Lehrtätigkeit in den öffentlichen Unterrichtsbetrieb der Hochschule eingeschaltet. Die Teilnahme an ihren Vorlesungen und Übungen schaffe für die Hörer die gleichen öffentlich-rechtlichen Voraussetzungen bezüglich der Zulassung zu Staatsprüfungen. Ihrer Funktion nach müßten sie deshalb als "Angehörige des öffentlichen Dienstes" angesehen werden.

[194] Erst im April 1954 wurde sie wieder deutsche Staatsbürgerin, WG/EK 14147.

einreichen[195]. Einen zuvor in Betracht gezogenen Lehrauftrag konnte Frau von Ubisch aus gesundheitlichen Gründen (sie war stark sehbehindert) nicht übernehmen. Rektor und Kultusministerium setzten sich nun gemeinsam für sie ein und baten das Regierungspräsidium Nordbaden, Frau von Ubisch finanziell zu unterstützen. Im Juli 1953 wurde ihr "ohne Anerkennung eines Rechtsanspruchs" eine jederzeit widerrufliche laufende Unterstützung zugesagt[196]. Der Senat der Universität und andere Persönlichkeiten wie Kreisdekan Maas sahen keine Möglichkeit, ihr weiter zu helfen. Erst als mit dem Bundesgesetz vom 23. Dezember 1955 auch Privatdozenten in den Kreis der Wiedergutmachungsberechtigten einbezogen wurden, konnte sie ihr Verfahren nochmals aufnehmen und, wiederum unterstützt durch das Rektorat, erfolgreich zu Ende bringen. Am 1. Juni 1956 wurde ihr die Stellung einer "Dozentin aD" gewährt und ihr das Ruhegehalt einer Diätendozentin rückwirkend ab 1. Januar 1954 angewiesen. Sie bedankte sich beim Rektor für die ihr gewährte Hilfe, die 1956 eine rasche Entscheidung herbeiführte. Frau von Ubisch konnte nun eine bessere Wohnung beziehen. Ohne die materiellen Sorgen der Vergangenheit lebte sie zurückgezogen noch 9 Jahre in Heidelberg. Sie starb am 31. März 1965.

---

195) Zuvor waren zunächst Behörden in Karlsruhe und dann in Düsseldorf als zuständig angesehen worden.
196) Im Vergleichsvorschlag beim Entschädigungsverfahren in Karlsruhe wurde der Betrag geringfügig erhöht. Über die Verständnislosigkeit der Richter für ihre Lage und die Art der Befragung zu ihrer keineswegs "freiwilligen" und "unnötigen" Emigration äußert sich Frau von Ubisch in ihren Erinnerungen sehr bitter.

III. Im Ausland gebliebene Dozenten

1. Beziehungen der Emigranten zur Universität Heidelberg

Von Heidelberg aus Kontakte ins Ausland zu knüpfen, war unmittelbar nach Kriegsende überaus mühsam. Die Verhandlungen gestalteten sich vielfach so schwierig, daß auch Personen, für die Heidelberg nicht mit belastenden Erinnerungen verknüpft war, eine Berufung ablehnten.

Bei Eröffnung der Medizinischen Fakultät war die Leitung der Kinderklinik neu zu besetzen. K.H.Bauer wollte Ernst Freudenberg (Basel) dafür gewinnen[197]. Als Schweizer Delegierte des Roten Kreuzes die Universität Heidelberg besuchten, gab Bauer ihnen eine entsprechende Anfrage mit[198]. Freudenberg bestätigte Bauers Schreiben, meinte aber, er könne in Basel keine Schritte unternehmen, bevor das offizielle Schreiben des amerikanischen Militärgouverneurs in seinen Händen sei. Dies müsse auf diplomatischem Wege, dh. über Berlin - Washington - Bern laufen. Eine Einreise nach Deutschland hielt Freudenberg zu diesem Zeitpunkt (September 1945) für völlig unmöglich. Da er Deutscher geblieben sei, bestünden nicht nur Schwierigkeiten, durch die französisch besetzte Zone in die amerikanische zu

---

197) Ernst Freudenberg (geb.24.6.1884; seit 1938 in Basel) war mit einer jüdischen Frau verheiratet. Er hatte seinen Marburger Lehrstuhl verlassen und war in Basel Leiter der Kinderklinik geworden. Auskunft Archiv C. Freudenberg, Weinheim und GLA 235/29865.

198) Frühere Briefe waren verloren gegangen. Als Bauer seine Bitte gegenüber den Vertretern äußerte, stellte sich heraus, daß einer der Delegierten Freudenbergs Schwiegersohn war. UAH Nachlaß Bauer, Tagebuch, Eintrag unterm 31.8.1945. Zum ganzen UAH Akten Bauer, Besetzung von Lehrstühlen der Medizinischen Fakultät.

gelangen. Durch vorherige Verhandlungen müsse er die Erlaubnis zur Wiedereinreise in die Schweiz erreichen. Ein privater Anlaß -wie Verwandtenbesuche- würde in Bern kaum anerkannt. Andere Gründe anzuführen, hielt er zunächst für unzweckmäßig. Im Dezember 1945 lehnte Freudenberg den an ihn ergangenen Ruf ab. Der offiziellen Absage durch das amerikanische Generalkonsulat fügte Freudenberg in einem privaten Brief an Bauer einige Erklärungen hinzu. Den entscheidenden Anstoß, den Ruf nach Heidelberg auszuschlagen, habe das Verhalten der amerikanischen Behörden gegeben. "Als erstes sollte ich seitenlange Listen ausfüllen und einen Schulaufsatz schreiben". Er sei "nach Schema F" behandelt worden, ohne Rücksicht darauf, daß man ihm besonderes Entgegenkommen geschuldet hätte. "Das zeigte mir klar, wie die weitere Entwicklung sein würde". In dieser Lage wurde Bauer auf den früheren Königsberger Pädiater Bamberger aufmerksam gemacht, der durch Intrigen der NSDAP den Russen in die Hände gespielt worden war. Im Oktober 1945 war ihm die Flucht vor Russen und Polen gelungen. Nun hielt er sich in München auf[199]. Bamberger erhielt den Ruf und übernahm 1946 die Leitung der Kinderklinik[200].

Der Engere Senat der Universität hatte 1945 formuliert: Grundsätzlich ist die Rehabilitierung auch für im Ausland befindliche, aber erreichbare Kollegen auszusprechen[201]. 1947 diskutierte der Senat die Rückberufung der Emigranten (Sitzung vom 3. Januar 1947). Jaspers schlug vor, in dieser Frage zu unterscheiden zwischen der "Rückberufung einzelner Professoren

---

199) Hans H. Weber (Physiologe in Tübingen) an K.H.Bauer, Brief vom 21.11.1945 in UAH Akten Bauer, Besetzung von Lehrstühlen der Med. Fak.
200) Zu György, der als Oberarzt der Kinderklinik Heidelberg 1933 verlassen hatte und in USA lebte, s.unten S. 256.
201) UAH B 1266/4 (2) Protokoll der Sitzung vom 30.11.1945.

auf vakante Lehrstühle" und einem generellen Aufruf zur Rückkehr. Der Senat schloß sich der Empfehlung an. Die Dekane wurden angewiesen, eine Liste derer aufzustellen, die für eine Rückberufung in Betracht kamen oder seit 1945 bereits an einem Berufungsverfahren beteiligt waren. Die Frage eines generellen Aufrufs zur Rückkehr wurde auf Vorschlag von Jaspers an die Rektorenkonferenz verwiesen. Jaspers hatte die Schwierigkeiten, die in Heidelberg nach 1945 täglich zu bewältigen waren, selbst genau geschildert[202]. Emigranten war die Rückkehr aus dem Exil nach Deutschland nur zuzumuten, wenn sie in eine (relativ) gesicherte Stelle zurückberufen werden konnten. Im Hinblick auf die bis 1949 gemachten vielen vergeblichen Versuche, Gelehrte aus dem Ausland für deutsche Lehrstühle zu gewinnen, gab das Ministerium zu bedenken, ob überhaupt solche Berufungen ins Ausland noch ergehen sollten[203]. Im Laufe der vergangenen 12 Jahre hatten sich die meisten eine Position im Ausland geschaffen, die im Vergleich mit den deutschen Nachkriegswirren wesentlich sicherer schien. Institute, wie Meyerhof es in Philadelphia besaß, waren in Deutschland zu jener Zeit nicht denkbar. Arbeitsmöglichkeiten, wie sie für Marschak in USA geschaffen worden waren, gab es in Heidelberg nicht, der Austausch mit anderen Wissenschaftlern war zumindest sehr erschwert[204]. Etliche Emigranten erhielten bei Kriegsende endlich die Jahre zuvor beantragte neue

---

202) Brief an H. Arendt vom 19.4.1947, Briefwechsel, 117 f.
203) Brief vom 18.1.1949 an die Philosophische Fakultät bei der Besetzung des Romanistischen Lehrstuhls GLA 235/29888.
204) Meyerhof hatte einen solchen Treffpunkt mit anderen Wissenschaftlern in Woods Hole: "An ideal place for scientists to spend their summers... a combination of vacation and work, either in the laboratory or in the library". Nachmansohn, German - Jewish Pioneers, 287.

Staatsbürgerschaft in ihrem bisherigen Gastland. Die Erfahrung eines "happy exile"[205] teilten manche unter ihnen.

a. Juristische Fakultät

1946 wollte die Juristische Fakultät MAX GUTZWILLER zu einem Gastvortrag nach Heidelberg einladen[206]. Den 56jährigen Schweizer wieder für einen deutschen Lehrstuhl gewinnen zu wollen, stand nicht zur Debatte. Die Fakultät suchte jedoch den Kontakt zu ihm. Im Dezember 1948 benannte sie ihn dem Rektorat als Gastdozenten[207]. Für das Sommersemester 1959 konnte sie ihn für ein 6 wöchiges Gastseminar zu Themen des "internationalen Privatrechts" gewinnen[208]. An der ihm zum 70. Geburtstag gewidmeten Festschrift, die die juristische Fakultät der Universität Fribourg herausgab, beteiligten sich 6 Mitglieder der Heidelberger Fakultät[209]. Der damalige Dekan R. Serick, der zur Übergabe der Festschrift von der Heidelberger Fakultät entsandt worden war, trat den Gang nach Fribourg als "kleines Mönchlein" an, das "ein zartes Pflänzchen neu aufkeimender Sympathie" zu hegen hatte[210]. Die Beziehungen zur Fakultät wurden immer enger geknüpft. Gutzwiller kam häufig

---

205) Titel der autobiographischen Aufzeichnungen von Louise Alexandra von Simson, Privatdruck (1981).
206) UAH H II 381/Darmstädter. Ob und wann der Vortrag stattgefunden hat, läßt sich, soweit ersichtlich, nicht ausmachen; vgl. dazu oben S. 151.
207) UAH B 7036/7. Auf die Schwierigkeit, solche Lehrtätigkeiten angesichts der strengen Devisenbewirtschaftung angemessen zu honorieren, sei in diesem Zusammenhang verwiesen. Gutzwiller war danach wiederholt zu Gastvorträgen in Heidelberg, z.B. 29.5.1956, UAH B 7030/7.
208) UAH H II 381/Levy, Mitteilung des Dekan vom 22.5.1959.
209) Titel der Festschrift Jus et Lex. Basel (1959). Kunkel war, als die Festschrift erschien, allerdings mittlerweile Ordinarius in München.
210) R. Serick, Ansprache, 12. Parallelitäten in beider vita erleichterten -nach Ansicht von R. Serick- den Beginn der Bekanntschaft (Auskunft 5.7.1987).

auch zu informellen Treffen der Fakultät. Als das Institut für Ausländisches und Internationales Privat- und Wirtschaftsrecht sein 50jähriges Bestehen feierte, beteiligte Gutzwiller sich an der Festschrift mit einem Beitrag zur Geschichte des Instituts. Zu seinem 90. Geburtstag widmete ihm das Institut einen Raum. Gutzwiller nahm diese "völlig überraschende, so ungewöhnliche Ehrung" als "die schönste" hin und dankte den Mitarbeitern "unsres Instituts"[211].

ERNST LEVY hatte den Kontakt zu seinen Heidelberger Kollegen auch während seines Exils wahren können und wollen. Die Fakultät beantragte schon im Dezember 1945, ihn wieder in seine alten Rechte einzusetzen. Dem Senatsbeschluß entsprechend, sollte sich die Fakultät bei ihm melden und "seinerseits eine Äußerung herbeiführen, daß er die Wiedereinsetzung selbst anstrebe"[212]. Radbruch schrieb ihm noch am selben Tage, es sei für ihn eine unendliche Freude, als Dekan die Verbindung zu ihm wiederaufzunehmen. Namens der Fakultät frage er, ob Levy geneigt sei, auf den alten Lehrstuhl zurückzukehren. "Die Universität und die Regierung Nordbadens sehen es als eine Ehrenpflicht an, die Rehabilitation der in den vergangenen 12 Unrechtsjahren entlassenen Kollegen herbeizuführen". Über Einzelheiten -wie die Regelung des Verhältnisses zum derzeitigen Romanisten Wolfgang Kunkel- müßte später gesprochen werden. Zunächst gehe es "lediglich um die Vorfrage, ob Sie an die Rückkehr nach Heidelberg denken". Radbruch schloß sein amtliches Schreiben mit der Bitte: "Nehmen Sie diesen meinen Ihnen bewegten Herzens gesandten Brief freundlich auf und seien Sie von allen Mitgliedern der Fakultät, denen sowohl, die Sie ken-

---

211) Gutzwiller, Ansprache am 28.5.1980, 21.
212) Rektor an Dekan unter dem 12.12.1945, in UAH H II 381/Levy. Dort die weiteren Belege; vgl o. S. 151.

nen und denen, die Sie noch nicht kennen, auf das Herzlichste gegrüßt". Levy antwortete ihm, aus seinen Zeilen atme der "Geist der Zusammengehörigkeit", der ihn in dem nun gerade abgelaufenen Jahrzehnt der Trennung niemals verlassen habe. Die Anfrage der Fakultät bewege ihn. "Sollte es möglich sein, das Rad der Geschichte zurückzudrehen?" Im Augenblick könne er sich bei all den widersprüchlichen Meldungen noch keinen klaren Begriff von der Gegenwart machen, noch viel weniger von der Zukunft. Er hoffe, seine abwartende Stellungnahme werde nicht als Ablehnung gedeutet. Radbruch antwortete nach längerer Pause. Er entschuldigte sich bei Levy. Er hätte als "... Freund schreiben müssen, was ich als Dekan nicht hätte verantworten können". Er gestand ihm, wie problematisch der Gedanke der Rückkehr angesichts der Unvoraussehbarkeit aller Dinge in Deutschland scheine. Radbruch empfahl durch einen vorläufigen Besuch die hiesige Lage zu "rekognisziieren". Als Levy im Sommer 1947 die Schweiz besuchte, legte die Fakultät der Militärbehörde die Einladung an Levy vor, "zum Zwecke der wissenschaftlichen und politischen Fühlungnahme nach Heidelberg zu kommen". Zur Begründung führte der Dekan weiter an: die Fakultät verspreche sich von seinem Besuch "wichtige Anregungen für unsere wissenschaftliche und pädagogische Arbeit und hoffe, daß ein Wiedersehen Ihre Neigung bestärken wird, auf Ihre Heidelberger Professur zurückzukehren". Die Reise aus der Schweiz nach Heidelberg scheiterte zunächst daran, daß Frau Levy die Einreiseerlaubnis nicht eindeutig zugesagt wurde. Aber im Mai 1948 konnte sein Nachfolger und damaliger Rektor Kunkel Levys Gastvorlesungen in Heidelberg ankündigen. In seinem Wiedergutmachungsverfahren bat Levy, mittlerweile 69 Jahre alt, darum, ihn als Emeritus einzustufen. Dekan Reicke begrüßte ihn als wiedergewonnenen Senior der Fakultät, worauf Levy erwiderte: "Erst die Empfindung der Fakultät ... gibt der nun erreichten Emeritierung den vollen Wert". Er wisse zwar noch nicht, wann er nach Heidelberg kommen werde, "aber wohin meine Wünsche gehen, brauche ich kaum zu sagen und ich hoffe auf ihre Erfüllung". Als seine Emeritierungsbezüge nicht mehr auf sein Sperrkonto eingingen, stellte sich heraus, daß Levy mit der Abwicklung solcher Überweisungen nicht vertraut war: Da er im Ausland lebte, mußte er ein "Lebenszeugnis" vorlegen, sei es monatlich, sei es zu Beginn eines Jahres. Daraufhin wurden die Bezüge rückwirkend ausbezahlt[213]. Für die Glückwünsche der Juristischen Fakultät zu seinem 70. Geburtstag bedankte Levy sich ausführlich (28. Dezember 1951): "Dank einer glücklichen Verkettung der Dinge ist die Harmonie Ihres Kreises (=die Heidelberger Fakultät) und seine Zuneigung zu mir erhalten geblieben... So fühle ich mich nach wie vor zu Ihnen gehörig und bin glücklich, daß Sie meine Frau und mich auch weiterhin als Glied Ihrer "Familie" betrachten". Sobald seine Verpflichtung in Seattle im Sommer 1952 beendet seien, wolle er auf längere - begrenzte- Zeit nach Heidelberg zurückkehren und "noch einmal im Kreis unserer Freunde leben". "Meine wissenschaftliche Arbeit würde durch Wolfgang Kunkel und Sie alle wie schon durch den genus loci neue Anregung erhalten...". Seit September 1952 kam er regelmäßig nach Heidelberg. Da Levy sein amerikanisches Bürgerrecht behalten wollte und deshalb nach den USA zurückkehren mußte, konnte sein Aufenthalt von vornherein nicht auf Dauer angelegt sein. 1956 zog er nach Basel. Der Kontakt zur Heidelberger Fakultät blieb bestehen. Ganz besonders herzlich war das Verhältnis zwischen Levy und Wolfgang Kunkel, der 1943 seinen Lehrstuhl übernommen hatte. Zusammen mit dem Basler Kollegen Max Kaser brachte er zu Levys

---

213) Mitteilung an den Dekan 24.10.1951, in: UAH A 219/Levy.

80. Geburtstag Levys bislang nicht selbständig veröffentlichten Schriften heraus. Die beiden so entstandenen Bände wurden mit Unterstützung der Akademien zu Göttingen, Heidelberg und München ediert[214]. Mit Rücksicht auf seinen Gesundheitszustand kehrte Levy im November 1966 zu seinen Kindern nach USA zurück. Für die Geburtstagsgrüße der Fakultät dankte er aus Kalifornien: "Sie dürfen sicher sein, daß, wenn ich auf meine aktive Lehrtätigkeit zurückblicke, ich zu allererst an Heidelberg denke und mich Ihrer Fakultät zugehörig fühle. Das wird nicht aufhören, bis ich selber aufhöre". Am 14. September 1968 starb Ernst Levy.

Ihm wurden nach dem Zweiten Weltkrieg politische[215] und akademische[216] Ehrungen zuteil. Die Philosophische Fakultät Heidelberg wollte ihm schon 1945 den Titel Dr. hc verleihen. Doch die Militärregierung verbot damals die Ehrung. Sie übernahm die Anordnung des Hauptquartiers(!): "Keine deutsche Bildungsstätte, kein wissenschaftliches oder Berufs-Institut, keine Organisation oder Körperschaft ... innerhalb Ihres Militärdistriktes ist berechtigt, einem amerikanischen Staatsbürger irgend einen Ehrentitel, sonstige Ehrengrade oder Ehrenmitgliedschaft zu verleihen oder anzubieten"[217]. Erst im Dezember 1949 gaben die amerikanischen Behörden der Fakultät die Erlaubnis, Levy die Würde eines Ehrendoktors zu verleihen. In seinem Dankschreiben erinnerte sich Levy der Zusammenarbeit mit Karl Meister und Otto Regenbogen. Er dankte für die "außerordent-

---

214) Die Bände erschienen 1963. In seinem Vorwort berichtet Levy, er sei von seinen Freunden Wolfgang Kunkel und Max Kaser 1960 auf dem Saarbrückener Rechtshistoriker-Tag um seine Erlaubnis zu dieser Publikation gebeten worden.
215) Großes Bundesverdienstkreuz (1959).
216) Mitgliedschaft der Akademien Heidelberg, Göttingen, München, Rom.
217) Der Universität durch den Präsidenten der Landesregierung Baden am 15.11.1945 mitgeteilt, UAH B 1523/8.

liche Bezeugung Ihrer Wertschätzung und für Ihr Vertrauen in meine künftige Arbeit"[218].

b. Medizinische Fakultät

Nach dem Krieg knüpfte die Medizinische Fakultät zu 6 ihrer emigrierten Kollegen wieder Kontakte, mit 7 früheren Mitgliedern stand sie nicht mehr in Verbindung[219].

Der Emeritus FRANZ WEIDENREICH[220] arbeitete 1945 in New York am American Museum of Natural History. Er meldete sich schon 1946 beim Rektorat der Universität, zunächst um seine finanziellen Ansprüche als emeritierter planm. ao Professor gegenüber dem Land Baden anzumelden. Alle seine Bezüge beabsichtigte er, zur Unterstützung seiner deutschen Familienangehörigen zu verwenden[221]. Doch darüber hinaus nahm er auch mit der Medizinischen Fakultät wieder Kontakt auf. Er übersandte der Universität sofort nach dem Krieg wichtige Literatur seines Fachgebiets und äußerte den Wunsch, "in irgendeiner Form" wieder zur Universität Heidelberg gerechnet zu werden. Die Fakultät bat das Ministerium, Weidenreich als "inaktiven planm. ao Professor" im Vorlesungsverzeichnis führen zu dürfen. In Absprache mit dem Rektor beantragte der Dekan (H. Hoepke), ihn zum Ehrenbürger der Universität vorzuschlagen. Wenige Tage später starb Weidenreich in New York im Alter von 75 Jahren.

1951 faßte die Medizinische Fakultät den Entschluß, dem früheren Honorarprofessor WALTER SIEGFRIED LOEWE[222] den

---

218) Brief vom 31.12.1949 an den Dekan der Phil. Fak., aaO. Die Urkunde erreichte ihn im August 1950 in Seattle.
219) Die Akten der Medizinischen Fakultät sind teils verschollen, teils ungeordnet. Sie waren deshalb nur teilweise einzusehen.
220) S.o. S. 165.
221) Brief vom 15.10.1946, GLA 466/18912.
222) S.o. S. 144.

Titel Honorarprofessor wieder zu verleihen. Die Fakultät hob in ihrem Antrag hervor, daß Loewe auch nach seiner Auswanderung den Kontakt zu deutschen Pharmakologen aufrecht erhalten und nach 1945 wieder in deutscher Sprache publiziert habe. Das Ministerium stimmte der Verleihung grundsätzlich nur zu, wenn der Geehrte auch regelmäßig Vorlesungen abhalten konnte. Die Fakultät wies deshalb darauf hin, daß es sich hier um einen Akt der Wiedergutmachung handle, dem der Präsident des Landesbezirks Baden die Zustimmung nicht versagen möge. "Ausnahmsweise" billigte die Landesregierung den Fakultätsbeschluß. Auf die Glückwünsche des Rektors zu seinem 70. Geburtstag erwiderte Loewe, er werte die herzlichen Grüße besonders hoch in dem "schmerzlichen Bewußtsein, wie platonisch zu bleiben seit so langem die Macht der Verhältnisse meine Beziehungen zu meiner alten Universität verurteilt hat". Anläßlich seines 75. Geburtstags sammelte Loewes Fakultät in Utah ohne sein Wissen Glückwunsch-Adressen. Darunter befand sich auch ein Heidelberger Brief. Loewe dankte für die besonders freudige Überraschung, daß die Ruprecht-Karls-Universität seiner gedacht habe, der "vor 1000 plus n Jahren angehört zu haben und nun wieder anzugehören, ich mir mit Stolz als Ehre anrechne".
Die Stadt Mannheim, in deren Diensten Loewe bis 1933 gestanden hatte, nahm 1948 -vermittelt durch Loewes Mannheimer Schüler Hermann E. Voss- den Kontakt wieder zu ihm auf. Die Bekanntschaft, die zwischen dem von den Nationalsozialisten abgesetzten, nach 1945 wiedergewählten Oberbürgermeister Böttger und Loewe bestand, erleichterte den Anfang. Loewes Brief am 1. Januar 1949 nach Mannheim spricht eine beredte Sprache[223]:

---

223) Für diesen Hinweis danke ich R. Kattermann, Institut für Klin. Chemie, Klinikum der Stadt Mannheim (14.5.1987).

"...Immer, wenn in den Jahren des Exils Mannheim vor meinem Bewußtsein erschien -- und wie oft geschah das trotz aller Neigung des menschlichen Gehirns Unwiderbringliches aus dem Oberbewußtsein zu verdrängen -- tauchte stets zuerst nicht das Bild der Umstände auf, unter denen mir, wie Ihnen, Werk und Schaffensraum und dazu Lebensraum, Heimat und das Recht aufs Vaterland gestohlen wurde, nicht eines der vielen anderen Bilder -- der vermeintlichen Freunde, die sich plötzlich tapfer ins Spurlose verflüchtigt hatten, oder der anderen Freunde, die dem Schindanger entgingen -- sondern Ihr Bild, wie ich Sie zuletzt ein paar Male, von Ihnen unvermerkt, in der Nähe Ihrer Wohnung ... dahingehen sehen, ein Wahrbild des überpersönlichen Schmerzes, Ihres und meines, um die im Keime bereits vollzogene Zerstörung aller Werte, für die wir lebten und einstanden...". Das Labor, an dem Loewe gearbeitet hatte, wurde in Lesser-Loewe Labor umbenannt[224]. Seit dieser Zeit laden die Laborleiter regelmäßig zu "Lesser-Loewe Colloquien" ein. Im Januar 1970, fast sieben Jahre nach Loewes Tod (24. August 1963) schilderte Frau Ida A. Loewe vor den Teilnehmern dieses Colloquiums den Lebensweg ihres Mannes[225]. Die Jahre nach 1946, als Loewe auf den Pharmakologischen Lehrstuhl der Universität Utah (Salt Lake City) berufen worden war, bezeichnete sie als seine glücklichsten Jahre. Nach einer Rundreise durch Europa sei das Schönste der ganzen Reise der Augenblick gewesen, als die vertrauten Linien der Rocky Mountains im Flugzeugfenster wieder erschienen seien. Loewe hatte dort eine neue Heimat gefunden. Von hier aus verfolgte er nicht nur lebhaft die wissenschaftlichen Arbeiten der deutschen Kollegen, sondern bot

---

224) Ernst J. Lesser war Loewes Vorgänger am "Zentrallaboratorium der Städt. Krankenanstalten" in Mannheim gewesen.
225) I. Loewe, Walter S. Loewe, 44 f.

seinen "ernsthaftesten Mitarbeiterwillen" an "zur Herstellung der alten Verbundenheit und ... Erneuerung der internationalen wissenschaftlichen Beziehungen"[226].

In der Sitzung vom 15. Januar 1948 beschloß die Medizinische Fakultät "ihren früheren Honorarprofessor OTTO MEYERHOF ... zu bitten, sich wieder in den Listen der Universität als Honorarprofessor ... führen zu lassen". Im Juni 1948 wandte sich der Dekan offiziell an Meyerhof[227]: Die Fakultät gedenke gern der Zusammenarbeit zwischen Kaiser-Wilhelm-Institut und Universität. "Es würde uns eine große Ehre sein, wenn wir Sie in dem Verzeichnis unserer Mitglieder wieder als den Unsrigen führen könnten. Der Dekan konnte dem Ministerium berichten[228], Meyerhof nehme die zugedachte Ehrung an. Er habe zugleich seinem Wunsch Ausdruck gegeben, daß durch die Wiederherstellung seiner Beziehungen zur Universität "der Kontakt des wissenschaftlichen Lebens wieder normal gestaltet und die Isolierung der deutschen Universitäten vom Ausland und deren schwierige Lage allmählich erleichtert würde". Meyerhof sei selbst bereit, daran mitzuwirken. Die Glückwünsche der Fakultät, die er zum 65. Geburtstag 1949 erhielt, beantwortete er sehr herzlich. Ob er allerdings noch einmal nach Deutschland zurückkomme, sei wegen seines Befindens ungewiß. "Ich selbst würde es sehr gern tun und mich in Heidelberg wieder umsehen". Am 6. Oktober 1951 erlag er einer Herzattacke[229].

---

226) Brief vom 6.7.1948 an den Geschäftsführer der Deutschen Pharmakologischen Gesellschaft Prof. Dr. H. Weese, mitget. von R. Kattermann.
227) UAH H III 399/Meyerhof; vgl o.S. 156.
228) 12.10.1948 an den Präs. des Landesbez. Baden UAH A 219/Meyerhof.
229) Im Juli 1970 wurde in Heidelberg in Anwesenheit von Gottfried Meyerhof ein Meyerhof-Symposium veranstaltet und vom Weizmann-Institut of Science, Rehovot und der Gesellschaft für Biologische Chemie finanziell unterstützt. Anlaß war die Einrichtung eines "Meyerhof-Lehrstuhls" in Rehovot.

PAUL GYÖRGY, der ehemalige ao Professor und Oberarzt der Kinderklinik[230], hatte in den Jahren vor seiner Emigration verschiedene Aufsätze mit dem Biochemiker Richard Kuhn publiziert[231]. Sofort nach Kriegsende nahmen beide ihre gemeinsame Arbeit wieder auf. Im April 1950 besuchte Kuhn seinen Kollegen in Pennsylvania[232]. Sobald das Heidelberger Max-Planck-Institut 1952 mit seiner Arbeit beginnen konnte[233], wurde György zum Sommersemester 1952 vom Max-Planck-Institut als Gastprofessor eingeladen, denn die gemeinsamen Forschungsarbeiten sollten teils in Pennsylvania, "teils jedoch besser in Heidelberg" durchgeführt werden[234]. Auf Kuhns Antrag, er war mittlerweile Ordinarius für Biochemie in der Medizinischen Fakultät geworden, sprach die Medizinische Fakultät zugleich eine Einladung an György aus[235]. Der Engere Senat wollte ihn deshalb als "Gastprofessor" im Vorlesungsverzeichnis führen lassen[236]. Am 30. Oktober 1958 beschloß die Medizinische Fakul-

---

230) S.o. S. 145.
231) Z. B. in der Zeitschrift für physiologische Chemie. Kuhn gehörte seit 1929 dem Heidelberger KWI für Medizinische Forschung als Direktor der Abt. für Chemie an. Zu Kuhn der Aufsatz von Quadbeck, Semper Apertus 3(1985) 55 ff, bes. 61. Weitere Angaben bei Drüll, 153.
232) U.a. verhandelte Kuhn wegen eines Rufs nach Philadephia, lehnte jedoch ab.
233) Die Universität wollte die 1929 -von Meyerhof geschaffene- Verbindung der Forschung am KWI mit der Lehrtätigkeit an der Universität nach 1945 wieder herstellen. Doch die Amerikaner hatten die Kaiser-Wilhelm-Institute für ein aero medical center beschlagnahmt. Die örtlichen Befehlsstellen konnten gegen diese Weisung nichts ausrichten (K. H. Bauer in einem Brief an den Physiologen Rein (Göttingen) vom 18.2.1946 UAH Akten Bauer, Besetzung von Lehrstühlen der Medizinischen Fakultät). Das KWI stand erst 1952 Deutschen wieder zur Verfügung, dann unter dem Namen Max-Planck-Institut.
234) Brief von Kuhn an den Rektor Kurt Schneider vom 28.9.1951, UAH B 7038/1.
235) Der Rektor dankte Kuhn dafür, daß er György als Gastprofessor gewonnen habe (4.10.1951, aaO).
236) UAH B 1266/6 a (2). Der Beschluß wurde jedoch nicht durchgeführt.

tät, ihm den Titel Dr.med.hc zu verleihen. Sie begründete ihre Entscheidung: Györgys wissenschaftliche Bedeutung komme schon darin zum Ausdruck, daß die Max-Planck-Gesellschaft ihn zum Auswärtigen Wissenschaftlichen Mitglied ernannt habe, er sei auch Ehrenmitglied der "Deutschen Gesellschaft für Kinderheilkunde". Die Heidelberger Ernennung solle jedoch "nicht ein Akt der Wiedergutmachung sein, sondern eine echte Auszeichnung für hohe Verdienste auf dem Gebiete der Medizin und seiner Grenzfächer"[237]. Der Senat stimmte dem Fakultätsbeschluß zu (4. November 1958). György war nicht nur als Kinderkliniker tätig. Seine von WHO und UNICEF genutzten Arbeiten zeigen[238], daß er vor allem auch an den weltweiten Ernährungsproblemen arbeitete. Am 29. Februar 1976 starb er in Mendham, N.Y.

ALFRED KLOPSTOCK[239] wurde 1953 Mitbegründer des "Tel Aviv University College of Natural Science", das 1956 in der Universität Tel Aviv aufging. 1957 übernahm Klopstock die Direktion des Mikrobiologischen Instituts der Universität. 1959 - 1964 wurde er zum Rektor der Universität gewählt. In dem von ihm angestrengten Wiedergutmachungsverfahren setzten sich die Kollegen, die ihn aus seiner Heidelberger Zeit noch kannten, für ihn ein. Doch einen engeren Kontakt zur Medizinischen Fakultät in Heidelberg gab es nach dem Krieg nicht. Gegenüber einer Heidelberger Besucherin äußerte er sich in Tel Aviv enttäuscht darüber, daß die Universität Heidelberg seiner nicht mehr gedenke. Rektor Ernst antwortete darauf, die Universität könne "nicht als erste an ihn herantreten". Sie brauche ein Zeichen von ihm, daß ihm an der Wiederaufnahme der Verbindung gelegen

---

237) Der Dekan der Medizinischen Fakultät an den Rektor UAH B 1523/9.
238) Hinweise Dict. Emigrés II 1, 443.
239) S.o. S.145 Angaben im Dict. Emigrés II 2,695; Who's Who in World Jewery, 486 f. Auskunft von Prof. H. Mendelssohn, Tel Aviv (13.2.1988).

sei. Bei ihrer nächsten Reise nach Israel nahm die Besucherin einen persönlichen Brief der Rektorin M. Becke an Klopstock mit[240]. Wenige Monate später starb er in Tev Aviv (4. April 1968).

WILLY MAYER-GROß leitete bis 1945 als "director of clinical research" die Anstalt Chrichton Royal in Dumfries (Schottland). 1949 hörte der Leiter der Psychiatrischen und Neurologischen Klinik, Kurt Schneider, "auf Umwegen", Mayer-Groß sei darüber gekränkt, daß seine "Dozentenrechte" noch nicht wieder hergestellt seien[241]. Ob die Heidelberger Fakultät danach engeren persönlichen Kontakt mit ihm knüpfte, geht aus den Akten nicht hervor. In Freiburg/Breisgau stand er 1950 auf einer Berufungsliste, kam jedoch nicht zum Zuge. Die Heidelberger Fakultät äußerte sich -soweit ersichtlich- erst wieder im Laufe des 1953 von Mayer-Groß angestrengten Wiedergutmachungsverfahrens[242]: Er sei zweifellos dazu befähigt gewesen, ein Ordinariat zu bekleiden. Da es auf seinem Fach nur wenige Lehrstühle gebe, sei es schwer abzuschätzen, wann er tatsächlich Ordinarius geworden wäre. 1954 wurde Mayer-Groß im Wiedergutmachungsverfahren als emeritierter ordentlicher Professor eingestuft. Die Fakultät erhielt erst 1958 davon Kenntnis. Da Mayer-Groß zwar dem Einkommen, nicht aber seiner rechtlichen Stellung nach als Emeritus galt, holte die Fakultät das nach und nahm ihn in die Liste der Emeriti auf. Mayer-Groß beschloß nach Heidelberg zurückzukehren und an der Heidelberger Psychiatrischen und Neurologischen Klinik die

---

240) Brief der Rektorin vom 18.12.1967, UAH A 219/Klopstock.
241) UAH H III 399/Mayer-Groß Mitteilung an den Dekan 10.10.1949; vgl.o.S.158.
242) In einem schon früher angestrengten Verfahren konnten ihm als ehemaligen Privatdozenten und "Assistenten in gehobener Stellung" trotz "seines sittlich gerechtfertigten Anspruchs" auf Grund der damals (Januar 1952) geltenden Gesetze keine Entschädigung zugesprochen werden.

Einrichtung eines Pharmako-psychiatrischen Labors zu übernehmen[243]. Wenige Tage bevor er sein Haus in Heidelberg wieder beziehen wollte, starb er am 15. Februar 1961 in Birmingham[244]. Den Kondolenzbrief der Fakultät beantwortete Frau Mayer-Groß bereits aus Heidelberg: Ihr Mann habe alles vorbereitet gehabt, "um an seine alte Universität zurückzukehren und freute sich so sehr. Da rief ihn Gott".

Die Verbindung GABRIEL STEINERS[245] zur Medizinischen Fakultät war nach 1945 ebenfalls sehr lose. Er hatte seit 1942, als amerikanischer Staatsbürger, eine ordentliche Professur in Detroit inne. 1953 wurde er dort wegen Erreichung der Altersgrenze in Ruhestand versetzt. In einem Wiedergutmachungsbescheid wurde ihm 1957 die Amtsbezeichnung "ordentlicher Professor (em.)" zuerkannt. Die Fakultät, die erst zu diesem Zeitpunkt informiert wurde, nahm ihn als Emeritus wieder in den Lehrkörper auf. 1958 besuchte er im Alter von 75 Jahren mit seiner kranken Frau noch einmal Deutschland[246]. Er publizierte als "e. o. Prof. der Universitäten Heidelberg und Wayne State University Detroit" in einem Heidelberger Verlag nochmals ein Buch über Multiple Sklerose, seinem Hauptarbeitsgebiet, um am Ende seiner wissenschaftlichen Laufbahn seine in zwei verschiedene Sprachen verstreuten Einzelarbeiten zusammenfassend darzustellen[247]. Seinen 80. Geburtstag nahm der Rektor Fritz

---

243) W. Ritter v.Baeyer, Willy Mayer-Groß, 210 f.
244) "His funeral at the jewish cimetry in Birmingham was attended by many members of the medical profession - several doctors interrupting a congress in London to pay him their last respect"- Bericht im IfZ MA 1500/40.
245) S.o. S. 159.
246) GLA 466/17475.
247) Zitate aus dem Vorwort zu: Multiple Sklerose, Heidelberg (1962). Seine Theorien fanden zwar nicht die Billigung der Fachkollegen, doch förderten und befruchteten sie die Diskussion auf diesem Gebiet, so v.Baeyer, Zum Gedenken an Steiner, 283.

Ernst zum Anlaß, ihm die Glückwünsche der Universität zu übermitteln. Steiner antwortete darauf: Die Anhänglichkeit an die alte Schwäbische Heimat ist mir nie verloren gegangen und selbst eine zweimalige Entwurzelung (1918 durch die Franzosen aus Straßburg, das zweite Mal durch Hitler) hat mir das Heimatgefühl nie geraubt"[248]. Zwei Jahre später starb Steiner in Detroit.

Zu ihrem früheren Privatdozenten HANS LASER[249] hatte die Medizinische Fakultät nach 1945 den Kontakt völlig verloren. Bei seiner Tätigkeit am Kaiser-Wilhelm-Institut unter Meyerhof war er ohnehin nur lose mit der Fakultät verbunden gewesen. Sein Arbeitsgebiet lag zunehmend auf dem Sektor der Physiologischen Chemie und der Biochemie, für die es in Deutschland nur sehr wenige Lehrstühle gab. Als die Medizinische Fakultät in seinem Wiedergutmachungsverfahren um ein Gutachten gebeten wurde, bestätigte sie seine wissenschaftliche Leistung, "die ihm den Weg an hervorragender Stelle an einer Hochschule eröffnet hätte". Aber es war der Fakultät kaum möglich, die Wahrscheinlichkeit abzuschätzen, mit der Laser im Verlauf seines wissenschaftlichen Berufswegs einen Lehrstuhl erhalten hätte. Die Medizinische Fakultät gab die Beurteilung darüber an die Naturwissenschaftlich-Mathematische Fakultät weiter[250]. Am Ende des Verfahrens wurde er als emeritierter ao Professor geführt. Die Naturwissenschaftlich-Mathematische Fakultät verlieh ihm den Titel Dr.hc[251]. In der Verleihungsurkunde vom 26. Februar 1966 begründete sie die Ehrenpromotion mit seinen

---

248) UAH A 219/Steiner. Nach mündlicher Überlieferung hat Steiner an der Medizinischen Fakultät einen Gastvortrag gehalten. Archiv-Belege ließen sich dafür nicht finden.
249) UAH A 219/Laser und H III 399/Laser; vgl.o.S. 147.
250) Diese Akten konnte ich nicht einsehen.
251) Hinweis vom Direktor des UAH Dr. H. Weisert.

"bahnbrechenden Arbeiten auf dem Gebiet der Strahlenbiologie, die in Theorie und Praxis grundlegend und von hervorragender Bedeutung für Strahlentherapie und Strahlenschutz waren". Zu einer Gast- oder Honorarprofessur, wie sie Lasers Anwalt vorgeschlagen hatte, ist es -soweit ersichtlich- in Heidelberg nicht gekommen. Am 20. Januar 1980 starb er in Cambridge. 46 Jahre lang hatte er nach seiner Emigration aus Deutschland dort gelebt.

Die Verbindung zu WALTER PAGEL wurde erst spät geknüpft. Als er 1952 im Zusammenhang mit Wiedergutmachungsansprüchen seine Stellung zur Universität abklären wollte, mußte ihm der Rektor mitteilen, daß er aus seinem Privatdozentenstatus von 1933, dazu vom Ausland aus, keinen Anspruch auf Reaktivierung geltend machen könne. Es sei allenfalls möglich, seitens der Fakultät ihm wieder die Venia legendi zu erteilen. An seiner Befähigung, ein Ordinariat zu übernehmen, hatte die Fakultät keinen Zweifel gelassen[252]. Sobald der Kreis der Wiedergutmachungsberechtigten um die Privatdozenten erweitert wurde, war Pagels Position besser. Allmählich entwickelte sich auch eine kollegial-freundschaftliche Beziehung zum Heidelberger Pathologen Wilhelm Doerr. Dieser nahm die Eröffnung des neuen Heidelberger Pathologischen Instituts zum Anlaß, Walter Pagel das Ehrendoktorat der Fakultät zu verleihen[253]. Neben Pagels Verdiensten auf dem Gebiet der Pathologie und Medizingeschichte wollte die Fakultät damit dankbar sein Bestreben würdigen, "das durch die einst gewaltsame Entfernung aus dem Lehrkörper der Universität Heidelberg geschehene Unrecht nicht zu entgelten". Aus Doerrs Feder stammt auch die Würdigung zu

---

252) Schriftstücke UAH H III 399/Pagel; vgl.o.S. 147.
253) Beschluß der Fakultät vom 16.12.1965, mitgeteilt von W. Doerr (9.1.1987). Andere zahlreiche Ehrungen im Dict. Emigrés II 2, 884.

Pagels 80. Geburtstag[254]. Doch Pagel kam nicht mehr nach Heidelberg[255]. Die Verbindung zum Heidelberger Kollegen hielt er bis zu seinem Tod am 23. März 1983 aufrecht. Bernard Pagel teilte W. Doerr den Tod seines Vaters mit und bedankte sich für die Anteilnahme: "I am also aware of the great satisfaction which he (=Walter Pagel) derived from your friendship while he was alive..."[256].

Völlig unbekannt war der Dermatologe FRITZ STERN der Fakultät nach 1945. Lediglich im Wiedergutmachungsverfahren wurde die Fakultät vom Kultusministerium nach ihm befragt[257]. Weitere Kontakte ergaben sich nicht.

ALFRED STRAUSS[258] gehörte der Heidelberger Medizinischen Fakultät elf Monate lang als Privatdozent an. Bis zu seiner Emigration hatte er unter anderem mit Steiner, der seit 1936 in den USA lebte und Wilmanns (gest. 1945) zusammengearbeitet. Kein Mitglied der Medizinischen Fakultät kannte ihn nach 1945. Im Zusammenhang mit dem Wiedergutmachungsverfahren sollte der Direktor der Psychiatrischen und Neurologischen Klinik als Fachvertreter über die voraussichtliche wissenschaftliche Laufbahn urteilen. Sein Gutachten konnte er nur auf Grund der ihm bekannten Publikationen abgeben, die alle vor seiner Emigration lagen[259]. Die Fakultät schloß sich seinem Urteil an, Strauss wäre "nach Ablauf der gehörigen Anzahl von Semestern zum apl Professor" ernannt worden. Von der pädagogischen Arbeit, die

---

254) Deutsche Medizinische Wochenschrift (1978) 1806.
255) Von 4 Geschwistern waren 3 in Konzentrationslagern gewesen, 2 dort gestorben. Dict. Emigrés II 2, 883.
256) Mitteilung von W.Doerr am 18.11.1987.
257) S.o. S.147. Keine Auskünfte konnte Yad Vashem, Jerusalem erteilen. Die Personalakten liegen zZt. noch beim Kultusministerium Stuttgart.
258) S.o.S.163.
259) Eine Liste mit 55 Titeln (1 span., die anderen amerikanische Veröffentlichungen) der Jahre 1934-1960 wurde 1973 abgedruckt bei Cruickhank, 325 ff.

Strauss mit hirngeschädigten Kindern in USA durchführte, war der Fakultät nichts bekannt. Bis zu seinem Tod (27. Oktober 1957) kam keine Verbindung zur Universität Heidelberg zustande.

Auch der Name von ERNST WITEBSKY[260] erscheint in den Akten der Universität, soweit ersichtlich, lediglich im Zusammenhang mit dem Wiedergutmachungsverfahren. Seit 1940 hatte er in Buffalo eine Professur für Serologie inne. Ihm in einem Gutachten zum Wiedergutmachungsverfahren zu bescheinigen, daß er auch in Deutschland ein Ordinariat erhalten hätte, war bei der großen Anzahl seiner wichtigen Veröffentlichungen nicht schwierig und wurde vom Kultusministerium anerkannt (1957)[261]. Zwölf Jahre später, am 7. Dezember 1969 starb er in Buffalo.

HERMANN QUINCKE[262] blieb als Direktor des "Deutschen Krankenhauses" nach 1945 in Istanbul. 1949 wandte er sich an das Kultusministerium in Karlsruhe und bat darum, ihm den Titel "Professor" zu verleihen. Professor Siebeck -als sein früherer Vorgesetzter- hob Quinckes Qualifikation hervor und unterstrich, daß er sich in Istanbul bei der Leitung der Klinik große Verdienste erworben habe. Er befürwortete "wärmstens" die Verleihung des Titels. Dem einstimmigen Antrag der Fakultät (19. Januar 1950) gab das Kultusministerium statt[263]. In dem von ihm 1954 angestrengten Wiedergutmachungsverfahren war Quincke nicht erfolgreich: das Gericht, das in diesem Prozeß die mutmaßliche Laufbahn des Geschädigten abzuschätzen hatte, erkannte in der Einstellung als Hochschulassistent noch nicht den

---

260) S.o. S.147.
261) Engeren Kontakt hatte er offenbar zur Freiburger Fakultät. Sie erteilte ihm 1958 den Titel Dr. hc., Dict. Emigrés II 2, 1252.
262) S.o. S.149.
263) UAH H III 399/Quincke.

Beginn einer "Hochschullehrer-Laufbahn" an. Damit wurden Quinckes Ansprüche auf Wiedergutmachungsleistung gegenüber seinem früheren Arbeitgeber abgewiesen. 1965 wurde die Fakultät in einem neuen Wiedergutmachungsverfahren nochmals um Stellungnahme zu den Lehrstuhl-Aussichten gebeten. Der Leiter der Klinik für Innere Medizin G. Schettler bestätigte, daß Quincke sich in Istanbul großes Ansehen und Verdienst erworben habe. In der Würdigung seiner wissenschaftlichen Leistung bezog er sich auf das Urteil von Siebeck. Ob Quincke in Deutschland einen Lehrstuhl erhalten hätte, war 32 Jahre, nachdem Quincke die Klinik als Assistent verlassen mußte, nicht zu beurteilen[264]. Quincke blieb bis zu seinem 76. Lebensjahr in der Türkei. 1977 übersiedelte er nach Freiburg, wo er am 8. Februar 1982 starb. Quincke wurde im Familiengrab in Heidelberg beigesetzt[265].

Unter den 13 ehemaligen Mitgliedern der Medizinischen Fakultät, die 1945 im Exil lebten, befand sich keiner, der ein Ordinariat an der Heidelberger Fakultät bekleidet hatte. Das Hauptarbeitsfeld der Honorarprofessoren Loewe und Meyerhof war das Labor der Städtischen Krankenanstalten Mannheim, bzw das Kaiser-Wilhelm-Institut Heidelberg gewesen. Weidenreich hatte als Emeritus Deutschland verlassen. Vier frühere nicht beamtete außerordentliche Professoren (György, Klopstock, Mayer-Groß, Steiner), 5 Privatdozenten (Laser, Pagel, Stern, Strauss, Witebsky) und ein Habilitant (Quincke) arbeiteten 1945 außerhalb Deutschlands. Da sie alle -abgesehen von Weidenreich- keinen Beamtenstatus an der Universität erlangt hatten, konnten sie erst nach dem Gesetz vom 23. Dezember 1955 mit Aussicht auf Erfolg Wiedergutmachungsansprüche anmelden.

---

264) UAH B 3182.
265) Auskünfte von Frau Dr. Maren Quincke (April/Mai 1988)

Von ihnen lebten 7 in USA (György, Loewe, Meyerhof, Steiner, Strauss, Weidenreich, Witebsky), 3 in Großbritannien (Laser, Mayer-Groß, Pagel), 2 in Palästina (Klopstock, Stern) und einer in der Türkei (Quincke). Sieht man von der Schwierigkeit, Nachrichten und Adressen der Emigranten zu erhalten, ab- sie 1945 bei Wiedereröffnung der Medizinischen Fakultät um die Übernahme eines Lehrstuhls zu bitten, wäre in Anbetracht des Kommunikationsverbotes zwischen US-Staatsangehörigen und Engländern auf der einen Seite und Deutschen auf der anderen Seite undenkbar gewesen[266]. Einen Ruf nach Palästina ergehen zu lassen -ohne den Angeschriebenen sehr gut zu kennen- war damals ausgeschlossen. Später wurde eine Berufung der Emigranten, soweit ersichtlich, nicht mehr erwogen.

c. Philosophische Fakultät

Sieben entlassene Dozenten der Philosophischen Fakultät kehrten 1945 nicht mehr in ihre Ämter an der Universität Heidelberg zurück: Die ehemaligen Ordinarien Leonardo Olschki und Eugen Täubler, der plamn. ao Professor Helmut Hatzfeld, der ao Professor Salz, die früheren Privatdozenten Jakob Marschak, Raymond Klibansky und Otto Pächt.

LEONARDO OLSCHKI[267] war seit 1944 am Department for Oriental Languages in Berkeley, seit Mai 1945 besaß er die amerikanische Staatsbürgerschaft- "for the first time since his arrival in the New World, Olschki felt at home". Als in der Folge der Mc-Carthy-"Säuberungen" von allen Fakultätsmitgliedern ein Loyalitäts-Eid verlangt wurde, weigerte sich Olschki im Juli 1950 zusammen mit einigen Kollegen, darunter Kantorowicz,

---

266) S.o. S.251 betr. die Vorgänge um die geplante Ehrenpromotion Levys.
267) S.o. S.141; Evans, Olschki, 42 ff. Dort die folgenden Zitate.

den Eid abzulegen. "The oath is inadequate... pernicious ... harmful to the prestige of my profession". Er wurde zum dritten Mal aus einem Universitätsdienst entlassen. 1952 erklärte der Kalifornische Oberste Gerichtshof den Eid für verfassungswidrig. Olschki wurde wieder eingestellt, doch zog er sich aus dem Universitätsdienst zurück. In dieser Zeit betrieb Olschki sein Wiedergutmachungsverfahren in Deutschland. Gemäß seinem Antrag wurde ihm der Status eines emeritierten ordentlichen Professors zuerkannt. Der Rektor unterrichtete ihn davon und kündigte ihm die Wiederaufnahme in das Vorlesungsverzeichnis an[268]. Olschki dankte (5. Januar 1954) für diese Mitteilung, dadurch werde eine Amtshandlung rechtlichen und politischen Charakters "zu einer akademischen Maßnahme zugunsten der Wiederherstellung der so verhängnisvoll zersplitterten Gelehrtenrepublik". Auf die Grüße zu seinem 70. Geburtstag erwiderte er, solche Kundgebungen seien geeignet, "den in räumlicher und geistiger Ferne arbeitenden Forschern Mut und Zuversicht im Sinne einer letztlichen Unzerstörbarkeit ihrer Aufgaben und Ziele einzuflößen". Von solchen kurzen Briefen abgesehen, wollte Olschki keine Verbindung mehr zur Heidelberger Universität, wie er auch nichts mehr in deutscher Sprache publizierte. Als 1947 die Besetzung seines alten Heidelberger Lehrstuhls anstand, nannte K.Vossler Olschkis und Hatzfelds Namen, fügte jedoch gleich hinzu, er rechne nicht damit, "daß diese Herren sonderlich Lust haben, ihre Arbeitsstellen zu verlassen"[269]. Wichtiger als eine Reise nach Deutschland war Olschki die Möglichkeit, wieder in Italien arbeiten zu können. 1954 war er sowohl in Rom als auch in Venedig, nicht nur um Vorlesun-

---

268) UAH A 219/Olschki.
269) UAH H IV 577/2. Die Fakultät setzte 2 Emigranten auf die Berufungsliste: Leo Spitzer und Harri Meier; trotz der Bedenken des Ministeriums (s.o. S.246) erging dann der Ruf an Meier (GLA 235/29888).

gen zu halten, sondern auch um seine Arbeit am "Asien Marco Polo's" voranzubringen. 1957 erschien der Band, geschrieben in italienischer Sprache, gedruckt in Florenz und gewidmet "alla città di Venezia che mi iniziò agli studi e alla vita". Die römische Accademia Nazionale dei Lincei wählte ihn zum Mitglied, 1958 wurde er "Commendatore Ordine del Merito della Republica Italia"[270]. Nach seinem Tod (7. Dezember 1961) kam seine Witwe nach Deutschland und besuchte in Heidelberg auch den Nachfolger auf dem romanistischen Lehrstuhl, Kurt Baldinger[271].

EUGEN TÄUBLER[272] war bei Kriegsende 65 Jahre alt. Wahrscheinlich versuchte Hans Schäfer, seit 1941 mit der Vertretung des Lehrstuhls "Alte Geschichte" beauftragt, dann Ordinarius in Heidelberg, vorsichtig Kontakt mit ihm aufzunehmen. Doch Täubler knüpfte keine Verbindung mehr an[273]. Seine letzte Veröffentlichung war ein Beitrag zur Festschrift seines Freundes Leo Baeck (erschienen 1954). 1950 übernahm er das Amt des Vizepräsidenten der American Academy for Jewish Research. 3 Jahre später starb er (13. August 1953).

1952 nahm die Philosophische Fakultät den 60. Geburtstag von HELMUT HATZFELD[274] zum Anlaß, ihm in einem Brief durch den Dekan Hans Schäfer zum Ausdruck zu bringen, wie sehr sie an seinem Geschick Anteil nehme. "Wir würden uns glücklich schätzen, wenn wir Sie einmal in Heidelberg begrüßen dürften, falls Sie sich entschließen, Deutschland zu besuchen". 1954 kam Hatzfeld zu einem ersten Gastvortrag nach Heidelberg. Im Sommersemester 1960 fand an der Heidelberger Universität

---

270) Dict. Emigrés II 2, 874 und Evans, Olschki, 52.
271) Mitgeteilt von K. Baldinger (4.9.1986).
272) S.o. S.166.
273) Schriftliche Belege fanden sich bislang nicht, Auskunft von W. Schmitthenner (24.11.1987), vgl dazu unten S.279.
274) S.o. S.154.

ein ganzer Vortragszyklus statt. Für das Sommersemester 1961 war ebenfalls eine solche Reihe geplant, doch da Hatzfeld sich zu Vorlesungsvertretungen in München bereit erklärt hatte, wurden die Heidelberger Gastvorträge um ein Jahr verschoben[275]. Die Fakultät bemühte sich, ihn als ihren "Emeritus" zu führen, womit Hatzfeld einverstanden gewesen wäre. Mittlerweile war das von ihm angestrengte Wiedergutmachungsverfahren abgewickelt und der Entscheid rechtskräftig geworden. Hatzfeld bezog Pensionsgelder und konnte nicht mehr "emeritiert" werden. Da die von der Fakultät eigentlich gewünschte Emeritierung nicht mehr möglich war, beantragte die Fakultät, Hatzfeld zum Honorarprofessor zu ernennen (11. Januar 1961). Sie wollte wenigstens auf diesem Wege ihre Dankbarkeit dafür ausdrücken, daß Hatzfeld bereit war, künftig regelmäßig im Sommersemester Gastvorlesungen in Heidelberg abzuhalten: "Die Philosophische Fakultät empfindet es ... als ein tiefes moralisches Anliegen, Herrn Hatzfeld wieder in ihren Kreis aufzunehmen, nachdem sie leider sehr spät von den lange zurückliegenden Vorgängen Kenntnis erhielt"[276]. Für seine bescheidene Art sei es charakteristisch, daß er selbst nie einen Anspruch auf eine angemessene Rehabilitierung auch nur angedeutet habe. Das Verhältnis, das zwischen Hatzfeld und seiner alten Heidelberger Fakultät neu begründet wurde, kommt am besten darin zum Ausdruck, daß seine amerikanische Fakultät in Washington den Heidelberger Ordinarius Baldinger einlud, an der ihm zugedachten Festschrift mitzuwirken[277]. Im Zuge der "Umstrukturierung" der Univer-

---

275) UAH B 7031/1; B 7038/5 und 6.
276) UAH H IV 329/159 Hatzfeld.
277) Kurt Baldinger schrieb seinen Beitrag in deutscher Sprache (Die Reseda im Spielfeld der Linguistik, in: Linguistic and Literary Studies in Honor of Helmut A. Hatzfeld, Washington D.C. (1964)). Über andere Hatzfeld im französischen und spanischen Sprachraum zuteilgewordene Ehrungen vgl. den Nekrolog in: Romance Philology XXXIV * 89 f.

sität und der "Neugestaltung" des Vorlesungsverzeichnisses wurde Hatzfeld im Wintersemester 1970/71 nicht mehr als "Honorarprofessor" der Philosophischen Fakultät geführt. Die Verwaltung hatte ihn als "ausgeschieden aus dem Lehrkörper" angesehen[278]. Um Hatzfeld an seinem 85. Geburtstag zu ehren und diese erneut fällige Wiedergutmachung zu leisten, fanden sich die Mitglieder des Lehrkörpers des Romanistischen Seminars zusammen[279] und übersandten ihm ein Geburtstagsgeschenk. In das Vorlesungsverzeichnis wurde Hatzfeld nicht wieder aufgenommen. Er starb am 18. Mai 1979 in Washington.

ARTHUR SALZ hatte in USA keine ihn befriedigende Anstellung gefunden, sondern lebte in wirtschaftlich bedrängten Verhältnissen[280]. 1949/50 strengte er ein Wiedergutmachungsverfahren an. Er erklärte seinen Willen, zusammen mit seiner Frau (Sophie Kantorowicz) nach Deutschland zurückzukehren, was sich bei den Zahlungsschwierigkeiten ins Ausland auch empfohlen hätte[281]. Die Fakultät bestätigte, sie schätze seine "sachliche und menschliche Qualität aufs höchste". Seine Möglichkeit ein Ordinariat zu erhalten, sei mit dem Jahr 1933 vernichtet worden. Der Dekan Hans Schäfer bat deshalb namens der Fakultät das Ministerium zu prüfen, ob nicht ein Weg gefunden werden könne, Arthur Salz eine Wiedergutmachung zu gewähren, "die ihm eine Rückkehr nach Deutschland ermöglicht"[282]. Um diesen Standpunkt zu unterstreichen, hatte die Fakultät ihm bereits im Juli 1952 die Würde eines Ehrendoktors verliehen[283]. Alfred Weber legte dem Diplom einen persönlichen Brief bei[284].

---

278) UAH A 219/Hatzfeld.
279) Mitgeteilt von K. Baldinger (4.9.1986).
280) S.o. S. 146.
281) WG/EK 11351/A. Erklärung vom 24.9.1950.
282) UAH A 219/Salz, 22.12.1952.
283) UAH B 1523/8.
284) UAH H IV 512.

Auch Walter Waffenschmidt[285] setzte sich für Arthur Salz ein: Schon 1933 sei er für die Berufung auf den Volkswirtschaftlichen Lehrstuhl in Mannheim von der Hochschule vorgeschlagen gewesen. Durch die Schließung der Hochschule und die Ereignisse von 1933 sei es nicht zur Besetzung gekommen. "Aber wenn Salz 1946 verfügbar gewesen wäre und hinsichtlich der Altersgrenze in Frage gekommen wäre, wäre ich als Staatskommissar für die Wiedererrichtung oder später die Fakultät bestimmt auf Salz zurückgekommen. Über die wissenschaftliche Qualifikation bedarf es keiner weiteren Worte". Doch als ehemaligem nicht beamteten ao Professor konnte ihm zu diesem Zeitpunkt keine Entschädigung zugesprochen werden. Der Bundespräsident leitete den Hilferuf, den Arthur Salz an ihn gerichtet hatte, an das zuständige Amt für Wiedergutmachung weiter: Das erklärte nochmals, bislang hätten keine Zahlungen geleistet werden können, da das "anderweitige Einkommen in Ohio das überstieg, das (er) während der Verfolgungsmaßnahmen" erhielt. Für seine frühere freiberufliche Tätigkeit, die ein 4faches seines Diensteinkommens ausmachte, gab es keine Wiedergutmachungsansprüche. Doch "in Anbetracht seiner wirtschaftlichen Notlage und im Hinblick auf die zu erwartende Gesetzesnovelle" gewährte ihm das Kultusministerium im September 1955 eine laufende monatliche Unterstützung, die im Juli 1959 in Emeritenbezüge umgewandelt wurde[286]. Arthur Salz kehrte -soweit ersichtlich- nicht mehr nach Deutschland zurück. Er starb am 10. August 1963. Seine Tochter widmete ihm ihre Arbeit und beschrieb ihn als "economist, who does not stop at the borders of his discipline ..."[287].

---

285) o. Prof. für Nationalökonomie an der Wirtschaftshochschule Mannheim, Honorarprofessor in Heidelberg, Zitate aus UAH H IV 329/395 Salz.
286) Salz wurde rückwirkend ab 1.1.1954 als Emeritus geführt, GLA 466/15043.
287) Beate Salz, The Human Element in Industrialization. A Hypothetical Case

RAYMOND KLIBANSKY nahm 1946 einen Ruf nach Montreal an, las aber daneben noch in Oxford und übernahm als "Director of Studies" das Warburg-Institut[288]. Nach dem Waffenstillstand kam er als Chief Intelligence Officer des British Foreign Office nach Deutschland. Sobald als möglich besuchte er Heidelberg, um seine Freunde (insbesondere Marianne Weber) zu treffen und zu unterstützen. Als die Akademie ihm mitteilten konnte, sein 1933 zusammengeraffter wissenschaftlicher Apparat sei wieder aufgetaucht, ergab sich eine engere Verbindung zur Philosophischen Fakultät, insbesondere zu H.G.Gadamer. Seit 1984 wird Klibansky als Emeritus im Personalverzeichnis der Universität Heidelberg geführt. Auf Vorschlag der Philosophisch-Historischen Fakultät ernannte ihn der Rektor anläßlich der 600 Jahrfeier der Universität 1986 zu ihrem Ehrensenator.

JAKOB MARSCHAK gehörte 1945 in USA zu den anerkannten Autoritäten seines Fachs[289]. Nachdem er in Oxford, New York, Chicago gelehrt hatte, nahm er nach dem Krieg Rufe an nach Stanford, nach Mexiko, Pittsburgh, an die Yale University, an die Universität von Kalifornien, Los Angeles. Als die Philosophische Fakultät im Wiedergutmachungsverfahren 1957 um eine gutachtliche Äußerung gebeten wurde, schrieb der Dekan V. Pöschl: die Annahme, er sei 1939 auch in Deutschland Ordinarius geworden, sei "eher zu vorsichtig als übertrieben"[290]. Die Fakultät plante 1961, eine Gastprofessur für ihn zu errichten[291]. Doch erst 10 Jahre später konnte der Kontakt enger geknüpft

---

Study of Ecuadorien Indians, in: American Anthropological Association, 57 (1955). Zu Beate Salz vgl. Dict. Emigrés II 2, 1015.

288) Zu den vielen ihm zuteil gewordenen Ehrungen s. Dict. Emigrés II 1, 632; vgl.o.S.148.
289) S.o. S.148.
290) UAH A 219/Marschak. U.a. hatte Alfred Weber in diesem Verfahren ein Gutachten für ihn abgegeben.
291) UAH H IV 504/1.

werden. Sein Fachkollege Günter Menges beantragte (27. September 1971), Mittel für einen Heidelberg-Aufenthalt zur Verfügung zu stellen. Das 50jährige Doktorjubiläum sollte den äußeren Anlaß zu einem Marschak-Jahr der Wirtschaftswissenschaftlichen Fachgruppe abgeben. Menges führte in seinem Antrag weiter aus: Marschak habe es viele Jahre nach dem Krieg "verschmäht", nach Deutschland zurückzukehren. Mittlerweile finde eine gewisse Aussöhnung statt: 1968 akzeptierte er eine Ehrenpromotion der Universität Bonn. "Aus Gesprächen mit ihm weiß ich, daß er bereit wäre ..., für einige Zeit... an der Universität Heidelberg tätig zu sein"[292]. Im Sommersemester 1972 nahm Marschak die Würde eines Ehrendoktors der Heidelberger Wirtschafts- und Sozialwissenschaftlichen Fakultät entgegen. Am selben Tag wurde ihm die Urkunde zu seinem 50jährigen Doktorjubiläum überreicht. Seinen lebendigen, witzigen Vortrag schloß er mit der Frage "Ob es wünschenswert und wie es möglich ist, unsere künftigen Entscheider durch Nachdenken und Üben zu erziehen, das Bessere klarer und kon-sequenter zu wählen"[293]. Marschak kam noch verschiedentlich nach Deutschland[294], aber, soweit ersichtlich, nicht nach Hei-delberg. Er starb völlig unerwartet am 22. Juli 1977[295].

OTTO PÄCHT unterrichtete bei Kriegsende in Oxford. Von dort versorgte er August Griesbach, der ihn in Heidelberg zur Habilitation geführt hatte, mit Päckchen[296]. Über den schwierigen Stand der Heidelberger Ordinarien für Kunstgeschichte ge-

---

292) UAH A 219/Marschak.
293) Sein Vortragsthema lautete: "Intersubjektive Wahrscheinlichkeit", zusammen mit G. Menges Laudatio abgedruckt in: Heidelberger Jahrbücher 17 (1973) 12 ff.
294) Auskunft von F.-U. Willeke an E. Wolgast (30.4.1985).
295) Koopmans, Nachruf IX.
296) Die zitierten Briefe an Grisebach liegen UBH Heid. Hs 3717 D Fasc. 16; vgl. o.S. 150.

genüber dem Ministerium war er sicher unterrichtet. Am 1. Februar 1949 schrieb er Grisebach, der Wiener Ordinarius Swoboda habe ihn gefragt, ob er bereit sei, ein frei gewordenes, bezahltes Extraordinariat in Wien zu übernehmen. Otto Pächt lehnte ab. "Ich ... konnte mich nicht entschließen, dieses Angebot anzunehmen. Abgesehen von der Schwierigkeit, meine in England aufgewachsene Frau und mein Kind in die Unsicherheit der Wiener Verhältnisse zu verpflanzen, war für mich das Entscheidende das Gefühl, ich würde nach dem Vorgefallenen den Kontakt zu meinen Kollegen und das Vertrauen zu ihnen nicht wiedergewinnen können. Im besten Fall... waren es Opportunisten, die sich mehr oder minder schäbig benommen haben". Er lehne den Ruf nach Wien -seine Vaterstadt- ab, obgleich er sich bewußt sei, daß er in Oxford keine Chance habe, eine nennenswerte und wirklich befriedigende Position zu bekommen, "nicht weil ich Otto Pächt bin, sondern weil ich die (volle) Anerkennung der Kunstgeschichte als akademisches Fach nicht mehr erleben werde", schloß er resignierend seinen Brief. Er blieb als großer Kenner der Illuminierten Handschriften und wohl vertraut mit der Bodleian Library in Oxford. Seine Arbeit[297] brachte ihn mit deutschen Museen in Köln und Hildesheim zusammen. Eine engere Verbindung zu einer deutschen Universität ergab sich daraus nicht. 1963 übernahm er das eine Wiener Ordinariat für Kunstgeschichte[298]. Er starb, 86 Jahre alt, am 14. April 1988 in Wien.

---

297) Zum Beispiel am St. Albans Psalter (Studies of the Warburg-Institute, London, 1960).
298) In Lebensläufen, die bei offiziellem Anlaß wie bei seinem 70. Geburtstag nachgezeichnet wurden, wird seine Heidelberger Zeit nicht erwähnt.

d. Naturwissenschaftlich-Mathematische Fakultät

Zwei Angehörige der Heidelberger Naturwissenschaftlich-Mathematischen Fakultät blieben nach 1945 im Ausland: Artur Rosenthal und Max Lemberg.

ARTUR ROSENTHAL lebte seit 1942 in Albuquerque (New Mexico). 1947 wurde er Professor für Mathematik an der Purdue University in Lafayette (Indiana). Da er als Emeritus aus dem Universitätsdienst entlassen worden war, meldete er sich bald nach dem Krieg in Karlsruhe, um seine Bezüge als Emeritus zu erhalten[299]. In ihrer Antwort (September / November 1948) bezog sich die Finanzabteilung in Karlsruhe auf einen Erlaß des Finanzministeriums Stuttgart (17. Juli 1947): bis zu einer gesetzlichen Regelung sollte zunächst nur eine vorläufige Wiedergutmachung (ab 1. Mai 1945) geleistet werden: Geldentschädigungen für die weiter zurückliegende Zeit wurden zunächst ausgeschlossen. "Als Wiedergutmachung soll der beamtenrechtliche Zustand wiederhergestellt werden, der ohne die ungerechten nationalsozialistischen Maßnahmen bestehen würde". "Sofern (die Beamten) nicht wieder in den öffentlichen Dienst gestellt werden", sollten sie ab 1. Mai 1945 rückwirkend, gegebenenfalls angehobene Versorgungsbezüge erhalten. Über der Währungsreform ruhte das Verfahren. Als 1949 das Heidelberger Ordinariat für Mathematik neu besetzt werden mußte, bestand das Ministerium darauf -obgleich Rosenthal inzwischen amerikanischer Staatsbürger geworden war-, ihm den Lehrstuhl anzubieten[300]. Wer die Altersgrenze noch nicht erreicht habe, dem

---

299) Mit der Korrespondenz war ein Heidelberger Rechtsanwaltsbüro beauftragt. Akten GLA 466/14840; vgl.o.S.155.
300) GLA 466/14860 und GLA 235/3755.

"ist tunlichst die Gelegenheit zu bieten, wieder im öffentlichen Dienst verwendet zu werden bzw. Verwendung anzunehmen, wenn ihm dies nach den Verhältnissen zugemutet werden kann". Dieser Weisung entsprechend, bot der Dekan Klaus Schäfer Rosenthal den freien Lehrstuhl an. Ohne weitere Begründung lehnte Rosenthal ab. Das Ministerium entschied daraufhin: Nach dem Verzicht komme Wiedergutmachung nicht mehr in Frage, "da er ledig ist und auch sonst keine persönlichen Verhältnisse geltend gemacht werden können, auf Grund derer ihm die Rückkehr nach Deutschland nicht zugemutet werden könnte"[301]. Nach diesem Bescheid schaltete sich der Rechtsanwalt ein und klärte das Ministerium über die Verfolgung, die Rosenthal erlitten hatte, auf. Rosenthal habe nach anfänglichen großen Schwierigkeiten sich nun in USA eine neue Position aufgebaut. Mit seiner dortigen Professur seien jedoch keine Pensionsansprüche verbunden, Rosenthal werde nach seiner Pensionierung lediglich eine kleine Rente erhalten und benötige deshalb die deutschen Wiedergutmachungsgelder. Rosenthal äußerte sich selbst zu dem an ihn ergangenen Heidelberger Ruf (undatierte Briefabschrift): "Da die überwiegende Mehrzahl der gegenwärtigen deutschen Studenten bis vor 4 Jahren im Nazi-Geist erzogen wurden und unter dem ausschließlichen Einfluß der intensivsten Nazi-Propaganda gestanden haben, kann ich mir nicht vorstellen, wie mir -als Juden- ein reibungsloses Zusammenarbeiten mit dieser Generation von Studenten und ... eine ersprießliche Lehrtätigkeit an einer deutschen Universität möglich sein könn-

---

[301] Das Ministerium fuhr fort: "Als persönliche Verhältnisse" im Sinne dieser Bestimmung sind ... nicht die im Hinblick auf die Geschehnisse während des Dritten Reichs aus moralischen Gründen möglichen Ablehnungen seitens der politisch Verfolgten aufzufassen. Vielmehr wird es sich hierbei unter anderem um Familienstand, Gesundheitszustand u.a.m. handeln". Die zu erwartenden Durchführungsverordnungen würden darüber im einzelnen Aufschluß geben.

te. ... Ich glaube nicht, daß irgend jemand mir zumuten könnte, zum Zwecke der Übernahme eines öffentlichen Amtes nach Deutsch-land zurückzukehren". Bei dem Dekan bedankte er sich für den Ruf; aber "während der letzten Zeit meiner Tätigkeit an der Heidelberger Universität und insbesondere danach hat zu viel Schlimmes sich ereignet, das ich nicht vergessen kann und das mir eine Rückkehr ... unmöglich macht". Doch auch wenn er dem Ruf nicht folge, werde er "aus der Ferne die hoffentlich stets günstige Weiterentwicklung der altehrwürdigen Universität mit Interesse verfolgen". Im Januar 1950 bescheinigte die Karlsruher Behörde, Rosenthal sei die Rückkehr nicht zumutbar. Ihm wurde 1953 (rückwirkend ab 1. April 1949) die Rechtsstellung eines von seinen amtlichen Verpflichtungen entbundenen ordentlichen Professors der Universität Heidelberg zugesprochen. Rosenthal unternahm verschiedene Reisen nach Europa. Er besuchte dabei auch mehrmals seinen Heidelberger Nachfolger, Herbert Seifert[302]. Die Fakultät gewann ihn sogar für einen Gastvortrag (11. Juni 1958)[303]. Doch noch ehe die Beziehungen zur Universität Heidelberg wieder enger geknüpft wurden, starb Rosenthal völlig unerwartet (15. September 1959)[304].

MAX RUDOLF LEMBERG war bis 1935 in Cambridge/GB geblieben, dann wanderte er nach Australien aus (eingebürgert 1937). In der Biochemischen Abteilung des Royal North Shore Hospital in Sidney fand er die Arbeitsstätte, an der er bis zu seiner Pensionierung blieb[305]. Die Fakultät bot ihm nach 1946 den Wiedereintritt in das Institut und den Lehrkörper an[306]. Da

---

302) Auskunft vom 11.6.1988; Fraenkel, Lebenskreise, 85 berichtet von einer Reise in die Schweiz.
303) UAH B 7030/7; sein Thema: Integration in abstrakten Räumen.
304) Vgl. Otto Haupt, Artur Rosenthal, 89.
305) S. oben S.149.
306) UAH Naturwissenschaftlich-Mathematische Fakultät, Rektoratsschriftverkehr, 1.Juni 1950, insbes. die Erklärung K. Freudenbergs auf Anfrage des

keine Planstelle zur Verfügung stand, zog Lemberg es vor, im Ausland zu bleiben und übernahm in Heidelberg lediglich einen Gastvortrag[307]. Trotz allem, was ihm und seiner Frau widerfahren sei, hänge Lemberg an seiner alten Heimat, schrieb Freudenberg. Lemberg habe an sich und seine Umgebung strenge sittliche Forderungen gestellt. Beim Abschied aus Heidelberg sei seine Haltung bewundernswert gewesen. Der Briefwechsel mit seinen Freunden in der Heimat, in Deutschland sei nur während des Krieges unterbrochen gewesen. "Vor einigen Jahren" habe er Heidelberg besucht- weder in Briefen noch bei seinem Besuch habe er eine Klage von ihm gehört[308]. Lemberg, der seit 1952 fellow der Royal Society, London[309] war, blieb bis zu seinem Tod (10. April 1975) in Sidney[310].

2. Die Beziehungen der vertriebenen Dozenten zur Heidelberger Akademie der Wissenschaften

Die Heidelberger Akademie der Wissenschaften war und ist institutionell von der Universität völlig getrennt, doch durch ihre Mitglieder vielfach mit ihr verschränkt. Für Ernst Hoffmann, mit der von der Akademie getragenen Cusanus-Edition, und Freiherrn von Künssberg, mit der Arbeit am Rechtswörterbuch, war sie ein Refugium während des Nationalsozialismus

---

Kultusministeriums anläßlich Lembergs Wiedergutmachungsverfahren (30.11.1955), UAH A 219/Lemberg; Belege auch in den Akten der Heidelberger Akademie der Wissenschaften.

307) Auskunft Frau M. Becke, 21.4.1988.

308) Weitere Nachforschungen in Sidney blieben ohne Ergebnis.

309) Eine der höchsten britischen Auszeichnung für einen Wissenschaftler, andere Ehrungen cf. Dict. Emigrés II 2, 707.

310) Auskunft der Akademie der Wissenschaften, Heidelberg. Die Angabe im Dict. Emigrés, er sei in Heidelberg gestorben, ist unzutreffend. S. auch unten S.280.

gewesen. In seinem Jahresbericht vom 8. Juni 1947, dem ersten nach dem Krieg, dankte der neu gewählte Präsident, der Theologe Martin Dibelius, seinem Amtsvorgänger Panzer "für alles, was er getan, getragen und hinuntergeschluckt hat"[311]. 1947 wurden als ordentliche Mitglieder der Akademie August Grisebach, Karl Jaspers und Gustav Radbruch zugewählt. Hoffmann (seit 1926), Ranke (seit 1924), Regenbogen (seit 1929), Alfred Weber (seit 1926) waren bereits ordentliche Mitglieder gewesen.

Auch aus den Reihen der Akademie waren nach 1933 Mitglieder ausgeschieden[312], oder ihnen war der Austritt nahegelegt worden. In ihrer ersten Geschäftssitzung nach dem Krieg beschloß die Akademie, an alle "zwangsweise ausgeschiedenen Herren" folgendes Schreiben zu richten: "Die Heidelberger Akademie der Wissenschaften hält es für ihre selbstverständliche Pflicht, den Wunsch auszusprechen, daß Herr ... in seine Rechte als korrespondierendes Mitglied[313] der Akademie wieder eintrete. Wir bitten um freundliche Mitteilung, ob Sie geneigt sind, diesem Wunsch zu entsprechen"[314]. Ein solches Schreiben erging an Ernst Levy (1928 zum ordentlichen Mitglied der Akademie ernannt), der bereits am 20. März 1947 antwortete: "Ich habe mich in all diesen Jahren als der Akademie zugehörig betrachtet und begrüße es deshalb von Herzen, nun auch offiziell wieder Mitglied zu sein". Am 29. Mai 1948 hielt er in der Philosophisch-historischen Klasse einen Festvortrag.

---

311) Jahresbericht vom 8.6.1947, Jahreshefte 1943/55, Heidelberg (1959) 34.

312) Das Archiv der Akademie ist für die hier in Frage kommenden Bestände erst im Aufbau begriffen. Eine systematische Durchsicht der Akten ist mir deshalb nicht möglich gewesen. Mit Genehmigung des Präsidenten konnte ich einzelne Stücke einsehen. Ich danke dafür der Hilfe von Herrn cand. phil. Wennemuth.

313) Die Form der Mitgliedschaft für Auswärtige, besonders im Ausland lebende Mitglieder.

314) Das Schreiben erhielt das Datum vom 22.2.1947.

Ein gleichlautendes Schreiben sandte der Präsident auch an Eugen Täubler (1929 zum ordentlichen Mitglied der Akademie ernannt). Dibelius fügte hinzu: "Ich darf Sie bitten, verehrter Herr Täubler, die Gesinnung dieses Briefes in ungemindertem Maße auf sich zu beziehen und auch den dort ausgesprochenen Wunsch mutatis mutandis als an Ihre Adresse gerichtet zu betrachten". Es wäre für ihn persönlich "eine besonders große Freude..., von Ihnen zu hören und Sie wieder als Mitglied der erneuerten Akademie begrüßen zu dürfen". Da Täublers Adresse unbekannt war, blieb der Brief zunächst liegen. Unter dem 14. Juli 1947 antwortete Täubler: "Ich danke Ihnen und der Akademie der Wissenschaften bestens für die Aufforderung, der Akademie wiederum als korrespondierendes Mitglied anzugehören. Die Bitte meinen Austritt anzumelden, hatte ich im Sommer 1933 durch Herrn Hampe aussprechen lassen, ich hatte eine schriftliche Äußerung, die eine Antwort nötig gemacht hätte, vermeiden wollen. Es wird keiner Mißdeutung unterliegen, wenn ich mich aus prinzipiellen Gründen genötigt sehe, der Aufforderung der Akademie, dem Sie in so freundlicher Weise Ausdruck gaben, nicht zu entsprechen". Eugen Täubler war, soweit erkennbar, der einzige emigrierte Heidelberger Dozent, der nicht nur die Verbindung zur Heidelberger Universität, sondern auch die zur Heidelberger Akademie völlig abbrach.

1947 trat Otto Meyerhof[315] (1931 zum ordentlichen Mitglied gewählt) der Akademie als korrespondierendes Mitglied bei. Artur Rosenthal (ordentliches Mitglied der Akademie seit 1930) gehörte seit 1947 der Mathematisch-naturwissenschaftlichen Klasse der Akademie wieder als korrespondierendes Mitglied an[316]. Selbst Leonardo Olschki, der die Verbindung zur Univer-

---

315) Würdigung im Jahresbericht vom 25.5.1952, 121.
316) Vgl. die Würdigung Rosenthals im Jahresbericht 1959/60, Jahresheft, 28.

sität mied, nahm 1955 die Wahl zum korrespondierenden Mitglied der Akademie an[317]. 1956 trat auch Max Lemberg[318] als korrespondierendes Mitglied in die Mathematisch-naturwissenschaftliche Klasse ein. 1965 wählte die Akademie Raymond Klibansky als korrespondierendes Mitglied der Philosophisch-historischen Klasse hinzu. In gewissem Sinn übernahm die Akademie so eine Mittlerrolle zwischen der Universität und ihren vertriebenen Dozenten[319].

3. Zusammenfassung

36 ehemalige Heidelberger Dozenten waren ins Exil gegangen. Bei Kriegsende[320] lebten noch 30. Sechs unter ihnen kehrten nach Deutschland zurück: Drei nach Heidelberg (Darmstädter, Sultan, von Ubisch), drei an andere Universitäten bzw Ämter (Alewyn, Bergstraesser, Ehrenberg). Drei Dozenten erwogen die Rückkehr: Lemberg, Mayer-Groß, Salz. Mit 14 ehemaligen Mitgliedern des Lehrkörpers nahm die Universität teils sehr früh, teils sehr spät wieder offizielle Kontakte auf (Gutzwiller, György, Hatzfeld, Klibansky, Laser, Levy, Loewe, Marschak, Meyerhof, Pagel, Quincke, Rosenthal, Steiner, Weidenreich). Otto Pächt korrespondierte zwar mit seinem Habilitationsvater Grisebach, doch ex officio trat er nicht mehr mit der Philoso-

---

317) Würdigung Jahresbericht 1961/62, Jahresheft 1961/62, 63.
318) Würdigung Jahresbericht 1975/76, Jahrbuch 1976, 54 f. Der Präsident hob darin die "sozialen, sittlichen und religiösen Impulse" hervor, die Lembergs Leben bestimmten. Er zitierte aus seinem Testament: "Die Verbindung von Wissen und Liebe ist der wichtigste Teil unserer Verpflichtung und der Sinn unseres Erdendaseins".
319) In wieweit die Max-Planck-Institute Beziehungen zu früheren Dozenten anknüpften, soll hier nicht weiter untersucht werden.
320) Möller, Wissenschaft in der Emigration, 6 nimmt das Jahr 1948 als Stichjahr.

phischen Fakultät in Verbindung. Vier Dozenten kamen, soweit ersichtlich, lediglich durch das von ihnen angestrengte Wiedergutmachungsverfahren mit der Universität Heidelberg in Berührung (Klopstock, Stern, Strauss, Witebsky). Die ehemaligen Ordinarien Olschki und -soweit festzustellen- wahrscheinlich auch Täubler lehnten den Kontakt mit der Universität ab.

Diese Zahlen allein sagen wenig aus. Üblicherweise nimmt man an, daß nach 1945 etwa 4 % der Emigranten (hauptsächlich Politiker) nach Deutschland zurückkehrten[321] -an der Heidelberger Universität waren es 20% der Überlebenden. Doch während für manche im Exil bei Kriegsende glückliche Jahre begannen, waren sie für die zurückgekehrte Frau von Ubisch sehr schwierig, wären allerdings im Exil noch schwieriger gewesen. Zum Trost der Emigranten hatten sich auch in den Jahren der Emigration neue Freunde und neue Familienmitglieder gefunden, was einen erneuten Abbruch der Beziehungen ausschloß[322]. Ernst Levy mag als Beispiel gelten: Er wohnte nach dem Krieg in Heidelberg und der Schweiz. Als er krank wurde, kehrte er zu seinen Kindern in die USA zurück.

Zu den Emigranten, die den Heidelberger Universitätsmitgliedern bekannt waren, wurden möglichst rasch wieder Beziehungen angeknüpft, auch wenn von den Angeschriebenen eine Rückkehr nicht erwartet werden konnte. Lediglich Raymond Klibansky war in Heidelberg, ohne mit dem Philosophischen Seminar, das mit 2 Professoren für Philosophie (Jaspers und Hoffmann) nach Ansicht des Ministeriums überaus gut

---

321) Röder, Einleitung zum Dict. Emigrés I, XLI; ebenso ders., The Political Exiles XXXIX. Strauss, Vorwort zu Emigration, geht, ohne zu spezifizieren, davon aus, daß "höchstens 17% der als prominent bekannten Gelehrten" zurückgekommen seien.

322) Zu dieser vieldiskutierten Frage der Remigration vgl. die Diskussionsbeiträge der Konferenz (1972) von Strauss in: Protokoll des II. Internationalen Symposiums ..., 359 und die Zitate aus Briefen der Exilanten, ebda 470 ff, 477.

ausgestattet war, offiziellen Kontakt aufzunehmen. Einen Dozenten (Bergstraesser) wollten die Fakultätskollegen aus Furcht vor neuen politischen Unruhen an der Universität nicht berufen.

Sehr viele Emigranten, besonders aus der Medizinischen Fakultät, waren den Universitätsmitgliedern 1945 nicht mehr persönlich bekannt. Die Art und Weise, in der das Ministerium darauf bestand, Rosenthal den vakanten Lehrstuhl in Heidelberg anzubieten, mußte von ihm als Taktlosigkeit empfunden werden. Den Heidelberger Kollegen blieb nur die Dankbarkeit gegenüber anderen Universitäten, die ihren Vorgängern im Amt eine neue Heimat gewährten[323]. Erst nach Ablauf mehrerer Jahre wurde es leichter, Emigranten in die Heidelberger Universität wieder einzubeziehen: Hans Rothfels lehnte 1947 den Ruf auf das Heidelberger Ordinariat für Neuere Geschichte ab[324]. Im Sommer 1949 unternahm er eine Rundreise, die ihn an verschiedene deutsche Universitäten, unter anderem Heidelberg, führte. 1950 kehrte er aus seinem Exil in Chicago nach Deutschland (Tübingen) zurück. Für Jakob Marschak hatten im Wiedergutmachungsverfahren Alfred Weber und Alexander Rüstow gegutachtet, er selbst kam erst 1972 nach Heidelberg zur Ehrenpromotion. Einige Emigranten (zB. Levy, György, Gutzwiller und Hatzfeld) waren auch wiederholt bereit, in Heidelberg Vorlesungsverpflichtungen zu übernehmen, selbst wenn sie nicht endgültig nach Deutschland oder auf ein Heidelberger Ordinariat zurückkehrten. Drei Dozenten (Karl Löwith, Harri Meier, Alexander Rüstow) waren von anderen Universitäten vertrieben worden und kamen aus dem Exil nach Heidelberg[325].

---

323) So Baldinger bei der Nachricht von Olschkis Tod an den Dekan in Berkeley, UAH H III 329/332.
324) GLA 235/29879. Dazu Conze, Rothfels, 346 f.
325) Nach 1945 waren aber nicht nur Emigranten sondern auch Vertriebene

Die Wiedergutmachungsgesetze weckten in dem Anspruch, den sie in ihrem Titel erhoben, zu große Hoffnungen. So wenig sich historische Ereignisse zurücknehmen lassen, so wenig lassen sie sich "wiedergutmachen". Die Wiedergutmachungsregelungen waren in sich logisch: sie gingen auf die Versorgungsverpflichtungen zurück, die der Staat gegenüber den Entlassenen zum Zeitpunkt ihrer Entlassung eingegangen war. Nichtbeamtete Universitätsangehörige wurden erst nach und nach in die Wiedergutmachung einbezogen. "Privatgelehrte", die es vor 1933 an der Universität gegeben hatte, konnten zunächst keine finanziellen Wiedergutmachungsansprüche herleiten. Sie mußten ihre Ansprüche nach den allgemeinen Entschädigungsregeln geltend machen. In den Genuß der finanziellen Wiedergutmachung kamen manches Mal erst die Erben.

Die Mitglieder der Universität traten 1945 ein schwieriges Erbe an. Ihre Aufgabe übernahmen sie mit Energie und vielfach mit großer Bescheidenheit. Sie versuchten, jeder auf seine Weise, die Ruinen mit neuem Leben und "Lebendigem Geist" zu erfüllen. Von der "Idee der Universität"[326] hatten, wie zu allen Zeiten, viele recht verschiedene Vorstellungen. Doch der kleinste gemeinsame Nenner war zugleich das größte Kapital der Universität: die Freiheit von Forschung und Lehre. Ihr Verlust hatte nach 1933 einen Exodus ausgelöst, der weder rückgängig noch je "wiedergutgemacht" werden konnte.

(wie Bamberger) in den Universitätsdienst einzugliedern, oder es galt, Kollegen aus der sowjetisch besetzten Zone nach Westdeutschland zu berufen (zB. Eberhard Schmidt und H.G.Gadamer).
326) Titel der Jaspers Schrift von 1946, Reprint 1980 vgl. u.a. auch Jaspers, Hochschulreform ?, 340 ff.

UNGEDRUCKTE QUELLEN

C. Freudenberg Archiv, Weinheim
DLA, Marbach: Deutsches Literatur Archiv, Marbach
GLA: Generallandesarchiv, Karlsruhe
Heidelberger Akademie der Wissenschaften, Archivbestände
IfZ: Institut für Zeitgeschichte, München
UAH: Universitätsarchiv, Heidelberg
UBH: Universitätsbibliothek, Heidelberg
WG: Akten des Landesamts für die Wiedergutmachung Baden-Württemberg, Stuttgart

Auskünfte erteilten die Universitätsarchive Bonn, Erlangen, Frankfurt, Freiburg, Köln und die Catholic University, Washington; das Stadtarchiv Mannheim.

LITERATUR- VERZEICHNIS

Alewyn, Richard. Ausstellungsführer der Universitätsbibliothek der FU Nr.6. Berlin (1982)
Anschütz, Gerhard. Aus der Juristischen Fakultät nach der Jahrhundertwende. Teil 2. In: Ruperto Carola Bd. 22 (1957) 37ff
Anschütz, Hans. Die Josefine und Eduard von Portheim Stiftung für Wissenschaft und Kunst in Heidelberg. In: Lebensbilder deutscher Stiftungen, Bd. 3, Tübingen (1974) 63ff

Arendt, Hannah; Jaspers, Karl. Briefwechsel 1929-1969. Hrsg. Lotte Köhler und Hans Saner. München, Zürich (1985)

Ritter von Baeyer, Walter. Willy Mayer-Groß. In: Ruperto Carola Bd. 13 (1961) 210f

Bauer, Karl Heinrich (Hrsg.). Vom neuen Geist der Universität. Dokumente, Reden und Vorträge 1945/46. Heidelberg (1947)

Bauks, Friedrich Wilhelm. Die evangelischen Pfarrer in Westfalen von der Reformationszeit bis 1945. Bielefeld (1980)

Becke-Goehring, Margot. Rückblicke auf vergangene Tage. Heidelberg (1983)

Becker, Josef. Zum 50jährigen Bestehen des Czerny-Krankenhauses. In: Ruperto Carola Bd. 20 (1956) 111

Bentwich, Norman. The Rescue and Achievment of Refugee Scholars. Den Haag (1953)

Berckenhagen, Ekhart. Hans Grisebach. Architekt der Gründerjahre. Sammlungskataloge der Kunstbibliothek der Staatlichen Museen Preußischer Kulturbesitz, Berlin, Nr.7, Berlin (1974)

Berdesinki, Waldemar. Victor Goldschmidt. In: Semper Apertus Bd. 2 (1985) 502ff

Bermann-Fischer, Gottfried. Bedroht - Bewahrt. Weg eines Verlegers. Frankfurt (1967)

Böckenförde, Ernst Wolfgang; Forsthoff, Ernst. Gerhard Anschütz (1897-1948). In: Semper Apertus Bd. 3 (1985) 167ff

Bing, Gertrud. Fritz Saxl (1890-1948). In: Fritz Saxl (1890-1948) A Volume of Memorial Essays from his Friends in England. London, Edinburgh, Paris (1957)

Born, Gustav V. R. The Effect of the Scientific Environment in Britain on Refugees Scientists from Germany and their

Effects on Science in Britain. In: Festschrift für Albi Rosenthal. Hrsg. v. Elvers, Tutzingen (1984)
Conze, Werner. Hans Rothfels. In: Historische Zeitschrift Bd.327 (1983) 311ff
Crisafulli, Alessandro S.. Helmut Hatzfeld. In: Linguistic and Literary Studies in Honor of Helmut A. Hatzfeld. Washington (1964) 23ff
Cruickshank, William M.; Hallahan, Daniel P.. Alfred A. Strauss: Pioneer in Learning Disabilities. In: Exceptional Children (January 1973) 321ff
Den Unvergessenen. Opfer des Wahnsinns 1933 bis 1945. Hrsg. Maas, Hermann; Radbruch, Gustav; Schneider, Lambert. Heidelberg (1952)
Demm, Eberhard. Zivilcourage im Jahre 1933. Alfred Weber und die Fahnenaktion der NSDAP. In: Heidelberger Jahrbücher 26 (1982) 69ff
Dickel, G.; Speer, H.. Deutsches Rechtswörterbuch. In: Praxis der Lexikographie. Berichte aus der Werkstatt (Hrsg. Helmut Henne). Tübingen (1979) 20f
Dict. Emigrés. International Biographical Dictionary of Central European Emigrés 1933-1945. Gen. Ed. H. A. Strauss, W. Röder, vol. II part 1+2, München, London, Paris (1983)
Doerr, Wilhelm. Walter Pagel achtzig Jahre alt. In: Deutsche Medizinische Wochenschrift (1978) 1806f
Drüll, Dagmar. Heidelberger Gelehrtenlexikon. 1803-1932. Berlin, Heidelberg, New York ... (1986)
Düwell, Karl. Hilfsorganisationen für deutsche Wissenschaftler im Ausland. In: Emigration (1987)
Ehrenberg, Hans. Autobiography of a German Pastor. London (1943)

Ehrenberg, Hans. Heimkehr nach Deutschland. Fragmente aus dem christlichen Gespräch zwischen Briten und Deutschen, Gütersloh (1949)

Emigration. Deutsche Wissenschaftler nach 1933. Entlassung und Vertreibung. List of Displaced German Scholars 1936. Supplementary List of Displaced German Scholars 1937. The Emergency Committee in Aid of Displaced Foreign Scholars, Report 1941. Hrsg. Herbert A. Strauss, Tilmann Buddensieg, Karl Düwell. Aus Anlaß der Ausstellung "Der Kongreß denkt." Wissenschaften in Berlin 14.Juni-1.November 1987. Im Auftrag des Wissenschaftskollegs zu Berlin. TU Berlin (1987)

Ernst, Fritz. Die Wiedereröffnung der Universität Heidelberg 1945-1946. In: Heidelberger Jahrbücher 4 (1960) 1ff

Evans, Arthur R.. Leonardo Olschki. In: Romance Philology, vol. XXXI (1977) 17ff

Fabian, Ruth; Coulmas, Corinna. Die deutsche Emigration in Frankreich nach 1933. München, New York ... (1978)

Fraenkel, Albert. Arzt und Forscher. Gedenkausgabe anläßlich des 25.Todestages von Albert Fraenkel. Zusammengestellt von Georg Weiss. Mannheim (1963)

Freudenberg, Karl J.. Lebenserinnerungen. In: Heidelberger Jahrbücher 32 (1988)

Fürst, Bruno. Ein persönliches Vorwort. In: Kunsthistorische Forschungen. Otto Pächt zu seinem 70. Geburtstag. Salzburg (1972)

Gadamer, Hans Georg. Laudatio auf Karl Jaspers. In: Ruperto Carola Bd. 46 (1969) 52ff

Gallas, Wilhelm. Eduard Kohlrausch zum Gedächtnis. In: Zeitschrift für die gesamte Strafrechtswissenschaft 63 (1951) 1ff

Gebhardt, Walther (Bearb.). Spezialbestände in deutschen Bibliotheken, Bundesrepublik Deutschland einschl. Berlin (West). Berlin (1977)

Gnirs, Otto. Die Wiedergutmachung im öffentlichen Dienst. In: Die Wiedergutmachung nationalsozialistischen Unrechts durch die Bundesrepublik Deutschland. Hrsg. v. Bundesministerium der Finanzen in Zusammenarbeit mit Walter Schwarz. Bd. VI, München (1987) 265ff.

Grisebach, August. Lob der Timmendorfer Halle. Privatdruck (1967)

Grisebach, Hanna. Potsdamer Tagebuch. Heidelberg (1974)

Großmann, Kurt R.. Emigration, Geschichte der Hitler-Flüchtlinge 1933-1945. Stuttgart (1969)

Gruenter, Rainer. Richard Alewyn, 24.Februar 1902 - 14.August 1979. In: Euphorion Bd.73 (1979) 247f

Gutzwiller, Max. Aus der Frühgeschichte des Heidelberger Instituts für Auslandsrecht (1917-1936). In: Rechtsvergleichung und Rechtsvereinheitlichung, Festschrift zum 50jährigen Bestehen des Instituts für ausländisches und internationales Privat- und Wirtschaftsrecht der Universität Heidelberg. Hrsg. E. Wahl, R. Serick. Heidelberg (1967) 20f

Gutzwiller, Max. Siebzig Jahre Jurisprudenz. Erinnerungen eines Neunzigjährigen. Basel (1978)

Gutzwiller, Max. Ansprache aus Anlaß der Einweihung des Max-Gutzwiller-Saales am 28.Mai 1980. Hrsg. vom Institut für ausländisches und internationales Privat- und Wirtschaftsrecht der Universität Heidelberg. Heidelberg (1982) 15f

Hahn, Erich J. C.; Hajo Holborn. Bericht zur deutschen Frage. Beobachtungen und Empfehlungen vom Herbst 1947. In: Vierteljahreshefte für Zeitgeschichte 35 (1987) 135ff

Haupt, Otto. Artur Rosenthal +. In: Jahresbericht der Deutschen Mathem. Vereinigung Bd. 63 (1960) 89ff

Heintzeler, Wolfgang. Der rote Faden. Stuttgart (1983)

Hepp, Michael. Die Ausbürgerung deutscher Staatsangehöriger 1933-45. Vol. 1+2, München, New York, London, Paris (1985)

Hesse, Erich. Victor Goldschmidt. In: Heidelberger Jahrbücher 25 (1981) 43ff

Holborn, Louise W.. Deutsche Wissenschaftler in den Vereinigten Staaten in den Jahren nach 1933. In: Jahrbuch für Amerika-Studien, Bd.10 (1965) 24ff

Jaspers, Karl. Hochschulreform? In: Die Wandlung 4 (1949) 341ff

Jaspers, Karl. Nekrolog von Karl Jaspers selbst verfaßt. In: Gedenkfeier für Karl Jaspers am 4. März 1969 in der Martins-Kirche, Basler Universitätsreden 60. Heft. Basel (1969)

Jaspers, Karl - Bauer, Karl Heinrich. Briefwechsel 1945-1968. Hrsg. und erl. von Renato de Rosa. Berlin, Heidelberg, New York (1983)

Jaspers, Karl. Erneuerung der Universität. Reden und Schriften 1945/46. Hrsg. Renato de Rosa. Heidelberg (1986)

Jüdisches Lexikon. Ein enzyklopädisches Handbuch des jüdischen Wissens. Hrsg. G. Herlitz; B. Kirschner. Berlin (1927ff)

von der Kall, Max. Richard Lenel 1869 * 1950. Mannheim (1972)

Kantorowicz, Alfred. Exil in Frankreich. Merkwürdigkeiten und Denkwürdigkeiten. Hamburg (1983)

Kattermann, R.. Walter Siegfried Loewe (1864-1963). In: Journal of Clinical Chemistry and Clinical Biochemistry, vol. 22 (1984) 505f

Kommerell, Max. Briefe und Aufzeichnungen 1919-1944. In: Essays. Hrsg. Inge Jens. Freiburg (1967)

Koopmans, Tjalling C.. Jacob Marschak, 1898-1977. In: American Economic Review, vol. 68 (1978) IXff

Krebs, Hans A.. Otto Meyerhof's Ancestry. In: Molecular Bioenergetics and Macromolecular Biochemistry. Meyerhof-Symposium Heidelberg July 5-8, 1970. Ed H. H. Weber. Berlin, Heidelberg, New York (1972)

Laufs, Adolf. Gustav Radbruch. In: Semper Apertus Bd. 3 (1985) 148ff

Leonhard, Joachim-Felix. Vom lebendigen zum deutschen Geist. In: Leonhard (Hrsg). Bücherverbrennung, Heidelberger Bibliotheksschriften Nr.7, Heidelberg (1983)

Leonhard, Joachim-Felix (Hrsg). Karl Jaspers in seiner Heidelberger Zeit, Heidelberger Bibliotheksschriften Nr. 8, Heidelberg (1983)

Loewe, Ida; Voss, H. E..Walter S. Loewe. In: Mannheimer Hefte (1972) 44f

Löwith, Karl. Mein Leben in Deutschland vor und nach 1933, Stuttgart (1986)

Mann, Golo. Erinnerungen und Gedanken. Eine Jugend in Deutschland. Frankfurt (1986)

Margalliot, Abraham. Emigration - Planung und Wirklichkeit. In: Die Juden im Nationalsozialistischen Deutschland 1933-1945. Hrsg. Arnold Paucker. Tübingen (1986)

Möller, Horst. From Weimar to Bonn. The Arts and the Humanities in Exile and Return, 1933-1980. In: Dict. Emigrés, vol. II 1 (1983)

Möller, Horst. Wissenschaft in der Emigration. In: Berichte zur Wissenschaftsgeschichte Bd. 7 (1984) 1ff

Mumper, James A.. The Reopening of Heidelberg. 1945-1946: Major Earl L. Crum and the Ambiguities of American Post-War Policy, Bridgewater College, Januar 1984 (Maschinenschrift)

Mußgnug, Dorothee. Die Universität Heidelberg zu Beginn der nationalsozialistischen Herrschaft. In: Semper Apertus Bd. 3 (1985) 464ff

Mußgnug, Dorothee. Anhang zu Karl Freudenberg. Lebensbeschreibung. In: Heidelberger Jahrbücher 32 (1988)

Mußgnug, Reinhard. Die Anfänge Baden - Württembergs in verfassungsrechtlicher Sicht. In: Zeitschrift für Württembergische Landesgeschichte 43 (1984) 373ff

Nachmansohn, David. German-Jewish Pioneers in Sciences 1900-1933. Berlin, Heidelberg, New York (1979)

Nissen, Rudolf. Helle Blätter, dunkle Blätter. Erinnerungen eines Chirurgen. Stuttgart (1969)

Pfannnenstiel, Max. Salomon-Calvi. In: Ruperto Carola Bd. 32 (1958) 165f

Pfannenstiel, Max. Gedenkrede auf Wilhelm Salomon-Calvi. Der Gelehrte und sein Werk. In: Ruperto Carola Bd. 43/44 (1968) 264f

Pöschl, Viktor. Hans Felix von Eckardt. In: Ruperto Carola Bd. 23 (1958) 160f

Poggendorff, Johann Christian. Biographisch-Literarisches Handwörterbuch zur Geschichte der exacten Wissenschaften. Bd. 1 ff Leipzig (1863 ff)

Protokoll des 2. Internationalen Symposiums zur Erforschung des deutschsprachigen Exils nach 1933 in Kopenhagen 1972. Hrsg. vom Deutschen Institut der Universität Stockholm, Stockholm (1972)

Quadbeck, Günter. Richard Kuhn (1900-1967). In: Semper Apertus Bd. 3 (1985) 55ff

Radbruch, Gustav. Lebensbeschreibung von Dr. Gustav Radbruch, derzeit Dekan an der Juristischen Fakultät der Universität Heidelberg. In: Gedächtnisschrift für Gustav Radbruch 21.12.1878 - 23.11.1949, Göttingen (1948) 24ff

Radbruch, Gustav. Gestalten und Gedanken. 2. Aufl. Leipzig (1948)

Radbruch, Gustav. Briefe. Hrsg. Erik Wolf. Göttingen (1968)

Röder, Werner. Einleitung zu vol. I des Dict. Emigrés, München, London, Paris (1983)

Röhm, Eberhard; Thierfelder, Jörg. Evangelische Kirche zwischen Kreuz und Hakenkreuz. Bilder und Texte einer Ausstellung. Stuttgart (1981)

de Rosa, Renato. Politische Akzente im Leben eines Philosophen. Karl Jaspers in Heidelberg 1901-1946. Nachwort in: Karl Jaspers. Erneuerung der Universität Heidelberg (1986)

de Rosa, Renato. Der Neubeginn der Universität 1945. Karl Heinrich Bauer und Karl Jaspers. In: Semper Apertus Bd. 3 (1985) 544f

Rosenstock, Werner. Exodus 1933-1939. In: Deutsches Judentum. Aufstieg und Krise. Hrsg. Robert Weltsch, Stuttgart (1963)

Saner, Hans. Karl Jaspers. In: Selbstzeugnisse und Bilddokumente. Hamburg (1976)

Sauder, Gerhard. Positivismus und Empfindsamkeit. Erinnerungen an Max von Waldberg. In: Euphorion 65 (1971) 368ff

Saxl, Fritz. The History of Warburg's Library (1886-1944). In: E. H. Gombrich. Aby Warburg ... London (1970) 336f

Schwarz, Jürgen. Arnold Bergstraesser und die Studentenschaft der frühen zwanziger Jahre. In: Zeitschrift für Politik Jg. 15 (1968) 300ff

Schwarz, Walter. Rückerstattung nach den Gesetzen der Alliierten Mächte. In: Die Wiedergutmachung nationalsozialistischen Unrechts durch die Bundesrepublik Deutschland. Hrsg v. Bundesminister der Finanzen in Zusammenarbeit mit Walter Schwarz, Bd. I München (1974)

Schwarz, Walter. Zur Einführung: Das Recht der Wiedergutmachung und seine Geschichte. In: JUS (6/1986) 433ff

Schweiger, Hans. Otto Meyerhof. In: Semper Apertus Bd. 3 (1985) 370ff

Semper Apertus. Sechshundert Jahre Ruprecht-Karls-Universität Heidelberg 1386-1986. Festschrift in sechs Bänden. Hrsg. Wilhelm Doerr. Berlin, Heidelberg, New York ... (1985)

Serick, Rolf. Ansprache aus Anlaß der Einweihung des Max-Gutzwiller-Saales, Institut für ausländisches und internationales Privat- und Wirtschaftsrecht der Universität Heidelberg, Heidelberg (1982) 11ff

Sherman, A. J.. Island Refuge. Britain and Refugees from the Third Reich 1933-1939. London (1973)

Sherman, A. J.. A Jewish Bank during the Schacht Era: M. M. Warburg & Co, 1933-1938. In: Die Juden im nationalsozialistischen Deutschland 1933-1943. Hrsg. Arnold Paucker. Tübingen (1980) 167f

Stern-Täubler, Selma. Eugen Taeubler and the "Wissenschaft des Judentums". In: Leo Baeck Institut, Year Book 3 (1958) 40ff

Sternberger, Dolf. Karl Jaspers (1883-1969). In: Semper Apertus Bd. 3 (1985) 285ff

Täubler, Eugen. Aufsätze zur Problematik jüdischer Geschichtsschreibung 1908-1950. Hrsg. Selma Täubler-Stern. Tübingen (1977)

Täubler, Eugen. Heidelberger Gespräch (25.März 1933). Hrsg. Johannes Hahn. In: Ausgewählte Schriften zur Alten Geschichte. In: Heidelberger althistorische Beiträge und Epigraphische Studien. Hrsg. Geza Alföldy. Bd. 3, Stuttgart (1987) 305f

Thieme, W.. Der Hochschullehrer in der Wiedergutmachungsgesetzgebung. In: Zeitschrift für Beamtenrecht (1954) 203

Vézina, Birgit. "Die Gleichschaltung" der Universität Heidelberg im Zuge der nationalsozialistischen Machtergreifung. Heidelberg (1982)

Walk, Joseph. Das Sonderrecht für die Juden im NS-Staat. Heidelberg, Karlsruhe (1981)

Walter, R.-Ekkehard. Deutsche wissenschaftliche Emigration in die Türkei. In: Jahrbuch Preußischer Kulturbesitz, Bd. XXIII (1987) 225ff

Weber, H. H.. Otto Meyerhof - Werk und Persönlichkeit. In: Molecular Bioenergetics and Macromolecular Biochemistry, Meyerhof-Symposium Heidelberg July 5-8 1970, Ed. H. H. Weber. Berlin, Heidelberg, New York (1972)

Weckbecker, Arno. "Gleichschaltung" der Universität? Nationalsozialistische Verfolgung Heidelberger Hochschullehrer aus rassischen und politischen Gründen. In: Auch eine

Geschichte der Universität. Hrsg. K. Buselmeier u.a. Heidelberg (1985) 273ff

Who's Who in World Jewry? A Biographical Dictionary of Outstanding Jews, New York, London, Toronto ... (1972)

Who was Who in America? Chicago (1968 ff)

Widmann, Horst. Exil und Bildungshilfe. Die deutschsprachige Emigration in die Türkei nach 1933. Bern-Frankfurt (1973)

Wolgast, Eike. Die Universität Heidelberg. 1386-1986. Berlin, Heidelberg, New York ... (1986)

Wolgast, Eike. Die Universität Heidelberg in der Zeit des Nationalsozialismus. In: Zeitschrift für die Geschichte des Oberrheins Bd. 135 (1987) 359ff

Wolgast, Eike. Willy Andreas. In: Badische Biographien NF Bd.2. Stuttgart (1987) 4f

Zimmer, Heinrich. Notizen zu einem Lebenslauf. In: Merkur 7.Jg. (1953) 39f

NAMENSREGISTER

kursive Zahlen verweisen auf die Fußnoten der angegebenen Seite

Achelis, 81
Adams, *175*
Alewyn, 25,54,128,139,171, 172,173,175,178, 180,181, 229,280
Altmann, 23,113,199
Andreas, 20,22,34,45,49,53, 56,58,62,65,73,93,97,115, 121
Anschütz, 19,21,*29*,53,93, 115,126,203,232
v. Baeyer, 24,53,136
Baldinger, 267,268,*282*
Bamberger, 245,*282*
Bauer, *99*,187,189,192,*193*, 194,202,205,207,*210*,213, 244
Baum, 23,54,212
Becke-Goehring, *188*,258
Bergstraesser, 60,82,94,114, 160,170,171,185,229,231, 280,282
Graf v. Bernstorff, *148*
Bettmann, *24*,63,75,94,113, 138,152,172,*196*
Blessing, 50,54,*103*,115,125, 136
Brandt, 23,76,94,113
Brinkmann, 88
Broemser, 144
Cassirer, 40
Curtius, E. R., 130,*190*,*210*
Darmstädter, 86,94,137,162, 171,172,*191*,*200*,225,280
Dibelius, *29*,187,278,279
Doerr, *39*,*193*,261
v.Eckardt, 20,*29*,52,54,137, 201,219

Ehrenberg, 36,54,113,138, 168,171,178,229,236,280
Engisch, 62,90,104,117,118, *126*,132,151,201,224
Ernst, 187,237,257,260
Fehrle, 34,42,53,55,57,68,77, 121,202,211
Fraenkel, 23,29,54,131,137
Freudenberg,Ernst, 244
Freudenberg,Karl, 44,71, 123,*153*,187,194,231,233, 277
Furtwängler, *42*
Gadamer, 130,*207*,271,*282*
Geiler, 92,104,137,151,201, 204
Goebbels, 33
Goerttler, 107
Goldschmidt, 23,113,117, 138,199
Grisebach, 25,47,96,*100*,115, 119,172,191,199,200,202, 214,217,218,272,278, 280
Groh, 25,28,48,51,53,60,62, 63,66,68,72,77,86,90,92, 93,*100*,102,104,106,115, 122,125,126,130
Güntert, 66,68,69,83,101,102
Gumbel, 44,48,83,99,*113*, 116,*176*,*205*,232,233,234, 235
Gundolf, 26,*40*,*42*,*43*,140
Gutzwiller, 58,60,89,94,118, 122,137,151,172,180,247, 280,282
György, 33,54,139,145,170, 171,178,*245*,256,264,265, 280,282
Hampe, 31,167,279

v. Hassel, 141
Hatzfeld, 24,65,94,154,171, 176,182,265,266,267,280, 282
Henkel, 230
Himmel, 74
Hoelscher, 60
Hoepke, 107,136,*193*,201, 205,252
Hoffmann, 40,42,65,66,94, 115,129,182,*191*,206,232, 277,278,281
v. Hofmannsthal, Gerty, 146,169, 170,*174*,*178*
v. Hofmannsthal, Hugo, *83*, 109,*110*,140,168,185
Hoops, 199,204
Jellinek, 24,58,60,61,90,94, 113,115,129,187,202,203, 212,216,218,223,235, 241
Jaspers, 98,115,118,119,130, 133,138,167,187,188,189, 192,*193*,202,206,207,214, 215,221,245,246,278, 281
Jost, 85
Kantorowicz, Ernst, 142,265
Keller, *117*,127
Klibansky, 40,54,67,113,*116*, 124,139,148,167,169,171, 175,182,183,184,265,271, 280,281
Kienast, 116
Klopstock, 79,94,139,145, 158,172,257,264,256,281
Kohlrausch, 49,138
Kommerell, *140*,*169*
Krause, 104,123
v. Krehl, 35,46,64,70,77,149
Krieck, 100,103,106,132, 133,202
v. Künssberg, 105,114,*118*, 122,277
Kuhn, 256
Kunkel, 201,208,*223*,*247*, 248,249,250,*251*

Laser, 38,54,139,147,171, 176,198,260,264,265,280
Lemberg, 44,54,*124*,139,149, 171,173,175,274,276,280
Lenard, 35,46,64
Lenel, 30,54,113
Leonhard, 51,102,125
Levy, 24,48,58,60,61,90,94, 115,122,123,124,137,151, 171,172,176,178,182,201, 248,*265*,278,280,281,282
Liebmann, 60,70,71,72,90, 94,115
Loewe, 29,54,139,144,172, 173,175,252,264,265,280
Löwith, *142*,282
Maas, 243
Mann, *83*,170,171
Marschak, 43,54,139,148, 175,178,182,246,265,271, 280,282
Mayer-Groß, 80,94,158,171, 180,*190*,258,264,265,280
Meister, 251
Menges, 272
Merton, 85,94,138,161,171
Mitscherlich, 193
Mitteis, 25,42,115,122,123
Meyerhof, 38,77,94,114,156, 170,171,172,175,178,180, 182,246,255,*256*,260,264, 265,279,280
Moro, 96,11
Mosse, 122,*142*
Neinhaus, 144
Neu, 34,54,113,136,138
Neumann, 22,113,199
Olschki, 24,26,53,66,139, 141,171,178,181,182,184, 186,*190*,265, 279,280,281, *282*
Paatz, 202,215,232
Pächt, 46,47,54,139,150,181, 184,265,272,280

Pagel, 39,54,139,147,172, 173,176,261,264,265,280
Panofsky, 183
Panzer, Friedrich, 32,67,68, 94,*99*,116,278
Panzer, Wolfgang, 94,*215*
Penham, 193,194,205
Perels, 28,54,93,104,122, 138,172,199,222
Pöschl, 271
Quincke, 46,139,149,173, 182,198,263,264,265,280
Radbruch, *29*,47,54,*98*,*106*, 115,117,118,119,127,128, 131,138,152,187,192,195, 201,202,203,208,222,223, 225,226,227,248,249,278
Ranke, 100,127,134,138,178, 202,212,217,231,278
Regenbogen, 102,134,202, 211,251,278
Reicke, 249
Rosenthal, *24*,60,70,75,90, 94,113,138,155,177,178, 274,279,280,282
Rothfels, 185,282
Rüstow, 282
Runge, 107
Sachs, *24*,39,64,81,94,*124*, 153,171
v. Salis, 32
Salomon-Calvi, *24*,73,75,94, 113,115,139,143,173, 181
Salz, 37,54,139,146,167,170, 171,173,181,265,269, 280
Saxl, 42,183,184
Schäfer, Hans, 267,269
Schäfer, Klaus, 275
Scheel, 21,41,46,60,97
Schettler, 264
Schmidt, Eb., 128,241,242, *282*
Schmitthenner, 32,97,116, 118,133,144
Schneider, Carl, 80,81,125

Schneider, Kurt, 258,*256*
Schrade, 69,202
Schreiber, 35,54,136
Seybold, 86,242
Siebeck, 47,64,*236*,263,264
Sillib, 41,127
v. Simson, 185,191,*247*
Six, 52
Sölch, 94,111
Stein, 46,74,78,93,109,132
Steiner, Gabr. 81,94,*124*, 158,159,171,178,*180*,259, 262,264,265,280
Steiner, Herb., *128*,*140*,*169*, *170*,185,*230*
Stern, 39,54,139,147,182, 262,264,265,281
Sternberger, 130
Strauss, 87,94,163,171,172, 178,182,262,264,265,281
Sultan, 88,94,113,117,138, 164,171,175,178,181,*191*, 229,233,237,280
Täubler, 54,119,166,171, 177,265,267,279,281
v. Ubisch, 60,85,94,161,239, 280,281
Ulmer, 90,118,122,123
Vossler, 26,65,266
Wahl, 228
Waffenschmidt, 270
v. Waldberg, 26,31,54,94, 138,176
Warburg, Max, 42,*43*
Warburg, Otto, 77
Weber, Alfred, 19,20,21,53, 115,146,167,193,212,219, 220,234,236,269,278,282, *290*
Weber, Friedrich, *208,225*, 227
Weber, Marianne, *40*,133, 167,212,271
Weber, Max, 98,*221*

Weidenreich, 75,94,113,135, 165,171,173,175,252,264, 265,280
Werner, 35,54,64,139,146
Wilmanns, 51,54,87,137,213, 262
Witebsky, 39,54,139,147,172, 178,263,264,265,281

Wölfflin, *25*,172
Zade, 82,94,117,136,158,159, 171
Zimmer, *40*,108,114,138,140, 146,157,168,171,*174,178*, 181,184,185